中国合作经济发展研究报告
（2020年）

主　编　唐　敏　李　想　于璐娜
副主编　董晓波　刘　敏　计　慧

中国商业出版社

图书在版编目(CIP)数据

中国合作经济发展研究报告. 2020 年 / 唐敏，李想，于璐娜主编. -- 北京：中国商业出版社，2020.12
ISBN 978-7-5208-1520-8

Ⅰ. ①中… Ⅱ. ①唐… ②李… ③于… Ⅲ. ①中国经济—合作经济—研究报告—2020 Ⅳ. ①F121.24

中国版本图书馆 CIP 数据核字(2020)第 252325 号

责任编辑：李 飞　蔡 凯

中国商业出版社出版发行
010-63180647　www.c-cbook.com
(100053　北京广安门内报国寺 1 号)
新华书店经销
蚌埠市广达印务有限公司印刷

＊

787 毫米×1092 毫米　16 开　15 印张　371 千字
2020 年 12 月第 1 版　2020 年 12 月第 1 次印刷
定价：68.00 元

＊ ＊ ＊

(如有印装质量问题可更换)

中国合作经济发展研究报告(2020年)编委会

主　　编　唐　敏　李　想　于璐娜
副 主 编　董晓波　刘　敏　计　慧
参编人员　董晓波　刘　敏　于志慧　王刚贞
　　　　　张廷海　刘小萃　盛剑锋　高天慧
　　　　　徐冠宇　刘士栋　陈美玲　李　苗
　　　　　苏耀庭

总　序

安徽财经大学是一所以经、管、法学为主,跨文学、理学、工学、史学、艺术学等八大学科门类,面向全国招生和就业的多科性高等财经院校,同时也是改革开放后,在全国最早申报开设合作经济专业,创办《合作经济》杂志(后更名为《中国供销合作经济》,现更名为《中国合作经济》杂志),设立合作经济系,招收本、专科全日制合作经济专业学生的高校。2011年以来,我校为凸显合作经济理论研究和学科发展特色,还开始筹建中国合作经济博物馆,2012年正式对外开放,2013年在全国首招合作经济专业硕士研究生,首次公开出版的《中国合作经济发展研究报告(2013年)》,得到了农业农村部(原农业部)、中华全国供销合作总社领导的批示与肯定。此后每年出版的《中国合作经济发展研究报告》《中国供销合作经济发展研究报告》《中国棉花产业发展研究报告》,皆受到相关部门和社会各界的高度评价。作为一所教学研究型大学,加强智库建设、服务经济社会发展无疑是我们必须承载的重要任务。

近年来,我校一直围绕做好社会服务这一重要课题,遵循服务地方经济社会发展与服务我国合作经济事业发展两大主旨,从搭建平台、优化机制、创新模式等方面进行了积极尝试。此次出版的《中国合作经济发展研究报告(2020年)》《中国供销合作经济发展研究报告(2020年)》《中国棉花产业发展研究报告(2020年)》是我们与中华合作时报社、中国合作经济杂志社、中储棉花信息中心有限公司、石河子大学棉花经济研究中心紧密合作,共同组织策划,由我校中国合作社研究院、中国合作经济博物馆、合作经济研究中心、棉花工程研究所面向合作单位组建以教授、博士与资深记者为主体的协同创新研究团队,经过一年左右深入调查研究所形成的研究成果。

当前我国经济发展进入新时代,十九大报告明确提出"实施乡村振兴战略",组织创新、制度创新、技术创新与管理创新已是大势所趋,新修订的《农民专业合作社法》已于2018年7月1日正式实施,城乡尤其是农村各种形式的合作经济组织制度发展方兴未艾,如何实现合作经济组织制度的高质量发展?既面临难得机遇,又存在诸多挑战,特别是全球新冠疫情大背景下,十九届五中全会明确提出了"双循环"新战略,因此加强高校和相关单位合作,组建协同创新团队,以习近平新时代中国特色社会主义思想为指导,研究中国特色合作经济理论与实践,推动中国特色合作经济事业发展,意义重大。由于系统深入跟踪研究我国合作经济发展这一课题涉及方方面面,对我们来说,具有很大的挑战性,加之新冠疫情背景下,时间更紧、任务更重,不足之处在所难免,敬请领导、专家和合作社工作者批评指正。

安徽财经大学党委书记、校长　丁忠明

2020年10月

前　言

《中国合作经济发展研究报告（2020年）》由六个部分组成：农民专业合作社发展研究报告，中国供销合作社发展研究报告，中国农村信用社发展研究报告，农村资金互助社发展研究报告，其他类型合作经济组织发展研究报告，家庭农场发展研究报告。

通过分析我国合作经济发展情况，我们认为，总的来看，我国合作经济发展体现出以下几个方面的特点：一是我国合作经济发展总体仍保持快速发展的态势，但增速有所放缓，高质量发展已成为发展方向。各类合作经济组织在创新农业生产经营体制机制、发展现代农业、活跃城乡流通、完善商品流通体系、增加农民收入、推动乡村振兴、促进形成城乡经济社会发展一体化新格局中发挥了重要作用。二是不同类型合作经济组织并存共同发展的态势越来越明显，但发展仍表现出很不平衡。农民专业合作社发展势头仍然很快，截至2020年5月，全国依法登记的农民专业合作社总数达222.54万家；农民专业合作社通过共同出资、共创品牌、共享利益，组建1万多家联合社；通过国家、省、市、县级示范社四级联创，目前县级以上示范社18万家，国家示范社近8500家，辐射带动了全国近一半的农户，实有入社农户突破1亿，占全国农户总数的50%以上，从事粮食产业的合作社约占合作社总数的18%；中国供销合作社取得了可喜的成绩，经济实力、服务能力和发展活力得到进一步增强，综合改革取得积极成果；农村信用合作社网点逐年增加，所提供的涉农贷款逐年增长，依然是农村金融中的主力军；其他类型合作经济组织发展相对缓慢。三是不同地区之间合作经济组织发展快慢有别。东部地区发展较快，实力较强，影响力较大；中西部地区增速较快，但实力和影响力仍然较弱。四是各地积极探索与创新"互联网＋合作社"经营模式，以电子商务为切入点打造利益共同体，取得显著成效。五是我国合作经济发展就总体而言仍处于初级阶段，不同地区、不同类型合作经济组织都或多或少存在不够规范、政策支持不到位等诸多问题，规范发展、提升质量势在必行。

针对我国合作经济发展中存在的问题，我们认为：一是要加强合作经济理论研究。当务之急是学习十九届五中全会精神，并以此为指导，深入研究中国特色合作经济理论、道路和制度，宣传合作社文化，弘扬合作社精神，尤其是要宣传实践中涌现的典型规范的合作社，以起到影响、带动和示范作用。二是要积极推动修改完善实施合作社相关法律制度。2018年7月1日，已正式实施修订后的《农民专业合作社法》，学习和贯彻新修订的法律法规，规范发展和高质量发展农民专业合作社，是今后一个时期的首要任务；同时，应认真学习习近平总书记对供销合作社工作作出的重要指示精神，在充分调研的基础上，尽快出台《供销合作社条例》，争取早日出台《合作社法》，以推动各类合作经济组织有法可依、规范发展，从而实现健康可持续的高质量发展。三是要大力兴办合作社教育，积极探索"互联网＋"电子商务经营模式，搭建产、学、研协同创新平台，理论联系实际，培养人才，以满足中国特色合作经济事业蓬勃发展的需要。

研究报告得到了农业农村部、中华全国供销合作总社、中国合作经济学会、中国供销合作经济学会，相关省、市农业主管部门，全国相关省市县供销合作社联合社等单位的大力支持，在此一并表示感谢。

安徽财经大学　唐敏
2020年10月

目 录

第一部分 农民专业合作社发展研究报告 (1)
 一、农民专业合作社的总体概况 (1)
 二、农民专业合作社在促进农村经济社会发展中的重要作用 (4)
 三、农民专业合作社发展中存在的问题 (5)
 四、农民专业合作社发展的对策 (7)
  附录一 中华人民共和国农民专业合作社法(2006年10月31日第十届全国人民代表大会常务委员会第二十四次会议通过 2017年12月27日第十二届全国人民代表大会常务委员会第三十一次会议修订) (10)
  附录二 农民专业合作社法修订草案解读 (19)
  附录三 《农民专业合作社法》修订前后对照 (21)
  附录四 农民专业合作社相关政策 (26)
  参考文献 (28)

第二部分 中国供销合作社发展研究报告 (29)
 一、全国供销合作社发展现状分析 (29)
 二、全国供销合作社改革发展中存在的主要问题 (55)
 三、加快全国供销合作社改革发展的对策建议 (58)
  附录一 中共中央 国务院关于抓好"三农"领域重点工作确保如期实现全面小康的意见(2020年1月2日) (63)
  附录二 中华全国供销合作总社关于印发《供销合作社培育壮大工程实施意见》的通知(供销合字〔2020〕12号) (70)
  附录三 喻红秋同志在中华全国供销合作总社第六届理事会第十一次全体会议上的工作报告:提高政治站位 落实新发展理念 着力深化综合改革 (75)
  附录四 喻红秋在中华全国供销合作社第七次代表大会上的工作报告(摘要) (85)
  参考文献 (95)

第三部分 中国农村信用社发展研究报告 (96)
 一、农村信用社发展历程 (96)
 二、农村信用社改革取得的成就 (100)
 三、农村信用社发展存在的问题 (113)
 四、农村信用社发展对策 (116)
  附录:国家有关农村金融重大文件和法规演变 (120)
  参考文献 (123)

第四部分 农村资金互助社发展研究报告 (124)
 一、我国农村资金互助社的发展现状 (124)
 二、正规农村资金互助社 (127)

三、农民合作社内的信用合作 ·· (134)
四、贫困村级资金互助社 ·· (142)
五、总结 ·· (151)
  附录一 农村资金互助社管理暂行规定(银监发〔2007〕7号) ············ (156)
  附录二 中国银监会办公厅关于印发《农村资金互助社示范章程》的通知(银监办
      发〔2007〕51号) ·· (163)
  附录三 《中国银监会农村中小金融机构行政许可事项实施办法》(2014年第4号)
      (节选) ·· (171)
  参考文献 ·· (181)

第五部分 其他类型合作经济组织发展研究报告 ···························· (183)
一、其他类型合作经济组织发展现状 ·· (183)
二、其他合作经济组织发展中存在的问题 ···································· (192)
三、促进其他类型合作经济组织发展的对策 ·································· (193)
  参考文献 ·· (195)

第六部分 家庭农场发展研究报告 ·· (196)
一、家庭农场的本质 ·· (196)
二、家庭农场的类型 ·· (198)
三、家庭农场认定标准 ·· (199)
四、家庭农场与其他经营主体的关系 ·· (201)
五、家庭农场发展实践 ·· (202)
六、家庭农场发展的制度动因与制度供给 ···································· (203)
七、家庭农场制度设计中的核心问题 ·· (206)
八、我国家庭农场现状 ·· (207)
九、我国家庭农场发展对策 ·· (209)
十、结语 ·· (210)
  附录一 关于实施家庭农场培育计划的指导意见(中农发〔2019〕16号) ······ (211)
  附录二 《全国乡村产业发展规划(2020—2025年)》 ···················· (215)
  参考文献 ·· (228)

第一部分 农民专业合作社发展研究报告①

一、农民专业合作社的总体概况

(一)农民专业合作社的数量

截至 2020 年 5 月底,全国依法登记的农民专业合作社达 222.54 万家,成立联合社 1 万多家。总体上仍处于发展的初级阶段,呈现出"大群体、小规模"的特征。根据中国工商总局(现为国家市场监督管理总局)公布的数据,2007 年至 2019 年,农民专业合作社从 2.6 万家增加到了 220.1 万家,增长速度呈现出先高后低的走势,2007 年至 2013 年期间呈高速增长状态,2013 年开始呈较为明显的下降状态(见图 1-1、图 1-2)。2019 年农民专业合作社增长率只有 1.29%。

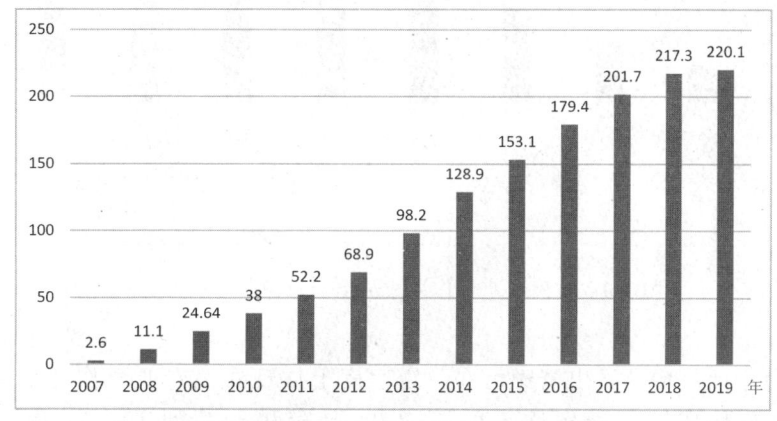

图 1-1 农民专业合作社数量(单位:万户)

由图 1-1 可以看出,农民专业合作社数量增长态势已趋于减缓,爆发式增长已转为稳步增长。

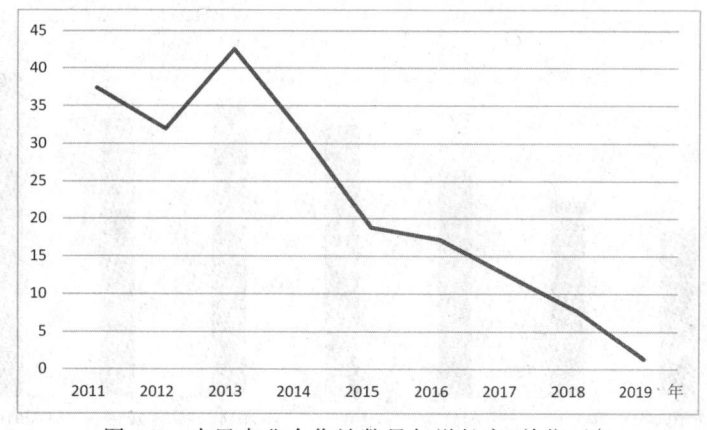

图 1-2 农民专业合作社数量年增长率(单位:%)

---

① 执笔人:董晓波、徐冠宇;审稿人:唐敏。

(二)农民专业合作社成员出资额

成员出资额与合作社数量相比,更能反映农民专业合作社的经营状况和成员加入合作社的意愿。截至2018年2月底,农民专业合作社成员出资总额46768亿元,是2012年底的4.2倍。农民专业合作社出资额不断增加,出资额增长率呈下降趋势(见图1-3)。

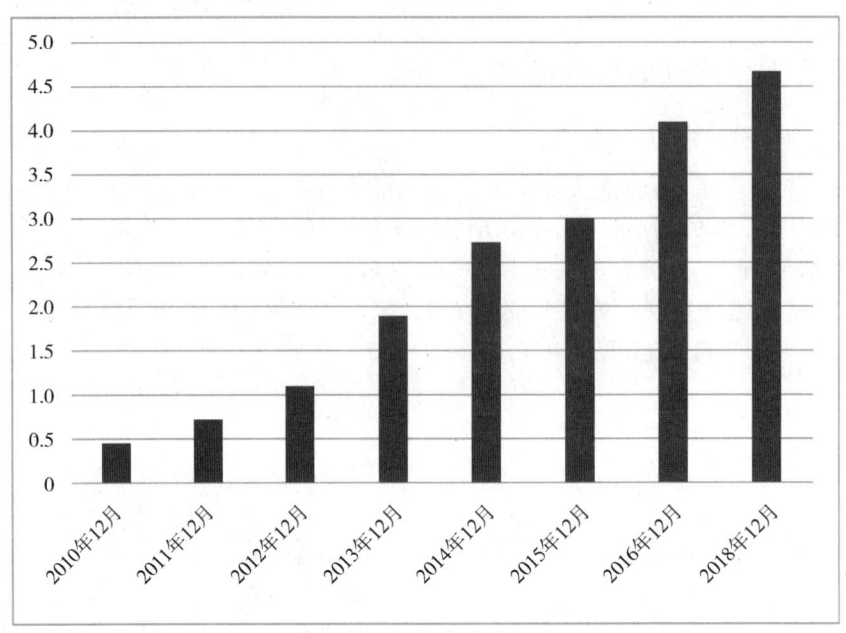

图1-3 农民专业合作社成员出资总额(单位:万亿)

农民专业合作社户均成员出资额可在一定程度上体现农民专业合作社个体的运营能力。2010～2014年,户均成员出资额逐年增长;2015年稍稍回落到195.95万元,较上年降低7.5%;2016年再创新高,达到228.5万元。2011～2016年,农民专业合作社户均成员出资额平均年增长率为11.95%(见图1-4)。

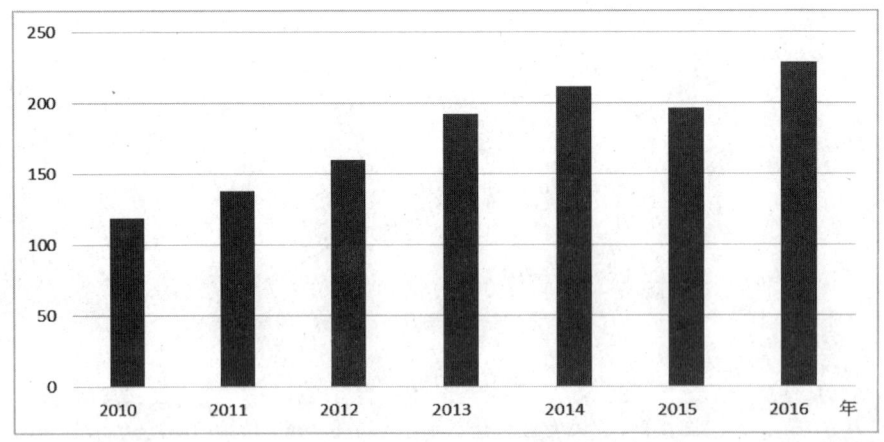

图1-4 农民专业合作社户均成员出资额(单位:万元)

与其他市场主体相比,在体现资本实力的户均出资额方面,农民专业合作社低于外商投资企业和私营企业,高于个体工商户(见图1-5)。

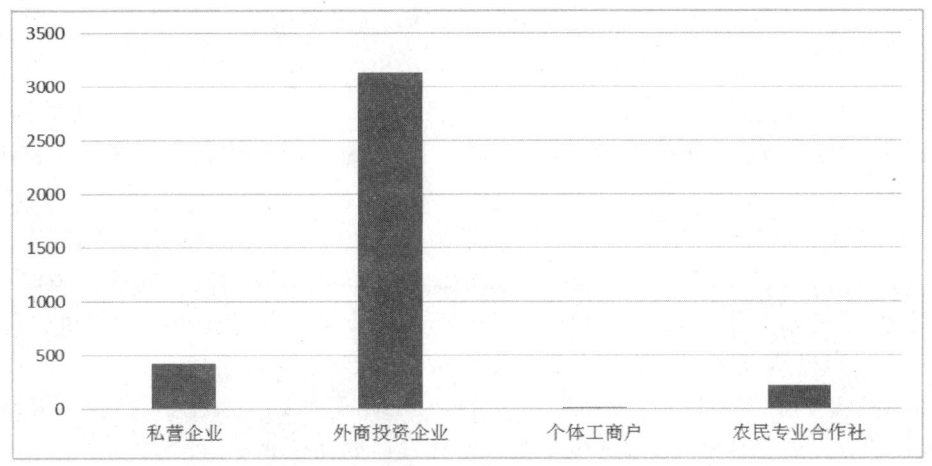

图1-5 全国各类市场主体户均出资额比较(单位:万元)

(三)农民专业合作社成员数

农民专业合作社的成员数是指加入合作社并拥有合作社剩余所有权或控制权的成员数量。按照《农民专业合作社法》的要求,成员中农民成员数量比例不低于80%,所以成员数可以反映出合作社对农民的组织带动情况。

2009～2018年,农民专业合作社成员总数处于上升趋势,农民专业合作社对农民的组织带动作用不断增强。至2019年底,农民专业合作社成员6682.8万个,农民专业合作社辐射带动全国近一半的农户。合作社已成为引领农民参与国内外市场竞争的现代农业经营组织。

目前,我国小农户数量占农业经营户的98%,小农户从业人员占农业从业人员的90%,小农户经营耕地面积占总耕地面积的比重超过70%。农民专业合作社成员以农民为主体,普通农户成员占比95.4%。合作社在稳定农户家庭承包经营的基础上,为成员提供农业生产经营服务,组织小农户"抱团"闯市场,帮助小农户克服分散经营的不足,丰富统一经营主体,提高农业经营效率,赋予双层经营体制新的内涵,给农村基本经营制度注入更加旺盛的活力。

(四)农民专业合作社分布

农民专业合作社产业涵盖粮棉油、肉蛋奶、果蔬茶等主要农产品生产,80%以上从事种养业;行业结构进一步优化,农机作业等服务业合作社增长明显,占比7.7%;注重开发农业多种功能,发展休闲农业、乡村旅游、民间工艺和农村电商等新产业新业态。2万家农民专业合作社发展农村电子商务,7300多家进军休闲农业和乡村旅游。农民专业合作社开展仓储、加工、物流等增值服务,提供产加销一体化服务的农民专业合作社占比达53%,平均为每个成员统一购销1.56万元、二次盈余返还1402元。加工服务型合作社增速较快,3.5万家合作社创办加工企业等经济实体,8.7万家拥有注册商标,4.6万家通过农产品质量认证。

二、农民专业合作社在促进农村经济社会发展中的重要作用

(一)农民专业合作社成为乡村振兴重要的组织载体

党的十九大报告提出"实施乡村振兴战略",并指出"必须始终把解决好'三农'问题作为全党工作重中之重。要坚持农业农村优先发展,按照"产业兴旺、生态宜居、乡风文明、治理有效、生活富裕"的总要求,建立健全城乡融合发展体制机制和政策体系,加快推进农业农村现代化"。

2018年习近平总书记在全国"两会"期间指出,实施乡村振兴战略必须做到"五个振兴",即产业振兴、人才振兴、文化振兴、生态振兴和组织振兴。这为我们实施好这一划时代的伟大战略提供了根本遵循。作为农民的合作经济组织,农民专业合作社应抢抓时代机遇,充分发挥自身优势,全力以赴真抓实干,为实施乡村振兴战略作出应有的贡献。2020年8月22日下午,在吉林省考察调研的习近平总书记指出,合作社的路子怎么走,我们一直在探索,要鼓励全国各地因地制宜发展合作社,探索更多专业合作社发展的路子来。

2020年是脱贫攻坚最后一年,农村也进入乡村振兴建设的关键时期。农民专业合作社吸纳贫困户为合作社成员,依靠产业扶贫实现贫困户脱贫。农民专业合作社也成为产业升级的重要载体。合作社可以成为发展适宜的特色产业的有效载体,把农业生产与农产品加工流通结合起来,延伸产业链、提升价值链,实现一二三产业融合发展,促进乡村的产业兴旺。农民专业合作社之所以能推动乡村振兴,是由当前乡村的经济社会现实决定的。从经济方面看,乡村振兴所需要的人、钱、地,由农民分散占有使用。只有把分散的资源集中起来,把分散的资金整合起来,才能更好地发挥规模效应,保证农民在乡村经济发展中的主动地位。农民合作社作为农民自己的组织,可以把分散的资金、零碎的土地和各自为政的农民集中联合起来。借助农民专业合作社,农民无论是直接参与市场竞争,还是与其他主体联合发展,交易成本和组织费用都会大大减少。

(二)农民专业合作社成为小农户与现代农业衔接的纽带

小农户生产技能低制约其发展。小农户联合组建合作社,可以根据自身需求、作物提出切合实际的生产技能方案,可以发挥合作社组织功能有效推广先进生产技能,可以在合作社平台上实现小农户间的技能交流提升。农民专业合作社为小农户成员提供及时的、专业的、全方位的技术指导,成员反映这种技术指导很接地气,有效提高了小农户成员生产技能。其他主体也能够指导小农户提高生产技能,但及时性、精准性不高,且往往决定于主体自身利益导向,稳定性、长期性不足。

小农户生产设施条件的普遍落后影响其生产效率提升。一方面小农户受制于资金、技术的客观约束无法提高农业生产设备;另一方面由于生产规模较小,农业基础设施利用率低,也降低了单个小农户主观提升生产条件的积极性。小农户通过联合组建合作社,在政府扶持下,以合作社名义统一购买和使用各类先进农机设备,改善基础设施,是迅速提高生产效率的有效方式。离开合作社平台,要快速、成批改善小农户生产条件十分困难。

小农户最大的缺陷是小,难以获得规模效益。小农户联合组建合作社,通过合作社开展生产环节的服务,实现生产环节规模经营,规模效益通过合作社益贫性的分配机制返还给小农户,让小农户既享受规模服务,也享受规模效益,有效实现规模经营。与其他主体对小农户的

服务比较起来,由于小农户规模小,从服务提供者来讲存在服务协商成本高不愿提供的问题,从小农户来讲存在服务谈判地位不高容易受到排挤的问题,从剩余索取来讲还存在规模服务效益外部化问题,合作社的自我服务不仅有存在空间,还有独特优势。小农户所处农业产业链底部,最需要与市场对接而又最难与市场对接。不论从农业发展短板看,还是从政府扶持益贫性看,小农户最值得政府扶持,但小农户的小与散使其成为政府最难扶持的对象。

(三)农民专业合作社成为推进适度规模经营的有效载体

农民专业合作社积极发展土地规模经营和专业化规模化服务,有效提高了规模经营水平。农业适度规模经营绝不仅仅是土地规模经营,还包括联合与合作的规模经营、服务的规模经营、产业链延伸的规模经营等多种形式。农业适度规模的标准绝不仅仅是种植业,还应深入研究养殖业、农机服务业等领域的规模标准。推进农业适度规模经营的最关键之处,应该是如何能使农民持续增收,而合作社应该是最佳的组织形式。家庭承包耕地流转进入专业合作社的面积达9737万亩,占流转总面积的21.8%,其中入股专业合作社的面积为1560万亩。全国有8.52万家土地股份合作社,入股土地面积达3157万亩。农民专业合作社为成员提供产加销一体化经营服务总值已突破1万亿元,农业服务类合作社超过10万家。

(四)农民专业合作社成为推进农业供给侧结构性改革的重要力量

农民专业合作社立足市场、创新供给、激活需求,组织农产品标准化、品牌化、绿色化生产,全国有15万多家农民专业合作社实施标准化生产、注册产品商标,4万多家农民专业合作社通过"三品一标"农产品质量认证。超过4万家农民专业合作社创办加工实体、开设社区直销店,一些还进行直销配送、会员制消费、认购式销售等营销创新。在我国"镰刀弯"地区玉米结构调整中,农民专业合作社等新型经营主体成为调减玉米结构的主力军。

(五)农民专业合作社成为带动农民增收致富的稳定渠道

农民专业合作社是带动农户增加收入、发展现代农业的有效组织形式。目前,农民专业合作社户均可分配盈余8万~10万元,平均每个成员当年分配盈余近1600元。农民专业合作社成员普遍比生产同类产品的非成员增收20%以上,运行规范的示范社高达30%~50%。特别是农民专业合作社作为产业扶贫的重要载体,能够积极发挥对贫困人口的组织带动作用,强化与贫困户的利益联结,在促进贫困农民就业增收方面作用明显。

三、农民专业合作社发展中存在的问题

(一)先天禀赋层面:自生能力不足

农民专业合作社在带动农民增收、促进农业生产经营方式变革等方面发挥了巨大作用,但快速发展背后所隐含的小、弱、假、散等问题不容忽视。部分农民专业合作社成为"只搭台、不唱戏"的"空壳社";还有的成为理事长、老板说了算的"一人社"。据不完全统计,目前有1/3的合作社是为了套取项目资金而设的"空壳社",1/3是由于无力继续运营而荒废的"僵尸社",只有1/3的合作社尚在运转(其中许多是以"公司+农户"方式在运作,真正在合作社平台上良好运营的估计只有10%~20%)。

"一人社""空壳社"等现象成因复杂。一是成立门槛低,合作社注册登记不验资、不收费、不年检等低门槛政策措施,催生了大量合作社,不少成立之后无法正常运转。二是部分合作社成立动机不纯,想借此获取国家补贴或支持。三是合作社普遍缺乏专业人才、成员整体素质偏

低。有些合作社虽然从研究机构聘请了专业技术人员,但仅限于技术指导,真正懂技术、会管理的高素质复合型人才很少。很多农户加入合作社的目的就是为了分红、挣钱,对掏钱的事很少答应,对民主管理等问题也很少关心。四是合作社发展初期,管理和业务指导部门重数量轻质量、重发展轻规范、重建设轻指导、重扶持轻监管。

随着近年来有关部门持续加强示范社建设,逐步强化监管措施,由低门槛导致"空壳社"情况正在逐步减少,但合作社自生能力弱的问题,则日益成为继续导致"空壳社"现象的主要因素。通过综合分析,我们认为造成农民专业合作社自生能力弱的原因主要有以下三点:

一是农民专业合作社成立与发展的基础薄弱。我国农业生产力较为充足,但抗风险能力不足,大规模经营下产能可得到充分利用,风险也会随之增加。很多农民专业合作社虽在形式上将分散经营的农户组织起来,但大部分入社农户所掌握的生产要素较少,并不能有效改变合作社的先天要素禀赋,合作社仍然普遍存在单个农户同样存在的缺资金、缺技术、缺市场渠道等短板。因此,大部分合作社与单个农户相比,所面对的市场风险并未下降,反而因经营规模扩大而提升。

二是创新能力弱。首先,意识不到位。在最低收购价格和临时收储政策的保护下,农民关心的主要问题是产量。农民无论品种选择,还是田间管理,普遍以提高产量为核心,往往忽视市场需求的变化和产品质量的提升,缺少随市场需求而变化的经营管理意识。简单地将农民组织起来成立农民专业合作社,仍然缺乏新产品、新技术、新经营模式,与农户分散经营差异不大。其次,人才缺乏。2016年,课题组对安徽省216个农民专业合作社的调研(以下简称课题组调研)发现,目前农户户主平均年龄较大,大部分在50岁以上,文化水平在小学到初中之间,这给农民专业合作社创新发展带来较大障碍。

三是融资能力弱。政府鼓励向农民专业合作社提供金融支持,但正规金融机构出于风险控制考虑,无论信用贷款还是资产抵押贷款,均对融资对象设定了较为严格的要求并审慎制定了控制流程。大部分农民专业合作社基础弱,创新能力不强,没有实体项目支撑,很难从正规金融机构及时获得融资。

(二)生产经营层面:核心市场竞争力不足

现代农业日益强调产业链的整合,农民专业合作社往往只在原料生产环节具有一定优势,而在产业链最为关键的加工流通等环节,普遍存在短板。首先,农民专业合作社普遍缺乏市场需求分析、营销策划等市场开拓能力。多数农民专业合作社依靠企业的营销渠道,客户、品牌等资源都来源于企业,农民专业合作社实质上只是农民的组织者,并不参与产业经营的核心业务。其次,农民专业合作社在深加工、仓储、运输、配送、技术服务等关键环节先天不足,自身缺乏延长产业链条的能力,难以分享更多二三产业附加值。课题组调研涉及的安徽省216家合作社中,有独立经营业务的农民专业合作社只占1.3%;由企业领办的农民专业合作社大多数仅作为中间组织存在,只负责协调企业与农民的购销关系。

(三)内部管理层面:运作不规范

农民专业合作社之所以有别于企业等其他经济组织,在于农民专业合作社独特的制度设计。农民专业合作社的所有制结构是成员共同所有,每个成员都应建有成员账户;成员之间是平等互利关系,实行民主管理,成员都可参与合作社决策;农民专业合作社实行盈余返还的分配制度,剩余收益按比例量化到成员。然而,农民专业合作社在成员账户运用、财政扶持资金处置、盈余分配、民主管理、社务公开等方面仍存在很多弱项短板。农业部2015年农经统计资料显示,全国30个省、自治区、直辖市(不含西藏)有87%的农民专业合作社按交易量(额)返还,但返还比例达到60%以上的合作社仅占总数的不到17%。课题组调研也发现,很多农民专业合作社并非完全按照农民专业合作社的制度操作,在调研涉及的安徽省216个农民专业合作社中,分红的占1.4%,成员向合作社投资的占1.2%,成员参与合作社管理的占1.6%,所有合作社都没有对成员产品是否一定要销售给合作社做出明确规定。

农民专业合作社发展中存在的问题,成因是复杂的,既有合作社自身的资源禀赋因素,也有成员之间禀赋差异导致的治理异化因素,还有支持合作社发展的政策环境因素。

首先,合作社自身的资源禀赋因素主要由合作社成员主体——普通农户的财产和收入状况决定,短期内无法显著改变。

其次,合作社成员之间的禀赋差异主要体现在一般农户成员与企业成员、农民大户成员之间的经济实力及其带来的经营管理能力、对合作社内部决策的影响力等方面。实际操作中往往出现出资额较大的成员,如企业或农民大户成员,获得合作社的实际控制权,淡化民主管理机制,个别还存在侵占其他成员利益的情况。但为激发涉农企业和农民大户参与领办农民专业合作社的积极性,这种内部人控制合作社的现象在一定时期内还难以完全避免。

最后,合作社发展的政策环境日趋向好,但也存在结构性问题,主要是农业社会化服务体系不健全,为农服务资源分散,服务成本较高,服务供给不精准,难以满足农民专业合作社等新型经营主体的服务需求,对于弥补合作社自身要素短板、提升自生能力和培育市场核心竞争力缺乏支撑作用。

因此,从促进农民专业合作社发展的角度看,当前最主要的问题是:政策体系不完善,农业社会化服务体系不健全,政府部门的公益性资源与市场主体的经营性资源缺乏有效整合,不能有效供给到农民专业合作社等新型经营主体的生产经营终端。

四、农民专业合作社发展的对策

农民专业合作社虽然发展速度较快,但质量提升更为迫切。规范发展是当前需要解决的首要问题。为农民专业合作社进一步发展提供宽松的政策环境是重要的扶持措施。一直以来,农民专业合作社在获取金融服务方面都受到很大限制,不能享受与公司等其他经营主体同等的待遇。农民专业合作社的持续发展需要人才支撑,人才培养是农民专业合作社发展的关键要素。

(一)狠抓政策落实,推进合作社规范发展

经国务院同意,中央农办、农业农村部等11个部门制定印发《关于开展农民合作社规范提升行动的若干意见》,明确了到2022年提升农民合作社规范化水平、增强服务带动能力、加大政策支持力度的目标要求和政策措施。召开促进农民合作社和家庭农场高质量发展工作现场会议,强调加大对农民合作社扶持力度,增强发展活力和服务带动能力。部署开展"空壳社"专项清理,进一步明确了规范提升的发展导向,实现农民合作社"清理整顿一批、规范提升一批、扶持壮大一批"。

推进试点示范引领。农民合作社质量提升整县推进试点扩大到全国158个县(区、市),优先将贫困县纳入,围绕发展壮大单体农民合作社、培育农民合作社联合社、提升县域指导服务水平,探索整县域推进农民合作社高质量发展的路径方法。遴选推介了首批24个全国农民合作社典型案例，为农民合作社产业振兴、创新机制、带贫增收提供了可比可学的鲜活教材。推进国家、省、市、县级示范社四级联创，通过中央财政支持各级示范社提升农产品加工、经营管理、市场营销等关键能力。

（二）创新合作社金融普惠措施，促进合作社产业发展

党的十八届三中全会提出，要赋予农民承包经营权抵押、担保权能，允许财政项目资金直接投向符合条件的合作社，允许财政补助形成的资产转交合作社持有和管护，允许合作社开展信用合作。2020年中央1号文件也提出，稳妥开展农民合作社内部资金互助试点，做好承包土地的经营权和农民住房财产权抵押担保贷款试点工作。因此，政府和相关职能部门及金融机构应结合实际，积极探索破解专业合作社融资难题，推进农民增收、农业发展。

1. 创新农村金融产品

一是在风险可控的前提下全面推行灵活的贷款方式，当前重点推行专业合作社信用贷款和社员联保贷款，有效解决农民专业合作社"贷款难"问题。二是各农村金融机构要积极探索扩大农民专业合作社、入社社员贷款抵押品范围，针对农民专业合作社的不同类型和不同需要，分类设计农村金融产品，以支持农民专业合作社产业发展。三是探索农业保险向农民专业合作社延伸的具体措施和办法，加快推进种养业保险向农民专业合作社倾斜，增强农民专业合作社的抗风险能力。

2. 增大信贷资金投入

一是金融机构要用足用好各级政府在农村扶贫、农业产业化等方面的财政贴息优惠政策，积极扩大对农民专业合作社的贷款总量。二是开展农民专业合作社的信用等级评定工作，对经营效益好的农民专业合作社授予一定的信用额度，在各种贴息贷款项目和小额贷款上给予倾斜。三是激活民间投资，组建多种所有制形式的民间金融机构。《中共中央关于推进农村改革发展若干重大问题的决定》中明确提出："允许有条件的农民专业合作社开展信用合作。"在当前市场资金短缺的背景下，政府在加强和改善金融监管的同时，适度放松农村金融的市场准入条件，鼓励民间资本对农民专业合作社的投入。

3. 强化配套服务功能

一是在确保符合风险控制的前提下，完善各级授权授信制度，优化信贷流程，简化贷款审批手续，对符合条件且在授信额度内的农民专业合作社建立"贷款绿色通道"。二是金融机构要适当调整支持专业合作社的信贷政策，改善农村网点布局，扩大对村镇营业网点的授权授信，完善服务功能，突出支持重点。三是政府职能部门要加大财政扶持力度。建立与合作社发展速度和规模相适应的财政扶持增长机制，逐年加大对合作社的财政资金扶持。建议制定出台具体的扶持措施，设立农民专业合作社专项扶持资金，采取以奖代补、贷款贴息等方式加大扶持力度。

4. 建立贷款风险分担机制

一是农业、供销等相关职能部门要不断加强专业合作社内部的规范化建设，健全完善农民专业合作社的运行机制，以此来增强金融机构对农民专业合作社融资的信心。二是金融机构要创新风险防范制度和机制，建立农民房权、林权、经营权等抵押贷款制度和信用担保制度。推进农民专业合作社信用评级建档工作，增强金融机构的放贷动力。三是建立农民专业合作社金融信贷专项担保基金,由政府出资进行担保,把符合政策规定的农民专业合作社列入金融信贷担保支持的对象,为农民专业合作社融资提供保障。

(三)立足长远发展,重视人才培养

1.树立合作理念,重视合作社教育

没有教育和培训,合作社发展就没有原动力。加强合作社教育,面向社会普及合作经济的知识,提高对合作经济的认识,形成一个各层领导,各个方面都关心支持合作经济发展的好氛围,培训合作经济的专业人才和高素质的管理人才。

2.以人才培养提升合作社自生能力

合作社的自生能力是保持合作社健康和可持续发展的关键,而提高合作社的自生能力关键是要提高成员的合作意识和自身的综合素质。在总结了世界各国合作社发展的大量经验和教训后,联合国粮农组织(FAO)指出,政府应在创造合作社所需外部环境总体框架方面起作用,要强化合作社的自治、自我财力支持和自立;政府不应干预合作社的经营和管理,对于合作社事业的推动只有通过合作社成员自身的努力才会有效;政府若要影响合作社对成员或成员对合作社的行为只有间接地通过合作社教育进行。理论的分析和合作社运动的实践充分证明,外部环境的改善可以加快合作社发展的进程,自生能力的强弱才是决定合作社兴衰的关键因素,而政府过度的直接支持则会阻碍合作社的健康发展。根据政府促进合作社发展应遵循的原则,开展合作社教育是增强合作社自生能力,推动合作社可持续发展有效手段,是政府促进合作社发展的理性选择。

附录一 中华人民共和国农民专业合作社法

(2006年10月31日第十届全国人民代表大会常务委员会第二十四次会议通过 2017年12月27日第十二届全国人民代表大会常务委员会第三十一次会议修订)

目 录

第一章 总 则
第二章 设立和登记
第三章 成 员
第四章 组织机构
第五章 财务管理
第六章 合并、分立、解散和清算
第七章 农民专业合作社联合社
第八章 扶持措施
第九章 法律责任
第十章 附 则

第一章 总 则

第一条 为了规范农民专业合作社的组织和行为,鼓励、支持、引导农民专业合作社的发展,保护农民专业合作社及其成员的合法权益,推进农业农村现代化,制定本法。

第二条 本法所称农民专业合作社,是指在农村家庭承包经营基础上,农产品的生产经营者或者农业生产经营服务的提供者、利用者,自愿联合、民主管理的互助性经济组织。

第三条 农民专业合作社以其成员为主要服务对象,开展以下一种或者多种业务:

(一)农业生产资料的购买、使用;

(二)农产品的生产、销售、加工、运输、贮藏及其他相关服务;

(三)农村民间工艺及制品、休闲农业和乡村旅游资源的开发经营等;

(四)与农业生产经营有关的技术、信息、设施建设运营等服务。

第四条 农民专业合作社应当遵循下列原则:

(一)成员以农民为主体;

(二)以服务成员为宗旨,谋求全体成员的共同利益;

(三)入社自愿、退社自由;

(四)成员地位平等,实行民主管理;

(五)盈余主要按照成员与农民专业合作社的交易量(额)比例返还。

第五条 农民专业合作社依照本法登记,取得法人资格。

农民专业合作社对由成员出资、公积金、国家财政直接补助、他人捐赠以及合法取得的其他资产所形成的财产,享有占有、使用和处分的权利,并以上述财产对债务承担责任。

第六条 农民专业合作社成员以其账户内记载的出资额和公积金份额为限对农民专业合

作社承担责任。

第七条 国家保障农民专业合作社享有与其他市场主体平等的法律地位。

国家保护农民专业合作社及其成员的合法权益,任何单位和个人不得侵犯。

第八条 农民专业合作社从事生产经营活动,应当遵守法律,遵守社会公德、商业道德,诚实守信,不得从事与章程规定无关的活动。

第九条 农民专业合作社为扩大生产经营和服务的规模,发展产业化经营,提高市场竞争力,可以依法自愿设立或者加入农民专业合作社联合社。

第十条 国家通过财政支持、税收优惠和金融、科技、人才的扶持以及产业政策引导等措施,促进农民专业合作社的发展。

国家鼓励和支持公民、法人和其他组织为农民专业合作社提供帮助和服务。

对发展农民专业合作社事业做出突出贡献的单位和个人,按照国家有关规定予以表彰和奖励。

第十一条 县级以上人民政府应当建立农民专业合作社工作的综合协调机制,统筹指导、协调、推动农民专业合作社的建设和发展。

县级以上人民政府农业主管部门、其他有关部门和组织应当依据各自职责,对农民专业合作社的建设和发展给予指导、扶持和服务。

第二章 设立和登记

第十二条 设立农民专业合作社,应当具备下列条件:

(一)有五名以上符合本法第十九条、第二十条规定的成员;

(二)有符合本法规定的章程;

(三)有符合本法规定的组织机构;

(四)有符合法律、行政法规规定的名称和章程确定的住所;

(五)有符合章程规定的成员出资。

第十三条 农民专业合作社成员可以用货币出资,也可以用实物、知识产权、土地经营权、林权等可以用货币估价并可以依法转让的非货币财产,以及章程规定的其他方式作价出资;但是,法律、行政法规规定不得作为出资的财产除外。

农民专业合作社成员不得以对该社或者其他成员的债权,充抵出资;不得以缴纳的出资,抵销对该社或者其他成员的债务。

第十四条 设立农民专业合作社,应当召开由全体设立人参加的设立大会。设立时自愿成为该社成员的人为设立人。

设立大会行使下列职权:

(一)通过本社章程,章程应当由全体设立人一致通过;

(二)选举产生理事长、理事、执行监事或者监事会成员;

(三)审议其他重大事项。

第十五条 农民专业合作社章程应当载明下列事项:

(一)名称和住所;

(二)业务范围;

(三)成员资格及入社、退社和除名;

（四）成员的权利和义务；

（五）组织机构及其产生办法、职权、任期、议事规则；

（六）成员的出资方式、出资额，成员出资的转让、继承、担保；

（七）财务管理和盈余分配、亏损处理；

（八）章程修改程序；

（九）解散事由和清算办法；

（十）公告事项及发布方式；

（十一）附加表决权的设立、行使方式和行使范围；

（十二）需要载明的其他事项。

第十六条 设立农民专业合作社，应当向工商行政管理部门提交下列文件，申请设立登记：

（一）登记申请书；

（二）全体设立人签名、盖章的设立大会纪要；

（三）全体设立人签名、盖章的章程；

（四）法定代表人、理事的任职文件及身份证明；

（五）出资成员签名、盖章的出资清单；

（六）住所使用证明；

（七）法律、行政法规规定的其他文件。

登记机关应当自受理登记申请之日起二十日内办理完毕，向符合登记条件的申请者颁发营业执照，登记类型为农民专业合作社。

农民专业合作社法定登记事项变更的，应当申请变更登记。

登记机关应当将农民专业合作社的登记信息通报同级农业等有关部门。

农民专业合作社登记办法由国务院规定。办理登记不得收取费用。

第十七条 农民专业合作社应当按照国家有关规定，向登记机关报送年度报告，并向社会公示。

第十八条 农民专业合作社可以依法向公司等企业投资，以其出资额为限对所投资企业承担责任。

第三章 成 员

第十九条 具有民事行为能力的公民，以及从事与农民专业合作社业务直接有关的生产经营活动的企业、事业单位或者社会组织，能够利用农民专业合作社提供的服务，承认并遵守农民专业合作社章程，履行章程规定的入社手续的，可以成为农民专业合作社的成员。但是，具有管理公共事务职能的单位不得加入农民专业合作社。

农民专业合作社应当置备成员名册，并报登记机关。

第二十条 农民专业合作社的成员中，农民至少应当占成员总数的百分之八十。

成员总数二十人以下的，可以有一个企业、事业单位或者社会组织成员；成员总数超过二十人的，企业、事业单位和社会组织成员不得超过成员总数的百分之五。

第二十一条 农民专业合作社成员享有下列权利：

（一）参加成员大会，并享有表决权、选举权和被选举权，按照章程规定对本社实行民主

管理;

(二)利用本社提供的服务和生产经营设施;

(三)按照章程规定或者成员大会决议分享盈余;

(四)查阅本社的章程、成员名册、成员大会或者成员代表大会记录、理事会会议决议、监事会会议决议、财务会计报告、会计账簿和财务审计报告;

(五)章程规定的其他权利。

第二十二条 农民专业合作社成员大会选举和表决,实行一人一票制,成员各享有一票的基本表决权。

出资额或者与本社交易量(额)较大的成员按照章程规定,可以享有附加表决权。本社的附加表决权总票数,不得超过本社成员基本表决权总票数的百分之二十。享有附加表决权的成员及其享有的附加表决权数,应当在每次成员大会召开时告知出席会议的全体成员。

第二十三条 农民专业合作社成员承担下列义务:

(一)执行成员大会、成员代表大会和理事会的决议;

(二)按照章程规定向本社出资;

(三)按照章程规定与本社进行交易;

(四)按照章程规定承担亏损;

(五)章程规定的其他义务。

第二十四条 符合本法第十九条、第二十条规定的公民、企业、事业单位或者社会组织,要求加入已成立的农民专业合作社,应当向理事长或者理事会提出书面申请,经成员大会或者成员代表大会表决通过后,成为本社成员。

第二十五条 农民专业合作社成员要求退社的,应当在会计年度终了的三个月前向理事长或者理事会提出书面申请;其中,企业、事业单位或者社会组织成员退社,应当在会计年度终了的六个月前提出;章程另有规定的,从其规定。退社成员的成员资格自会计年度终了时终止。

第二十六条 农民专业合作社成员不遵守农民专业合作社的章程、成员大会或者成员代表大会的决议,或者严重危害其他成员及农民专业合作社利益的,可以予以除名。

成员的除名,应当经成员大会或者成员代表大会表决通过。

在实施前款规定时,应当为该成员提供陈述意见的机会。

被除名成员的成员资格自会计年度终了时终止。

第二十七条 成员在其资格终止前与农民专业合作社已订立的合同,应当继续履行;章程另有规定或者与本社另有约定的除外。

第二十八条 成员资格终止的,农民专业合作社应当按照章程规定的方式和期限,退还记载在该成员账户内的出资额和公积金份额;对成员资格终止前的可分配盈余,依照本法第四十四条的规定向其返还。

资格终止的成员应当按照章程规定分摊资格终止前本社的亏损及债务。

第四章 组织机构

第二十九条 农民专业合作社成员大会由全体成员组成,是本社的权力机构,行使下列职权:

（一）修改章程；
（二）选举和罢免理事长、理事、执行监事或者监事会成员；
（三）决定重大财产处置、对外投资、对外担保和生产经营活动中的其他重大事项；
（四）批准年度业务报告、盈余分配方案、亏损处理方案；
（五）对合并、分立、解散、清算，以及设立、加入联合社等作出决议；
（六）决定聘用经营管理人员和专业技术人员的数量、资格和任期；
（七）听取理事长或者理事会关于成员变动情况的报告，对成员的入社、除名等作出决议；
（八）公积金的提取及使用；
（九）章程规定的其他职权。

第三十条 农民专业合作社召开成员大会，出席人数应当达到成员总数三分之二以上。

成员大会选举或者作出决议，应当由本社成员表决权总数过半数通过；作出修改章程或者合并、分立、解散，以及设立、加入联合社的决议应当由本社成员表决权总数的三分之二以上通过。章程对表决权数有较高规定的，从其规定。

第三十一条 农民专业合作社成员大会每年至少召开一次，会议的召集由章程规定。有下列情形之一的，应当在二十日内召开临时成员大会：
（一）百分之三十以上的成员提议；
（二）执行监事或者监事会提议；
（三）章程规定的其他情形。

第三十二条 农民专业合作社成员超过一百五十人的，可以按照章程规定设立成员代表大会。成员代表大会按照章程规定可以行使成员大会的部分或者全部职权。

依法设立成员代表大会的，成员代表人数一般为成员总人数的百分之十，最低人数为五十一人。

第三十三条 农民专业合作社设理事长一名，可以设理事会。理事长为本社的法定代表人。

农民专业合作社可以设执行监事或者监事会。理事长、理事、经理和财务会计人员不得兼任监事。

理事长、理事、执行监事或者监事会成员，由成员大会从本社成员中选举产生，依照本法和章程的规定行使职权，对成员大会负责。

理事会会议、监事会会议的表决，实行一人一票。

第三十四条 农民专业合作社的成员大会、成员代表大会、理事会、监事会，应当将所议事项的决定作成会议记录，出席会议的成员、成员代表、理事、监事应当在会议记录上签名。

第三十五条 农民专业合作社的理事长或者理事会可以按照成员大会的决定聘任经理和财务会计人员，理事长或者理事可以兼任经理。经理按照章程规定或者理事会的决定，可以聘任其他人员。

经理按照章程规定和理事长或者理事会授权，负责具体生产经营活动。

第三十六条 农民专业合作社的理事长、理事和管理人员不得有下列行为：
（一）侵占、挪用或者私分本社资产；
（二）违反章程规定或者未经成员大会同意，将本社资金借贷给他人或者以本社资产为他人提供担保；

(三)接受他人与本社交易的佣金归为己有;

(四)从事损害本社经济利益的其他活动。

理事长、理事和管理人员违反前款规定所得的收入,应当归本社所有;给本社造成损失的,应当承担赔偿责任。

第三十七条　农民专业合作社的理事长、理事、经理不得兼任业务性质相同的其他农民专业合作社的理事长、理事、监事、经理。

第三十八条　执行与农民专业合作社业务有关公务的人员,不得担任农民专业合作社的理事长、理事、监事、经理或者财务会计人员。

第五章　财务管理

第三十九条　农民专业合作社应当按照国务院财政部门制定的财务会计制度进行财务管理和会计核算。

第四十条　农民专业合作社的理事长或者理事会应当按照章程规定,组织编制年度业务报告、盈余分配方案、亏损处理方案以及财务会计报告,于成员大会召开的十五日前,置备于办公地点,供成员查阅。

第四十一条　农民专业合作社与其成员的交易、与利用其提供的服务的非成员的交易,应当分别核算。

第四十二条　农民专业合作社可以按照章程规定或者成员大会决议从当年盈余中提取公积金。公积金用于弥补亏损、扩大生产经营或者转为成员出资。

每年提取的公积金按照章程规定量化为每个成员的份额。

第四十三条　农民专业合作社应当为每个成员设立成员账户,主要记载下列内容:

(一)该成员的出资额;

(二)量化为该成员的公积金份额;

(三)该成员与本社的交易量(额)。

第四十四条　在弥补亏损、提取公积金后的当年盈余,为农民专业合作社的可分配盈余。可分配盈余主要按照成员与本社的交易量(额)比例返还。

可分配盈余按成员与本社的交易量(额)比例返还的返还总额不得低于可分配盈余的百分之六十;返还后的剩余部分,以成员账户中记载的出资额和公积金份额,以及本社接受国家财政直接补助和他人捐赠形成的财产平均量化到成员的份额,按比例分配给本社成员。

经成员大会或者成员代表大会表决同意,可以将全部或者部分可分配盈余转为对农民专业合作社的出资,并记载在成员账户中。

具体分配办法按照章程规定或者经成员大会决议确定。

第四十五条　设立执行监事或者监事会的农民专业合作社,由执行监事或者监事会负责对本社的财务进行内部审计,审计结果应当向成员大会报告。

成员大会也可以委托社会中介机构对本社的财务进行审计。

第六章　合并、分立、解散和清算

第四十六条　农民专业合作社合并,应当自合并决议作出之日起十日内通知债权人。合并各方的债权、债务应当由合并后存续或者新设的组织承继。

第四十七条 农民专业合作社分立，其财产作相应的分割，并应当自分立决议作出之日起十日内通知债权人。分立前的债务由分立后的组织承担连带责任。但是，在分立前与债权人就债务清偿达成的书面协议另有约定的除外。

第四十八条 农民专业合作社因下列原因解散：

（一）章程规定的解散事由出现；
（二）成员大会决议解散；
（三）因合并或者分立需要解散；
（四）依法被吊销营业执照或者被撤销。

因前款第一项、第二项、第四项原因解散的，应当在解散事由出现之日起十五日内由成员大会推举成员组成清算组，开始解散清算。逾期不能组成清算组的，成员、债权人可以向人民法院申请指定成员组成清算组进行清算，人民法院应当受理该申请，并及时指定成员组成清算组进行清算。

第四十九条 清算组自成立之日起接管农民专业合作社，负责处理与清算有关未了结业务，清理财产和债权、债务，分配清偿债务后的剩余财产，代表农民专业合作社参与诉讼、仲裁或者其他法律程序，并在清算结束时办理注销登记。

第五十条 清算组应当自成立之日起十日内通知农民专业合作社成员和债权人，并于六十日内在报纸上公告。债权人应当自接到通知之日起三十日内，未接到通知的自公告之日起四十五日内，向清算组申报债权。如果在规定期间内全部成员、债权人均已收到通知，免除清算组的公告义务。

债权人申报债权，应当说明债权的有关事项，并提供证明材料。清算组应当对债权进行审查、登记。

在申报债权期间，清算组不得对债权人进行清偿。

第五十一条 农民专业合作社因本法第四十八条第一款的原因解散，或者人民法院受理破产申请时，不能办理成员退社手续。

第五十二条 清算组负责制定包括清偿农民专业合作社员工的工资及社会保险费用，清偿所欠税款和其他各项债务，以及分配剩余财产在内的清算方案，经成员大会通过或者申请人民法院确认后实施。

清算组发现农民专业合作社的财产不足以清偿债务的，应当依法向人民法院申请破产。

第五十三条 农民专业合作社接受国家财政直接补助形成的财产，在解散、破产清算时，不得作为可分配剩余资产分配给成员，具体按照国务院财政部门有关规定执行。

第五十四条 清算组成员应当忠于职守，依法履行清算义务，因故意或者重大过失给农民专业合作社成员及债权人造成损失的，应当承担赔偿责任。

第五十五条 农民专业合作社破产适用企业破产法的有关规定。但是，破产财产在清偿破产费用和共益债务后，应当优先清偿破产前与农民成员已发生交易但尚未结清的款项。

第七章 农民专业合作社联合社

第五十六条 三个以上的农民专业合作社在自愿的基础上，可以出资设立农民专业合作社联合社。

农民专业合作社联合社应当有自己的名称、组织机构和住所,由联合社全体成员制定并承认的章程,以及符合章程规定的成员出资。

第五十七条　农民专业合作社联合社依照本法登记,取得法人资格,领取营业执照,登记类型为农民专业合作社联合社。

第五十八条　农民专业合作社联合社以其全部财产对该社的债务承担责任;农民专业合作社联合社的成员以其出资额为限对农民专业合作社联合社承担责任。

第五十九条　农民专业合作社联合社应当设立由全体成员参加的成员大会,其职权包括修改农民专业合作社联合社章程,选举和罢免农民专业合作社联合社理事长、理事和监事,决定农民专业合作社联合社的经营方案及盈余分配,决定对外投资和担保方案等重大事项。

农民专业合作社联合社不设成员代表大会,可以根据需要设立理事会、监事会或者执行监事。理事长、理事应当由成员社选派的人员担任。

第六十条　农民专业合作社联合社的成员大会选举和表决,实行一社一票。

第六十一条　农民专业合作社联合社可分配盈余的分配办法,按照本法规定的原则由农民专业合作社联合社章程规定。

第六十二条　农民专业合作社联合社成员退社,应当在会计年度终了的六个月前以书面形式向理事会提出。退社成员的成员资格自会计年度终了时终止。

第六十三条　本章对农民专业合作社联合社没有规定的,适用本法关于农民专业合作社的规定。

第八章　扶持措施

第六十四条　国家支持发展农业和农村经济的建设项目,可以委托和安排有条件的农民专业合作社实施。

第六十五条　中央和地方财政应当分别安排资金,支持农民专业合作社开展信息、培训、农产品标准与认证、农业生产基础设施建设、市场营销和技术推广等服务。国家对革命老区、民族地区、边疆地区和贫困地区的农民专业合作社给予优先扶助。

县级以上人民政府有关部门应当依法加强对财政补助资金使用情况的监督。

第六十六条　国家政策性金融机构应当采取多种形式,为农民专业合作社提供多渠道的资金支持。具体支持政策由国务院规定。

国家鼓励商业性金融机构采取多种形式,为农民专业合作社及其成员提供金融服务。

国家鼓励保险机构为农民专业合作社提供多种形式的农业保险服务。鼓励农民专业合作社依法开展互助保险。

第六十七条　农民专业合作社享受国家规定的对农业生产、加工、流通、服务和其他涉农经济活动相应的税收优惠。

第六十八条　农民专业合作社从事农产品初加工用电执行农业生产用电价格,农民专业合作社生产性配套辅助设施用地按农用地管理,具体办法由国务院有关部门规定。

第九章　法律责任

第六十九条　侵占、挪用、截留、私分或者以其他方式侵犯农民专业合作社及其成员的合法财产,非法干预农民专业合作社及其成员的生产经营活动,向农民专业合作社及其成员摊派,强迫农民专业合作社及其成员接受有偿服务,造成农民专业合作社经济损失的,依法追究法律责任。

第七十条 农民专业合作社向登记机关提供虚假登记材料或者采取其他欺诈手段取得登记的,由登记机关责令改正,可以处五千元以下罚款;情节严重的,撤销登记或者吊销营业执照。

第七十一条 农民专业合作社连续两年未从事经营活动的,吊销其营业执照。

第七十二条 农民专业合作社在依法向有关主管部门提供的财务报告等材料中,作虚假记载或者隐瞒重要事实的,依法追究法律责任。

第十章 附 则

第七十三条 国有农场、林场、牧场、渔场等企业中实行承包租赁经营、从事农业生产经营或者服务的职工,兴办农民专业合作社适用本法。

第七十四条 本法自2018年7月1日起施行。

附录二 农民专业合作社法修订草案解读

2017年6月22日上午,全国人大农业与农村委员会副主任委员陈光国在十二届全国人大常委会二十八次会议的全体会议上,受全国人大农业与农村委员会委托作了关于《中华人民共和国农民专业合作社法(修订草案)》(以下简称草案)的说明,施行十年的农民专业合作社法迎来了首次修改。

农民专业合作社法修订的背景

农民专业合作社是带动农户进入市场的基本主体,是创新农村社会管理的有效载体。当前,农民专业合作社蓬勃发展,已成为现代农业建设的中坚力量。截至2017年4月底,全国依法登记农民专业合作社188.8万家,是2007年年底农民专业合作社法颁布施行初期的73倍,平均每个行政村有近3家合作社。入社农户占全国农户总数的46.1%,社均成员60户。产业分布广泛,涵盖粮棉油、肉蛋奶、果蔬茶等主要农产品生产,并扩展到农机、植保、民间工艺、旅游休闲农业、电子商务等多领域多业态。服务领域拓宽,在专业合作的基础上探索出股份合作、信用合作、专业合作社再联合等。农民专业合作社在农业农村经济社会发展中发挥了重要作用。同时,我们也应清醒地看到,一些专业合作社存在管理不民主、财务制度不健全等问题,甚至出现许多"空壳社""挂牌社""家庭社",影响和制约了合作社的健康发展。

农民专业合作社作为重要的新型农业经营主体,既涉及农民的经济利益,又关系到农业现代化建设、农村经济发展和社会稳定,此次修法具有十分重要的意义。农委于2015年着手牵头农民专业合作社法的修改工作。在修改过程中,已多次征求中央和国务院有关部门,全国31个省、自治区、直辖市人大农委,有关科研院所和高等院校,以及有关专业合作社和专家学者的意见,在认真总结实践经验、深入调查研究、反复论证的基础上,形成了草案。

亮点一:取消同类限制 明确业务范围

为顺应实践发展需要,草案取消有关"同类"农产品或者"同类"农业生产经营服务中"同类"限制,扩大法律调整范围。同时以列举方式扩大农民专业合作社的服务类型,将农村民间工艺及制品、休闲农业和乡村旅游资源的开发经营等新型农民专业合作社,以及农机、植保、水利等专业合作社纳入调整范围。

常委会组成人员在审议农民专业合作社法修订草案时,有委员提出,应明确农民专业合作社和社区性的经济合作社的区别。调研结果显示,近年来随着农村集体产权制度改革的深入推进,一些地方将改革后的农村集体经济组织称为经济合作社或股份经济合作社。股份经济合作社作为我国农村集体经济的组织载体,在农村集体产权制度改革和发展壮大农村集体经济过程中发挥着重要作用,中央已明确提出,抓紧研究制定农村集体经济组织相关法律。同时,经济合作社或股份经济合作社涉及的成员边界、财产关系、运行机制等,与本法规定的农民专业合作社存在很大区别,因此本法的调整范围不包含社区性的经济合作社或股份经济合作社。

亮点二:允许农民专业合作社内部开展信用合作

全国已有14个省(区、市)的地方性法规明确规定合作社可以开展信用合作业务,辽宁、安徽等地制定了专门指导意见或管理办法。经国务院同意,山东省开展了合作社信用合作试点。目前,全国2000多家合作社开展信用合作。鉴于信用合作风险较高、专业性较强,法律应当对此作出统一规范,加强制度约束,强化风险防控。在借鉴地方立法经验基础上,草案明确农民专业合作社内部开展信用合作,须依托于农民专业合作社,以成员信用为基础,以产业为纽带,由全部或部分成员自愿出资,目的是为成员在合作社内部发展生产提供资金互助业务活动,不是专门的信用合作社。

亮点三:增设农民专业合作社联合社专章

目前一些省、自治区、直辖市人大常委会进行探索,以地方法规的形式赋予农民专业合作社联合社法律地位。据初步统计,目前已有14个省(区、市)的合作社地方性法规对联合社的注册登记作了原则规定。全国有联合社7200多家,涵盖农民专业合作社9.4万多个,带动农户超过560万户。但由于缺乏上位法依据,各地关于联合社的规定存在一定差异,可操作性不强,一定程度上影响了联合社的发展。为此,草案增加农民专业合作社联合社一章,明确其成员资格、注册登记、组织机构、治理结构、盈余分配及其他相关问题。草案规定,三个以上的农民专业合作社可以设立农民专业合作社联合社,依照本法登记,取得法人资格,领取营业执照,登记类型为农民专业合作社联合社。

亮点四:规范农民专业合作社发展的新规定

形形色色的"空壳社""挂牌社"等假合作社损害了农民专业合作社的名声,侵蚀了国家有限的财政投入。为规范农民专业合作社的健康发展,草案规定,农民专业合作社连续两年未从事经营活动,或者连续三年未报送年度报告的,吊销其营业执照。草案还就成员新入社和除名、盈余分配,以及法律责任等内容的有关条款作了修改完善。

附录三 《农民专业合作社法》修订前后对照

旧法	新法
第一章 总 则	**第一章 总 则**
第一条 为了支持、引导农民专业合作社的发展，规范农民专业合作社的组织和行为，保护农民专业合作社及其成员的合法权益，促进农业和农村经济的发展，制定本法。	第一条 为了规范农民专业合作社的组织和行为，鼓励、支持、引导农民专业合作社的发展，保护农民专业合作社及其成员的合法权益，推进农业农村现代化，制定本法。
第二条 农民专业合作社是在农村家庭承包经营基础上，同类农产品的生产经营者或者同类农业生产经营服务的提供者、利用者，自愿联合、民主管理的互助性经济组织。 农民专业合作社以其成员为主要服务对象，提供农业生产资料的购买，农产品的销售、加工、运输、贮藏以及与农业生产经营有关的技术、信息等服务。	第二条 本法所称农民专业合作社，是指在农村家庭承包经营基础上，农产品的生产经营者或者农业生产经营服务的提供者、利用者，自愿联合、民主管理的互助性经济组织。 第三条 农民专业合作社以其成员为主要服务对象，开展以下一种或者多种业务： （一）农业生产资料的购买、使用； （二）农产品的生产、销售、加工、运输、贮藏及其他相关服务； （三）农村民间工艺及制品、休闲农业和乡村旅游资源的开发经营； （四）与农业生产经营有关的技术、信息、设施建设运营等服务。
第三条 （略） 第四条 （略） 第五条 （略）	第四条 （略） 第五条 （略） 第六条 （略）
第六条 国家保护农民专业合作社及其成员的合法权益，任何单位和个人不得侵犯。	第七条 国家保障农民专业合作社享有与其他市场主体平等的法律地位。 国家保护农民专业合作社及其成员的合法权益，任何单位和个人不得侵犯。
第七条 农民专业合作社从事生产经营活动，应当遵守法律、行政法规，遵守社会公德、商业道德，诚实守信。	第八条 农民专业合作社从事生产经营活动，应当遵守法律，遵守社会公德、商业道德，诚实守信，不得从事与章程规定无关的活动。
	第九条 农民专业合作社为扩大生产经营和服务的规模，发展产业化经营，提高市场竞争力，可以依法自愿设立或者加入农民专业合作社联合社。
第八条 国家通过财政支持、税收优惠和金融、科技、人才的扶持以及产业政策引导等措施，促进农民专业合作社的发展。 国家鼓励和支持社会各方面力量为农民专业合作社提供服务。	第十条 国家通过财政支持、税收优惠和金融、科技、人才的扶持以及产业政策引导等措施，促进农民专业合作社的发展。 国家鼓励和支持公民、法人和其他组织为农民专业合作社提供帮助和服务。 对发展农民专业合作社事业做出突出贡献的单位和个人，按照国家有关规定予以表彰和奖励。
第九条 县级以上各级人民政府应当组织农业行政主管部门和其他有关部门及有关组织，依照本法规定，依据各自职责，对农民专业合作社的建设和发展给予指导、扶持和服务。	第十一条 县级以上人民政府应当建立农民专业合作社工作的综合协调机制，统筹指导、协调、推动农民专业合作社的建设和发展。 县级以上人民政府农业主管部门、其他有关部门和组织应依据各自职责，对农民专业合作社的建设和发展给予指导、扶持和服务。

旧法	新法
第二章 设立和登记	**第二章 设立和登记**
第十条 （略）	第十二条 （略）
	第十三条 农民专业合作社成员可以用货币出资，也可以用实物、知识产权、土地经营权、林权等可以用货币估价并可以依法转让的非货币财产，以及章程规定的其他方式作价出资；但是，法律、行政法规规定不得作为出资的财产除外。 农民专业合作社成员不得以对该社或者其他成员的债权，充抵出资；不得以缴纳的出资，抵销对该社或者其他成员的债务。
第十一条 （略）	第十四条 （略）
第十二条 农民专业合作社章程应当载明下列事项： （一）名称和住所； （二）业务范围； （三）成员资格及入社、退社和除名； （四）成员的权利和义务； （五）组织机构及其产生办法、职权、任期、议事规则； （六）成员的出资方式、出资额； （七）财务管理和盈余分配、亏损处理； （八）章程修改程序； （九）解散事由和清算办法； （十）公告事项及发布方式； （十一）需要规定的其他事项。	第十五条 农民专业合作社章程应当载明下列事项： （一）名称和住所； （二）业务范围； （三）成员资格及入社、退社和除名； （四）成员的权利和义务； （五）组织机构及其产生办法、职权、任期、议事规则； （六）成员的出资方式、出资额，成员出资的转让、继承、担保； （七）财务管理和盈余分配、亏损处理； （八）章程修改程序； （九）解散事由和清算办法； （十）公告事项及发布方式； （十一）附加表决权的设立、行使方式和行使范围； （十二）需要载明的其他事项。

旧法	新法
第十三条　设立农民专业合作社，应当向工商行政管理部门提交下列文件，申请设立登记： （一）登记申请书； （二）全体设立人签名、盖章的设立大会纪要； （三）全体设立人签名、盖章的章程； （四）法定代表人、理事的任职文件及身份证明； （五）出资成员签名、盖章的出资清单； （六）住所使用证明； （七）法律、行政法规规定的其他文件。 登记机关应当自受理登记申请之日起二十日内办理完毕，向符合登记条件的申请者颁发营业执照。 农民专业合作社法定登记事项变更的，应当申请变更登记。 农民专业合作社登记办法由国务院规定。办理登记不得收取费用。	第十六条　设立农民专业合作社，应当向工商行政管理部门提交下列文件，申请设立登记： （一）登记申请书； （二）全体设立人签名、盖章的设立大会纪要； （三）全体设立人签名、盖章的章程； （四）法定代表人、理事的任职文件及身份证明； （五）出资成员签名、盖章的出资清单； （六）住所使用证明； （七）法律、行政法规规定的其他文件。 登记机关应当自受理登记申请之日起二十日内办理完毕，向符合登记条件的申请者颁发营业执照，**登记类型为农民专业合作社**。 农民专业合作社法定登记事项变更的，应当申请变更登记。 **登记机关应当将农民专业合作社的登记信息通报同级农业等有关部门。** 农民专业合作社登记办法由国务院规定。办理登记不得收取费用。 第十七条　农民专业合作社应当按照国家有关规定，向登记机关报送年度报告，并向社会公示。 第十八条　农民专业合作社可以依法向公司等企业投资，以其出资额为限对所投资企业承担责任。

旧法	新法
第三章　成员	**第三章　成员**
第十四条　（略）	第十九条　（略）
第十五条　农民专业合作社的成员中，农民至少应当占成员总数的百分之八十。 成员总数二十人以下的，可以有一个企业、事业单位或者社会团体成员；成员总数超过二十人的，企业、事业单位和社会团体成员不得超过成员总数的百分之五。	第二十条　农民专业合作社的成员中，农民至少应当占成员总数的百分之八十。 成员总数二十人以下的，可以有一个企业、事业单位或者社会组织成员；成员总数超过二十人的，企业、事业单位和社会组织成员不得超过成员总数的百分之五。
第十六条　农民专业合作社成员享有下列权利： （一）参加成员大会，并享有表决权、选举权和被选举权，按照章程规定对本社实行民主管理； （二）利用本社提供的服务和生产经营设施； （三）按照章程规定或者成员大会决议分享盈余； （四）查阅本社的章程、成员名册、成员大会或者成员代表大会记录、理事会会议决议、监事会会议决议、财务会计报告和会计账簿； （五）章程规定的其他权利。	第二十一条　农民专业合作社成员享有下列权利： （一）参加成员大会，并享有表决权、选举权和被选举权，按照章程规定对本社实行民主管理； （二）利用本社提供的服务和生产经营设施； （三）按照章程规定或者成员大会决议分享盈余； （四）查阅本社的章程、成员名册、成员大会或者成员代表大会记录、理事会会议决议、监事会会议决议、财务会计报告、会计账簿和财务审计报告； （五）章程规定的其他权利。
第十七条　农民专业合作社成员大会选举和表决，实行一人一票制，成员各享有一票的基本表决权。 出资额或者与本社交易量（额）较大的成员按照章程规定，可以享有附加表决权。本社的附加表决权总票数，不得超过本社成员基本表决权总票数的百分之二十。享有附加表决权的成员及其享有的附加表决权数，应当在每次成员大会召开时告知出席会议的成员。 章程可以限制附加表决权行使的范围。	第二十二条　农民专业合作社成员大会选举和表决，实行一人一票制，成员各享有一票的基本表决权。 出资额或者与本社交易量（额）较大的成员按照章程规定，可以享有附加表决权。本社的附加表决权总票数，不得超过本社成员基本表决权总票数的百分之二十。享有附加表决权的成员及其享有的附加表决权数，应当在每次成员大会召开时告知出席会议的**全体成员**。
第十八条　（略）	第二十三条　（略）
	第二十四条　符合本法第十九条、第二十条规定的公民、企业、事业单位或者社会组织，要求加入已成立的农民专业合作社，应当向理事长或者理事会提出书面申请，经成员大会或者成员代表大会表决通过后，成为本社成员。
第十九条　农民专业合作社成员要求退社的，应当在财务年度终了的三个月前向理事长或者理事会提出；其中，企业、事业单位或者社会团体成员退社，应当在财务年度终了的六个月前提出；章程另有规定的，从其规定。退社成员的成员资格自财务年度终了时终止。	第二十五条　农民专业合作社成员要求退社的，应当在**会计**年度终了的三个月前向理事长或者理事会提出**书面申请**；其中，企业、事业单位或者社会组织成员退社，应当在会计年度终了的六个月前提出；章程另有规定的，从其规定。退社成员的成员资格自会计年度终了时终止。
	第二十六条　农民专业合作社成员不遵守农民专业合作社的章程、成员大会或者成员代表大会的决议，或者严重危害其他成员及农民专业合作社利益的，可以予以除名。 成员的除名，应当经成员大会或者成员代表大会表决通过。在实施前款规定时，应当为该成员提供陈述意见的机会。 被除名成员的成员资格自会计年度终了时终止。
第二十条　（略） 第二十一条　（略）	第二十七条　（略） 第二十八条　（略）

旧法	新法
第四章　组织机构	**第四章　组织机构**
第二十二条　农民专业合作社成员大会由全体成员组成，是本社的权力机构，行使下列职权： （一）修改章程； （二）选举和罢免理事长、理事、执行监事或者监事会成员； （三）决定重大财产处置、对外投资、对外担保和生产经营活动中的其他重大事项； （四）批准年度业务报告、盈余分配方案、亏损处理方案； （五）对合并、分立、解散、清算作出决议； （六）决定聘用经营管理人员和专业技术人员的数量、资格和任期； （七）听取理事长或者理事会关于成员变动情况的报告； （八）章程规定的其他职权。	第二十九条　农民专业合作社成员大会由全体成员组成，是本社的权力机构，行使下列职权： （一）修改章程； （二）选举和罢免理事长、理事、执行监事或者监事会成员； （三）决定重大财产处置、对外投资、对外担保和生产经营活动中的其他重大事项； （四）批准年度业务报告、盈余分配方案、亏损处理方案； （五）对合并、分立、解散、清算，**以及设立、加入联合社**等作出决议； （六）决定聘用经营管理人员和专业技术人员的数量、资格和任期； （七）听取理事长或者理事会关于成员变动情况的报告，对成员入社、除名等作出决议； （八）**公积金的提取及使用**； （九）章程规定的其他职权。
第二十三条　农民专业合作社召开成员大会，出席人数应当达到成员总数三分之二以上。 成员大会选举或者作出决议，应由本社成员表决权总数过半数通过；作出修改章程或者合并、分立、解散的决议应当由本社成员表决权总数的三分之二以上通过。章程对表决权数有较高规定的，从其规定。	第三十条　农民专业合作社召开成员大会，出席人数应当达到成员总数三分之二以上。 成员大会选举或者作出决议，应由本社成员表决权总数过半数通过；作出修改章程或者合并、分立、解散、**设立、加入联合社**的决议应当由本社成员表决权总数的三分之二以上通过。章程对表决权数有较高规定的，从其规定。
第二十四条　（略）	第三十一条　（略）
第二十五条　农民专业合作社成员超过一百五十人的，可以按照章程规定设立成员代表大会。成员代表大会按照章程规定可以行使成员大会的部分或者全部职权。	第三十二条　农民专业合作社成员超过一百五十人的，可以按照章程规定设立成员代表大会。成员代表大会按照章程规定可以行使成员大会的部分或者全部职权。**依法设立成员代表大会的，成员代表人数一般为成员总人数的百分之十，最低人数为五十一人。**
第二十六条　（略）	第三十三条　（略）
第二十七条　农民专业合作社的成员大会、理事会、监事会，应当将所议事项的决定作成会议记录，出席会议的成员、理事、监事应当在会议记录上签名。	第三十四条　农民专业合作社的成员大会、**成员代表大会**、理事会、监事会，应当将所议事项的决定作成会议记录，出席会议的成员、**成员代表**、理事、监事应当在会议记录上签名。
第二十八条　（略） 第二十九条　（略） 第三十条　（略） 第三十一条　（略）	第三十五条　（略） 第三十六条　（略） 第三十七条　（略） 第三十八条　（略）

旧法	新法
第五章　财务管理	**第五章　财务管理**
第三十二条　国务院财政部门依照国家有关法律、行政法规，制定农民专业合作社财务会计制度。农民专业合作社应当按照国务院财政部门制定的财务会计制度进行会计核算。	第三十九条　农民专业合作社应当按照国务院财政部门制定的财务会计制度进行**财务管理和**会计核算。
第三十三条　（略） 第三十四条　（略） 第三十五条　（略） 第三十六条　（略）	第四十条　（略） 第四十一条　（略） 第四十二条　（略） 第四十三条　（略）
第三十七条　在弥补亏损、提取公积金后的当年盈余，为农民专业合作社的可分配盈余。 可分配盈余按照下列规定返还或者分配给成员，具体分配办法按照章程规定或者经成员大会决议确定： （一）按成员与本社的交易量（额）比例返还，返还总额不得低于可分配盈余的百分之六十； （二）按前项规定返还后的剩余部分，以成员账户中记载的出资额和公积金份额，以及本社接受国家财政直接补助和他人捐赠形成的财产平均量化到成员的份额，按比例分配给本社成员。	第四十四条　在弥补亏损、提取公积金后的当年盈余，为农民专业合作社的可分配盈余。可分配盈余**主要按照成员与本社的交易量（额）比例返还**。 可分配盈余按成员与本社的交易量（额）比例返还的返还额不得低于可分配盈余的百分之六十；返还后的剩余部分，以成员账户中记载的出资额和公积金份额，以及本社接受国家财政直接补助和他人捐赠形成的财产平均量化到成员的份额，按比例分配给本社成员。 **经成员大会或者成员代表大会表决同意，可以将全部或者部分可分配盈余转为对农民专业合作社的出资，并记载在成员账户中。** 具体分配办法按照章程规定或者经成员大会决议确定。
第三十八条　（略）	第四十五条　（略）

旧法	新法
第六章　合并、分立、解散和清算	**第六章　合并、分立、解散和清算**
第三十九条　（略） 第四十条　（略） 第四十一条　（略） 第四十二条　（略）	第四十六条　（略） 第四十七条　（略） 第四十八条　（略） 第四十九条　（略）
第四十三条　清算组应当自成立之日起十日内通知农民专业合作社成员和债权人，并于六十日内在报纸上公告。债权人应当自接到通知之日起三十日内，未接到通知的自公告之日起四十五日内，向清算组申报债权。如果在规定期间内全部成员、债权人均已收到通知，免除清算组的公告义务。 债权人申报债权，应当说明债权的有关事项，并提供证明材料。清算组应当对债权进行登记。 在申报债权期间，清算组不得对债权人进行清偿。	第五十条　清算组应当自成立之日起十日内通知农民专业合作社成员和债权人，并于六十日内在报纸上公告。债权人应当自接到通知之日起三十日内，未接到通知的自公告之日起四十五日内，向清算组申报债权。如果在规定期间内全部成员、债权人均已收到通知，免除清算组的公告义务。 债权人申报债权，应当说明债权的有关事项，并提供证明材料。清算组应当对债权进行登记。 在申报债权期间，清算组不得对债权人进行清偿。
第四十四条　（略） 第四十五条　（略）	第五十一条　（略） 第五十二条　（略）
第四十六条　农民专业合作社接受国家财政直接补助形成的财产，在解散、破产清算时，不得作为可分配剩余资产分配给成员，处置办法由国务院规定。	第五十三条　农民专业合作社接受国家财政直接补助形成的财产，在解散、破产清算时，不得作为可分配剩余资产分配给成员，**具体按照国务院财政部门有关规定执行**。
第四十七条　（略） 第四十八条　（略）	第五十四条　（略） 第五十五条　（略）

旧法	新法
	第七章　农民专业合作社联合社
	第五十六条　三个以上的农民专业合作社在自愿的基础上，可以出资设立农民专业合作社联合社。 农民专业合作社联合社应当有自己的名称、组织机构和住所，由联合社全体成员制定并承认的章程，以及符合章程规定的成员出资。 第五十七条　农民专业合作社联合社依照本法登记，取得法人资格，领取营业执照，登记类型为农民专业合作社联合社。 第五十八条　农民专业合作社联合社以其全部财产对该社的债务承担责任；农民专业合作社联合社的成员以其出资额为限对农民专业合作社联合社承担责任。 第五十九条　农民专业合作社联合社应当设立由全体成员参加的成员大会，其职权包括修改农民专业合作社联合社章程，选举和罢免农民专业合作社联合社理事长、理事和监事，决定农民专业合作社联合社的经营方案及盈余分配，决定对外投资和担保方案等重大事项。 农民专业合作社联合社不设成员代表大会，可以根据需要设立理事会、监事会或者执行监事。理事长、理事应当由成员社选派的人员担任。 第六十条　农民专业合作社联合社的成员大会选举和表决，实行一社一票。 第六十一条　农民专业合作社联合社可分配盈余的分配办法，按照本法规定的原则由农民专业合作社联合社章程规定。 第六十二条　农民专业合作社联合社成员退社，应当在会计年度终了的六个月前以书面形式向理事会提出。退社成员的成员资格自会计年度终了时终止。 第六十三条　本章对农民专业合作社联合社没有规定的，适用本法关于农民专业合作社的规定。

旧法	新法
第七章　扶持政策	**第八章　扶持措施**
第四十九条　（略）	第六十四条　（略）
第五十条　中央和地方财政应当分别安排资金，支持农民专业合作社开展信息、培训、农产品质量标准与认证、农业生产基础设施建设、市场营销和技术推广等服务。对民族地区、边远地区和贫困地区的农民专业合作社和生产国家与社会急需的重要农产品的农民专业合作社给予优先扶持。	第六十五条　中央和地方财政应当分别安排资金，支持农民专业合作社开展信息、培训、农产品质量标准与认证、农业生产基础设施建设、市场营销和技术推广等服务。国家对革命老区、民族地区、边疆地区和贫困地区的农民专业合作社给予优先扶助。 县级以上人民政府有关部门应当依法加强对财政补助资金使用情况的监督。
第五十一条　国家政策性金融机构应当采取多种形式，为农民专业合作社提供多渠道的资金支持。具体支持政策由国务院规定。 国家鼓励商业性金融机构采取多种形式，为农民专业合作社提供金融服务。	第六十六条　国家政策性金融机构应当采取多种形式，为农民专业合作社提供多渠道的资金支持。具体支持政策由国务院规定。 国家鼓励商业性金融机构采取多种形式，为农民专业合作社及其成员提供金融服务。 国家鼓励保险机构为农民专业合作社提供多种形式的农业保险服务。鼓励农民专业合作社依法开展互助保险。
第五十二条　农民专业合作社享受国家规定的对农业生产、加工、流通、服务和其他涉农经济活动相应的税收优惠。 支持农民专业合作社发展的其他税收优惠政策，由国务院规定。	第六十七条　农民专业合作社享受国家规定的对农业生产、加工、流通、服务和其他涉农经济活动相应的税收优惠。 第六十八条　农民专业合作社从事农产品初加工用电执行农业生产用电价格，农民专业合作社生产性配套辅助设施用地按农用地管理，具体办法由国务院有关部门规定。

旧法	新法
第八章　法律责任	**第九章　法律责任**
第五十三条　（略）	第六十九条　（略）
第五十四条　农民专业合作社向登记机关提供虚假登记材料或者采取其他欺诈手段取得登记的，由登记机关责令改正；情节严重的，撤销登记。	第七十条　农民专业合作社向登记机关提供虚假登记材料或采取其他欺诈手段取得登记的，由登记机关责令改正，可以处五千元以下罚款；情节严重的，撤销登记或者吊销营业执照。 第七十一条　农民专业合作社连续两年未从事经营活动的，吊销其营业执照。
第五十五条　（略）	第七十二条　（略）

旧法	新法
第九章 附 则	第十章 附 则
第五十六条 本法自2007年7月1日起施行。	第七十三条 国有农场、林场、牧场、渔场等企业中实行承包租赁经营、从事农业生产经营或者服务的职工，兴办农民专业合作社适用本法。 第七十四条 本法自2018年7月1日起施行。

（本刊收集整理）

来源： 中国农民合作社

附录四　农民专业合作社相关政策

1.《农村合作经济组织财务制度(试行)》(财农字〔1996〕50号)
2.《农民专业合作组织示范项目资金管理暂行办法》(农财发〔2004〕5号)
3.《2004年农民专业合作组织示范项目指南》(农办财〔2004〕20号)
4.《浙江省农民专业合作社条例》浙江省第十届人民代表大会常务委员会公告第38条
5.《黑龙江省农业机械管理条例》黑龙江省第十届人民代表大会常务委员会公告第16号
6.《财政部办公厅关于做好2005年中央财政支持农民专业合作组织工作的通知》(财办农〔2005〕22号)
7.《中华人民共和国农民专业合作社法》(中华人民共和国主席令第57号)
8.《农民专业合作社示范章程》(中华人民共和国农业部令第4号)
9.《农民专业合作社登记管理条例》(中华人民共和国国务院令第498号)
10.《中共中央　国务院关于切实加强农业基础建设　进一步促进农业发展农民增收的若干意见》(中发〔2008〕1号)
11.《农业部办公厅关于印发〈农机专业合作社示范章程〉和〈农机社会化服务作业合同〉的通知》(农办机〔2007〕33号)
12.《中共中央关于推进农村改革发展若干重大问题的决定》(中发〔2008〕16号)
13.《关于做好当前农村土地承包经营权流转管理和服务工作通知》(农经发〔2008〕10号)
14.《财政部　国家税务总局关于农民专业合作社有关税收政策的通知》(财税〔2008〕81号)
15.《农业部关于加快发展农机专业合作社的意见》(农机发〔2009〕6号)
16.《农业部关于推进农业经营体制机制创新的意见》(农经发〔2009〕11号)
17.《中共中央　国务院关于加大统筹城乡发展力度　进一步夯实农业农村发展基础的若干意见》(中发〔2010〕1号)
18.《农业部办公厅关于做好2010年全国农业机械化示范区建设工作的意见》(农办机〔2010〕22号)
19.《国务院关于大力推进信息化发展和切实保障信息安全的若干意见》(国发〔2012〕23号)
20.《中国农村扶贫开发纲要(2011—2020)》(中发〔2011〕10号)
21.《中共中央　国务院关于加快发展现代农业进一步增强农村发展活力的若干意见》(中发〔2013〕1号)
22.《国务院关于同意建立全国农民合作社发展部联席会议制度的批复》(国函〔2013〕84号)
23.《国家工商总局　农业部关于进一步做好农民专业合作社登记与相关管理工作的意见》(工商个字〔2013〕199号)
24.《国家农民专业合作社示范社评定及检测暂行办法》(农经发〔2013〕10号)
25.《农业部关于促进家庭农场发展的指导意见》(农经发〔2014〕1号)
26.《国务院办公厅关于金融服务"三农"发展的若干意见》(国办发〔2014〕17号)
27.《农业部　中央农办　国土资源部　国家工商总局关于加强对工商资本租赁农地监管和风险防范的意见》(农经发〔2015〕3号)
28.《农业部关于开展农民专业合作社示范社监测工作的通知》(农经办〔2015〕5号)

29.《中共中央 国务院关于落实发展新理念 加快农业现代化实现全面小康目标的若干意见》(中发〔2016〕1号)

30.《开展农民专业合作社"空壳社"专项清理工作方案》(中农发〔2019〕3号)

31.《农民专业合作社解散、破产清算时接受国家财政直接补助形成的财产处置暂行办法》(财资〔2019〕25号)

参考文献

[1] 国家统计局网站 www.stats.gov.cn
[2] 国家工商行政管理总局网站 www.saic.gov.cn
[3] 农业部网站 www.moa.gov.cn
[4] 中国农民专业合作社研究网，www.ccfc.zju.edu.cn
[5] 中国合作经济学会网站 www.chinacoop.org

第二部分 中国供销合作社发展研究报告①

一、全国供销合作社发展现状分析

(一)全国供销合作社总体经营平稳发展

1.全国供销系统销售总额有所下降

全国供销系统的经济总量持续大幅度增加,2019年全系统销售总额4.6万亿元,同比降低21.9%。综合2006~2019年共14年的数据可以发现,全系统的年销售总额在2018年之前呈指数增长的趋势,2019年有所下降(见图2-1)。

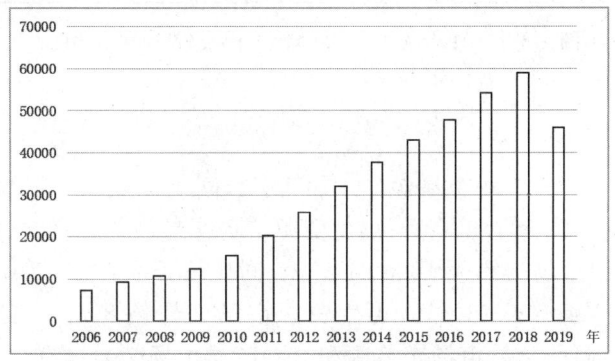

图2-1 2006~2019年全系统销售总额(单位:亿元)

其中,农业生产资料类销售额7872.3亿元,同比降低14.4%;消费品类零售额15884.5亿元,同比降低17%;再生资源类销售额2318亿元,同比降低22.5%;其他类销售额18580.8亿元,同比降低11.7%,主要农产品类销售额归入其他类销售额计算(见图2-2)。

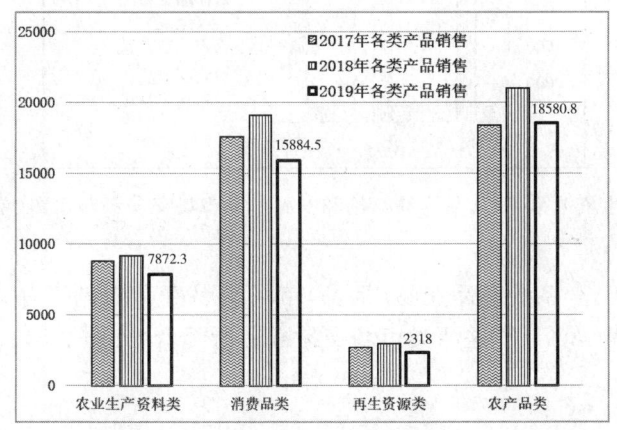

图2-2 2017~2019年全国供销系统销售总额构成分布(单位:亿元)

---

① 执笔人:李想、苏耀庭;审稿人:唐敏。

从图 2-3 中可以看出,在销售的种类中,消费品类、农业生产资料类、再生资源类和农产品类分别占到 34.5%、17.1%、5% 和 40.4%。较 2018 年,都有所下降,其中农产品下降幅度最低,下降 11.7%。

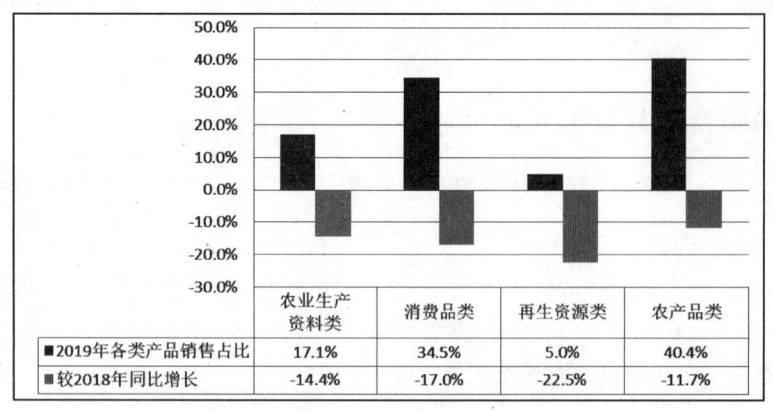

图 2-3　2019 年各类产品销售占比及较 2018 年相比

2.商品交易额总量平缓下降

2019 年商品交易(批发)市场交易额 9447.1 亿元,同比降低了 6.36%。其中,农产品市场交易额 7767.5 亿元,同比降低了 3.84%;再生资源市场交易额 745 亿元,同比降低了 10.07%。2018 年商品交易(批发)市场交易额 10089.1 亿元,同比增长 9.7%。其中,农产品市场交易额 8077.5 亿元,相对 2017 年增长 11.5%;再生资源市场交易额 828.4 亿元,相对 2017 年增长 9.9%。两个年度相比,商品交易市场交易额和农副产品市场交易额在 2019 年略微有所降低,而再生资源市场交易额降低较为显著(见图 2-4)。

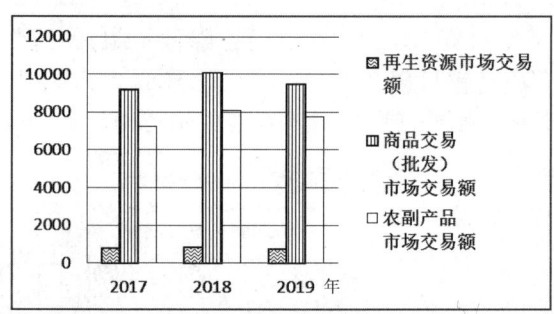

图 2-4　再生资源市场、商品交易市场和农副产品市场交易额对比图(单位:亿元)

2006 年到 2018 年,全系统商品交易(批发)市场交易额和农副产品市场交易额都一直处于一个不断上升的趋势,2019 年这两类市场交易额有所降低(见图 2-5)。

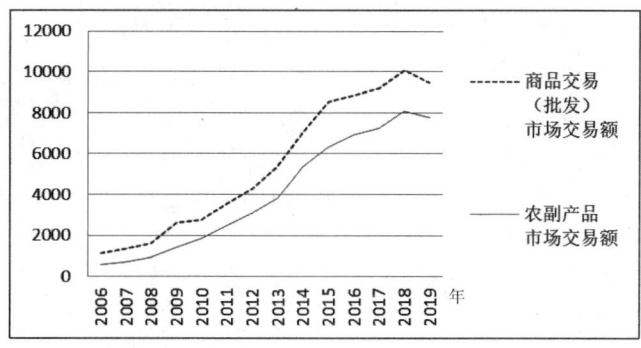

图 2-5　2006～2019 年两类市场交易额对比（单位：亿元）

3.进出口额呈增长趋势

2019 年全年商品进出口总额 725.9 亿元，同比增长 8.23%。其中，进口额 349.9 亿元，相比 2018 年增长 18.57%；出口额 376 亿元，相比 2018 年增长 0.4 亿元。相比 2018 年进出口总额大幅度回升，进口呈上升趋势，出口呈平缓增长趋势（见图 2-6）。

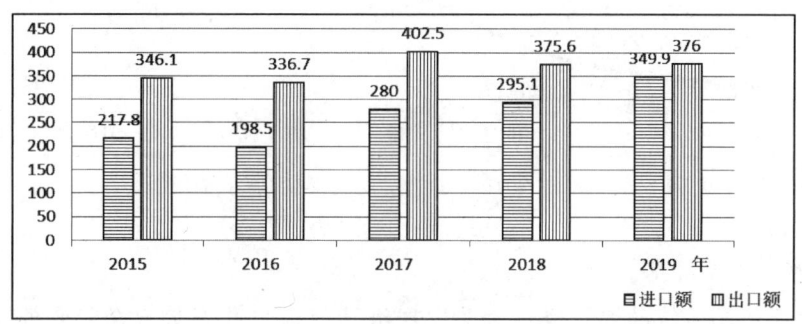

图 2-6　2015～2019 年商品进、出口额（单位：亿元）

从图 2-7 中可以看出，我国进出口总额 14 年来处于一个波动的状态，2009 年到达一个低谷，近两年来呈现上升趋势，基本保持在 700 亿元左右的水平。

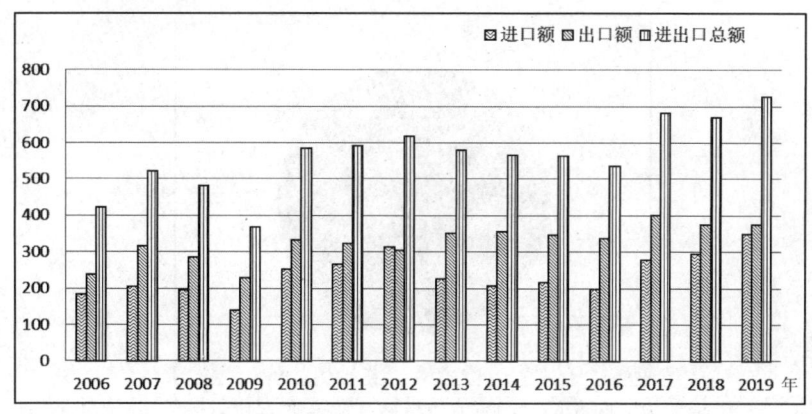

图 2-7　2006～2019 年进口额（左）、出口额（中）、进出口总额（右）（单位：亿元）

4. 农产品购进额开始回落

2019年从农业生产者购进的农产品金额13405.9亿元,同比降低16.2%。2006~2019年农产品购进额的增幅分别为10.4%、23.2%、16.7%、29.35%、37.21%、45.03%、33.3%、29.2%、17.9%、17.9%、25.7%、23.1%、11.1%、-16.2%。由此可见,全系统从农业生产者手中直接收购的农产品在2011年达到了一个非常高的增长速度,直到2018年持续保持增长的态势,2019年出现下滑(见图2-8)。

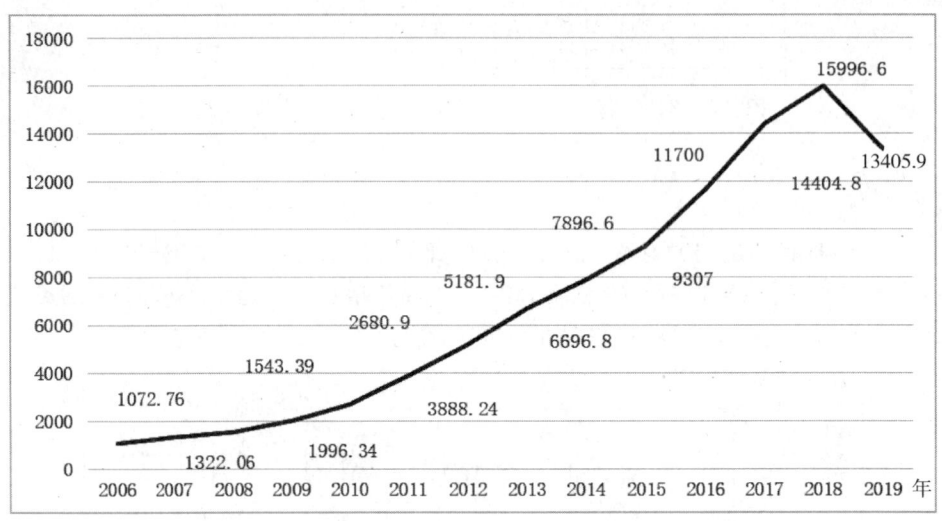

图2-8 2006~2019年农产品购进额变动(单位:亿元)

5. 综合经营服务营业额总体增长

2019年全国供销系统的综合经营服务发展继续保持良好态势。全年农业生产服务收入额220.6亿元,同比增长39.6%;金融服务营业额707.8亿元,同比下降27.07%;居民生活服务业营业额170.6亿元,同比增长3.96%;物流业营业额68.4亿元,同比增长18.96%;资产经营额172.1亿元。从图2-9可以看出,2019年全系统综合经营服务营业额总体增长,但个别领域出现了较大幅度的减少,金融服务成为全国供销系统综合经营服务中份额最大的一部分。

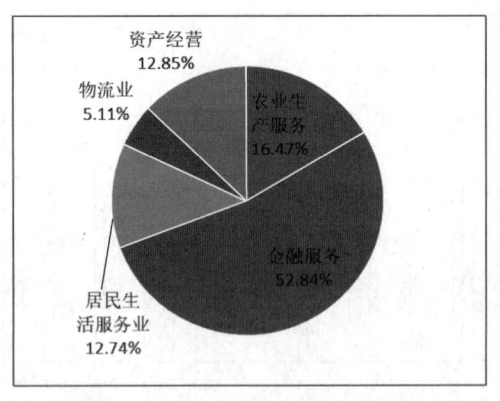

图2-9 2019年各类经营服务所占比例

（二）基层基础不断夯实

1.基层组织建设扎实推进

基层社发展进一步提速，连续多年保持30%以上的增幅；全系统区域发展的协调性进一步增强，中西部地区发展明显加速，在全系统的经济比重稳步提升，整体运行质量明显优化。

（1）以集体企业为主体，其他类型企业共同发展

截至2019年末，全系统有基层社32465个，比上年增加673个。其中：集体企业20503个，有限责任公司3753个，股份有限公司764个，股份合作公司1395个，农民合作社3317个，其他2733个（见图2-10）。

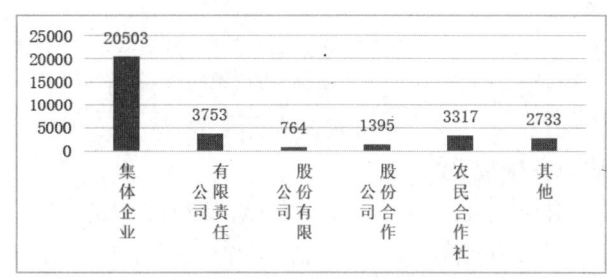

图2-10　2019年全系统基层社分类情况（单位：个）

从图2-11可以看出，基层社所有制形式的主体是集体所有制，而合作社、股份制等形式占到37%左右。但可以看出我国基层社所有制形式多元化，近年来出现多种形式企业并存，发展情况较好。

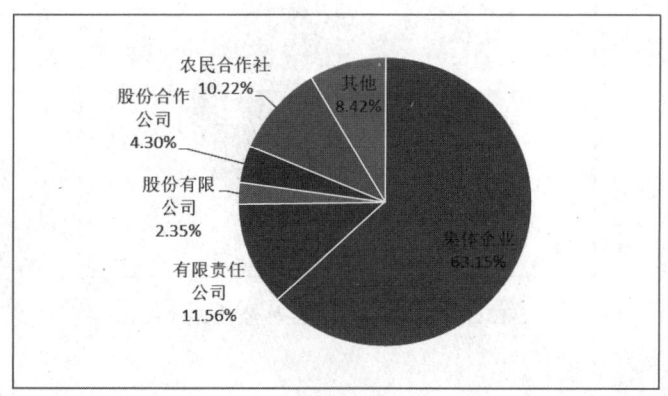

图2-11　基层社所有制形式比例

（2）垂直管理和属地管理的基层社数量明显增加

2019年，由县社垂直管理的23726个，实行属地管理的1503个，保留牌子实行民营的2737个，其他4499个。与2018年相比，县社垂直管理的数量增加了509个，占2018年数量的2.19%；实行属地管理的数量增加了143个，占2018年的10.52%；保留牌子实行民营的减少了39个，占2018年数量的约1.4%，如图2-12所示。从管理角度看，县社垂直管理和属地管理在增加，保留牌子实行民营有所降低。

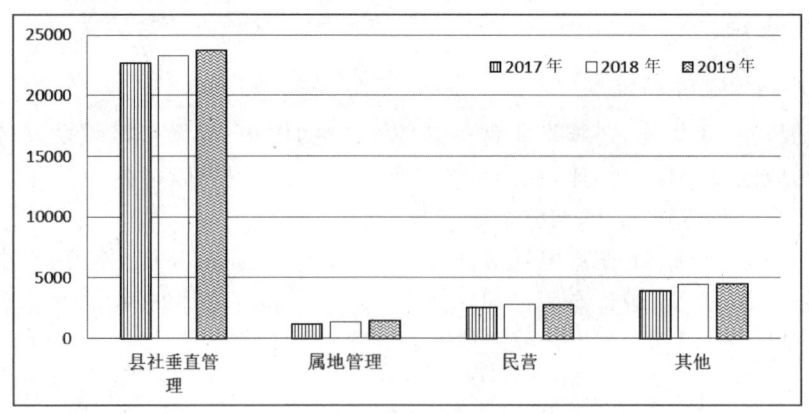

图 2-12　2017～2019 年基层社构成数量变动(单位:个)

(3)不同经营方式结构发生变化

截至 2019 年底,实行自营的 18956 个,占 58.4%,承包经营的 4950 个,占 15.2%,租赁经营的 3633 个,占 11.2%,停业、歇业等 1932 个,占 6%。如图 2-13 所示。与 2018 年比,实行自营的数量增加了 1644 个,承包经营的基层社减少了 737 个,租赁经营的减少了 735 个,停业、歇业的减少了 2493 个。较 2018 年,2019 年基层社的自营持续增加,而停业、歇业的数量有大幅度下降,承包经营和租赁经营的数量略微减少。这反映出基层社不同经营方式结构的变化非常明显,对于数量发生增减的原因要深入剖析,以便更好地发挥各种经营方式的作用。

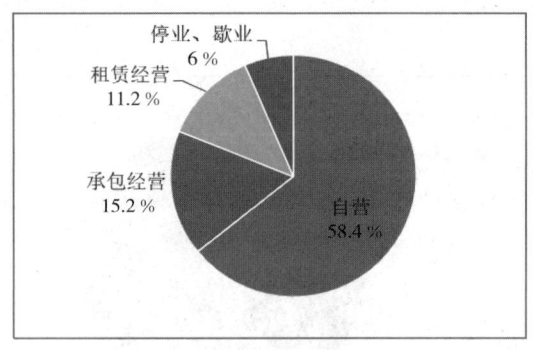

图 2-13　2019 年基层社各种经营方式占比

(4)各种类型网点数量有所减少

2019 年,基层社经营网点 32.8 万个,其中,日用消费品网点 16.4 万个,农业生产资料网点 11.3 万个,农副产品收购网点 2.5 万个,再生资源回收网点 1.8 万个。与 2018 年相比,经营网点的数量增加了 1 万个,增加比例约为 20178 的 0.05%;日用消费品网点减少了 0.6 万个,减少比例约为 2018 年的 3.53%;农业生产资料网点减少了 0.4 万个,减少比例约为 2018 年的 3.42%,农副产品收购网点减少了 0.1 万个,减少比例约为 2018 年的 3.85%,再生资源回收网点没有变化。(见图 2-14)。

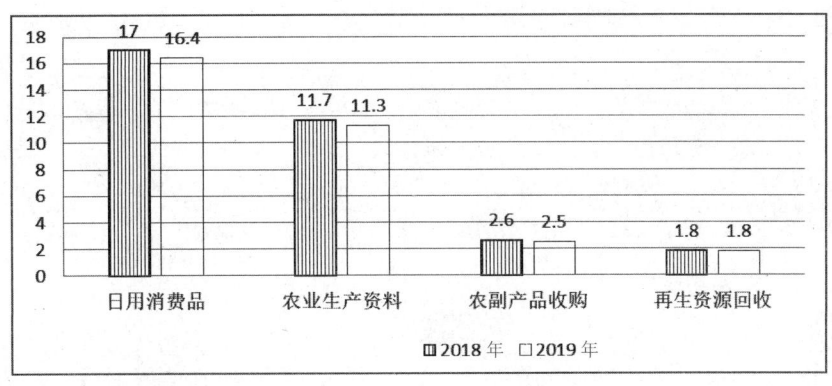

图 2-14 2018 年、2019 年基层社经营网点变化情况(单位:万个)

总体来看,日用消费品、农副产品和农业生产资料网点都有所减少,再生资源回收网点数量保持不变。全系统在推进"新网工程"的过程中,对原来规模较小的网点进行整合改善,数量明显增多,其规模和服务能力会有所增加,更加便捷地为农民提供各种服务。

2.领办农民专业合作社数量出现下降

(1)农民专业合作社数量反向变动,入社农户数同样有所降低

截至 2019 年底,全系统组织农民兴办的各类专业合作社 179812 个,比上年减少 13775 个;入社农户 1453.4 万户。其中,农民合作社联合社 8642 个。农民专业合作社广泛分布在种植、畜牧、农机、渔业、林业、民间传统手工编织等各个产业,助农增收明显,入社农户收入比非成员同业农户收入高出 20% 以上。从图 2-15 中可以看出,2006~2018 年期间,全国供销系统农民专业合作社的数量呈现一个指数增长的趋势,在 2019 年有所回落。从图 2-16 中可以看出,13 年来,农民专业合作社入社农户数在 2009 年之后处于一个较为平稳的发展状态。

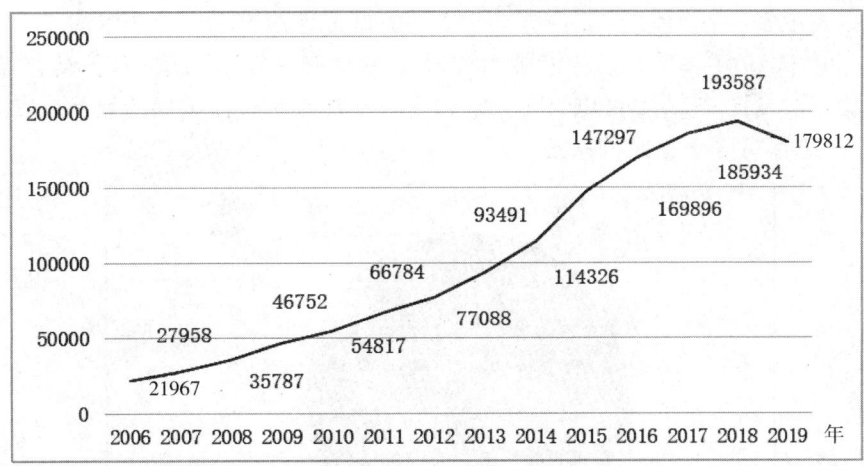

图 2-15 2006~2019 年全系统农民专业合作社数量(单位:个)

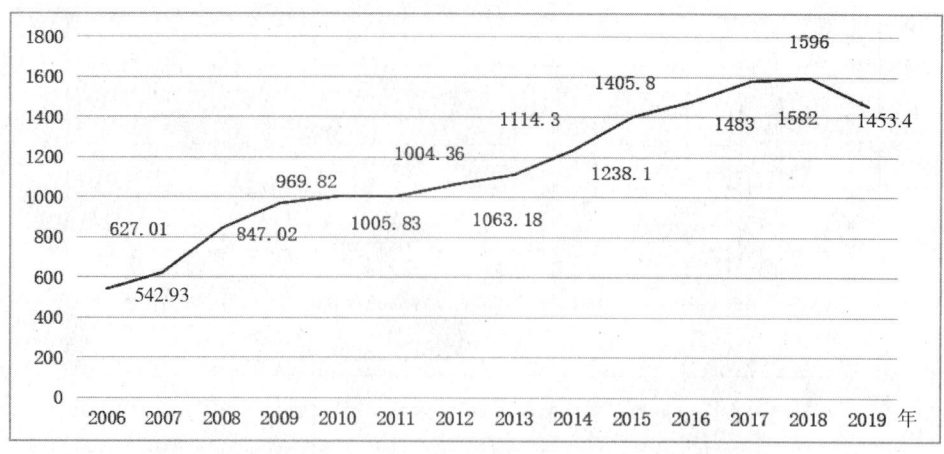

图 2-16 2006~2019 年农民专业合作社入社农户数(单位:万户)

(2)经营类型丰富,各类合作社在寻求新的平衡

全系统在巩固提升传统业务的同时,不断拓展房地产、生物医药、装备制造、家居建材、家政服务等新的经营服务领域。我国农民专业合作社从事种植业和养殖业最多。2019 年,在全国供销合作系统的各类专业合作社中,农产品类 155739 个,比 2018 年减少了 12179 个,减少数量约占 2018 年数量的 7.25%;农业生产资料类 6001 个,比 2018 年减少了 495 个,减少数量约占 2018 年的 7.62%;综合服务类 5610 个,比 2018 年减少了 260 个,减少数量约占 2018 年的 4.43%;其他类 12462 个,比 2018 年减少了 841 个,减少数量约占 2018 年的 6.32%。

在农产品类专业合作社中,棉花专业合作社 1335 个;干鲜果蔬专业合作社 51067 个;粮油作物专业合作社 21055 个;茶叶专业合作社 5194 个;中药材专业合作社 7405 个;水产专业合作社 5896 个;畜禽专业合作社 37733 个;其他 26054 个。从图 2-17 中可以看出,干鲜果蔬专业合作社的数量最多,占总体约 32.79%,其次是畜禽专业合作社,占总体的 24.23%。从图 2-18 中可以看出,2019 年各种类型的专业合作社数量都有一定量的增加,各类合作社所占比例基本保持稳定。从图 2-19 中可以看出,近 13 年来,棉花专业合作社的数量在 2010 年降至最低之后,近年来保持一个稳定的状态。

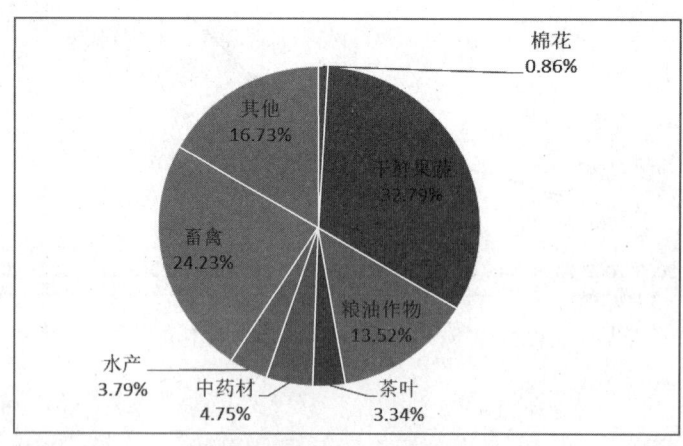

图 2-17 各种专业合作社占比

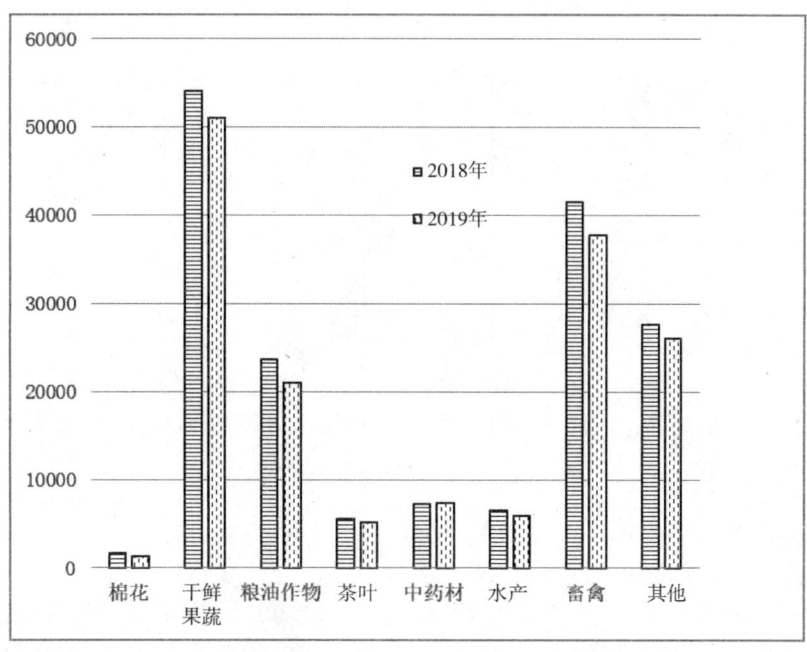

图 2-18　2018 年、2019 年农产品类专业合作社数量（单位：千个）

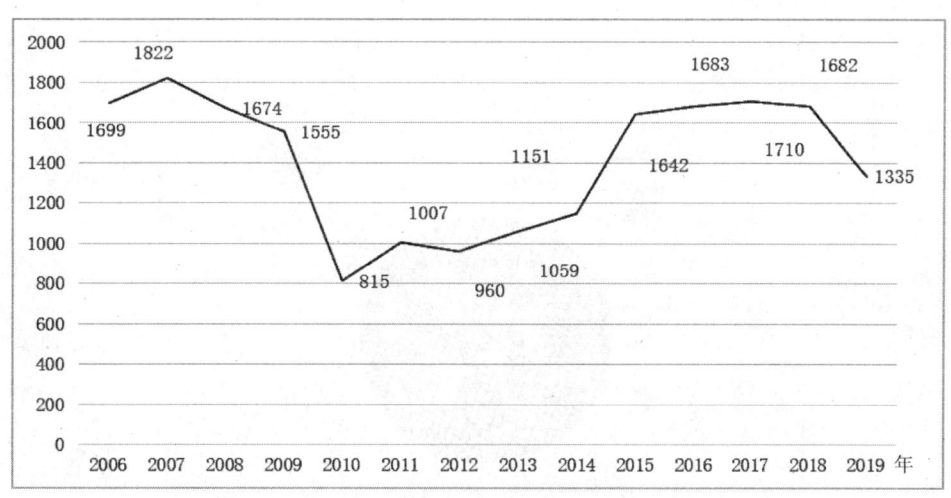

图 2-19　2006～2019 年棉花专业合作社数量（单位：个）

(3) 合作社产品认证意识需要进一步增强

2019 年，通过有机、绿色、无公害等认证的专业合作社 35871 个。其中，通过有机认证的有 3800 个；通过绿色认证的 9917 个，通过无公害认证的 22154 个。有产品注册商标的专业合作社 12103 个，有经市、县级以上行政主管部门认定的品牌的专业合作社 3121 个。这反映出农民合作社在发展绿色农业的过程中，更加注重产品的质量认证，这将有力地提升合作社产品的市场竞争力。有机、绿色、无公害合作社数量和注册商标的专业合作社数量都出现小幅下降，表明在现在的市场环境下，规范提升农民专业合作社的重要性。

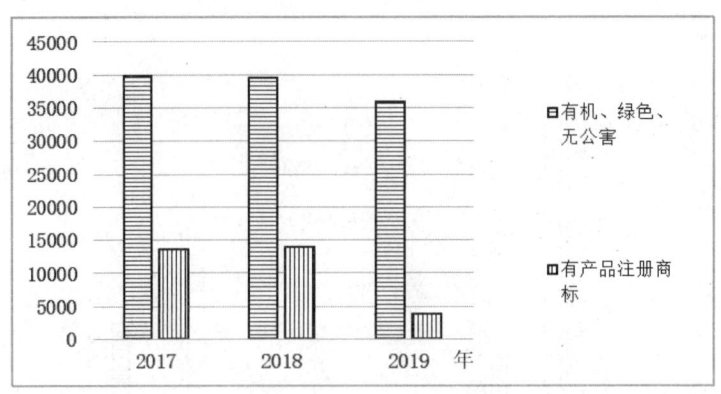

图 2-20　2017 年、2018 年和 2019 年产品认证与注册商标专业合作社数量(单位:千个)

3.社团组织作用充分发挥

(1)社团组织管理制度化,社会组织类型多样化

截至 2019 年末,全系统主管、领办各类社会组织 17790 个,会员 249 万个(人);其中,农村(民)经济组织联合会 4141 个。2018 年末,全系统主管、领办各类社团组织 17779 个,会员 266.9 万个(人);其中,农村(民)经济组织联合会 3142 个。相比而言,社团组织的数量略微有所增加,但会员总人数有所减少。

从隶属关系角度看,2019 年省社主管、领办 220 个,省辖市社主管、领办 1131 个,县社主管、领办 11053 个,基层社领办 5371 个。从图 2-21 中可以看出,县社主管、领办的社团数量最多,占总体的 62.18%;其次是基层社领办的,占总体的 30.22%。

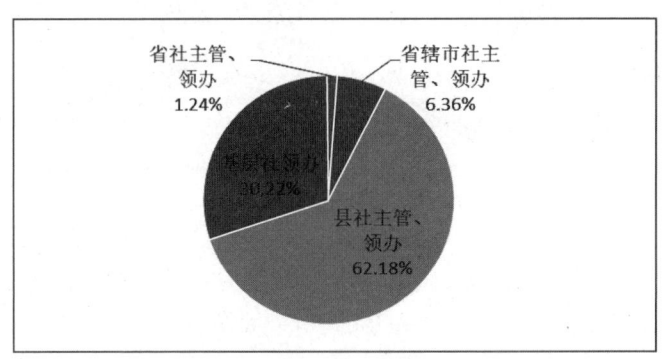

图 2-21　2019 年隶属关系角度的社团组织分类

从组织性质看,协会(商会)12887 个,学会(研究会)173 个,联合会 4300 个,民办非企单位 415 个,基金会 15 个。

在行业协会中,农产品协会 6165 个,农产品流通经纪人协会 1250 个,农业生产资料协会 1250 个,再生资源协会 733 个,烟花爆竹协会 716 个,电子商务协会 78 个,其他协会 2695 个。从中可以发现,农产品协会是行业协会中最主要的力量(见图 2-22)。其次是其他协会、农业生产资料协会、农产品流通经纪人协会、再生资源协会和烟花爆竹协会。这种数量分布与我国农民合作社产业类型的企业数量分布情况是相适应的。

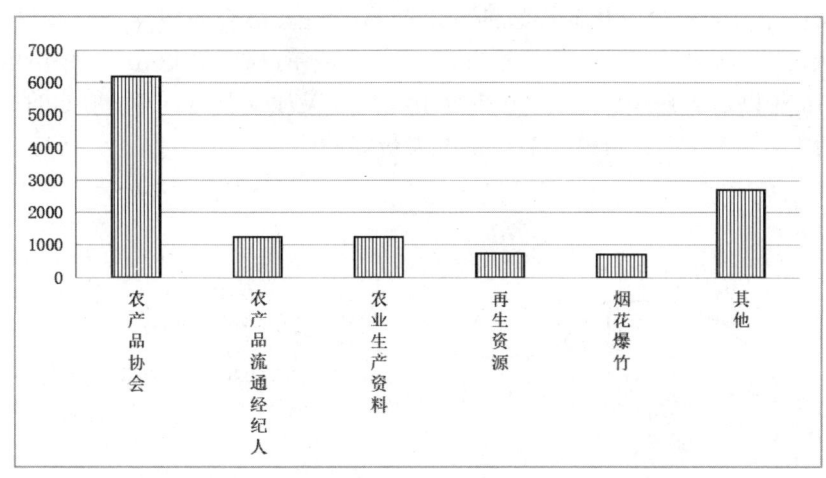

图 2-22　2019 年行业协会分类(单位:个)

(2)团体会员数量及个人会员数量都有所减少,团体会员比例上升

从会员情况看,2019 年全部会员中,团体会员 37 万个,占 14.8%,个人会员 212.4 万人,占 85.2%。2018 年的全部会员中,团体会员 41 万个,占 15.4%,个人会员 225.9 万人,占 84.6%。相比而言,2018 年的团体会员的数量以及个人会员数量变化幅度不大(见图 2-23)。这反映出社团会员的一种变化趋势,即更多的团体认可了社团,今后可以借助社团的渠道为农户传递更多有益的信息。

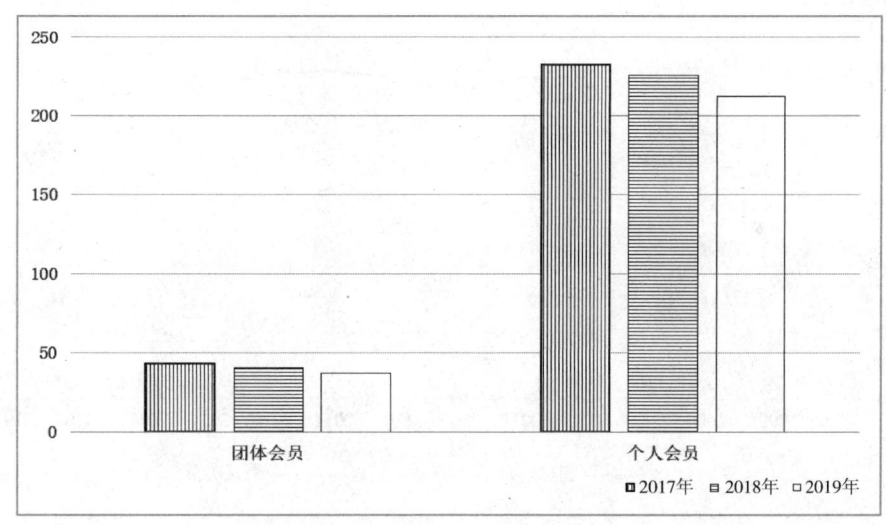

图 2-23　2017 年、2018 年和 2019 年会员情况对比(单位:万人)

从图 2-24 中可以看出,2006~2019 年期间,经过一个数量上升的阶段之后,2009 年之后出现下降,2013~2019 年大致呈平稳趋势。从图 2-25 中可以看出,团体会员的数量和个人会员的数量都在减少,这种变化将对社团管理提出更高的要求。从图 2-26 和图 2-27 中可以看出,农产品协会的数量与社团数量的变化基本保持一致,且其数量最多,这表明社团数量变化

主要是由于农产品协会数量变化而导致的。农产品经纪人协会的数量变化幅度不大,数量上保持一个平衡状态。从图 2-28 中可以看出,基层社领办的社团数量在 2009 年出现一个大幅度的下降,2010 年以后出现小幅度回升,应该引起高度关注。县社主管、领办的社团数量是一个非常明显的上升趋势,它是四种类型当中发展最好的。

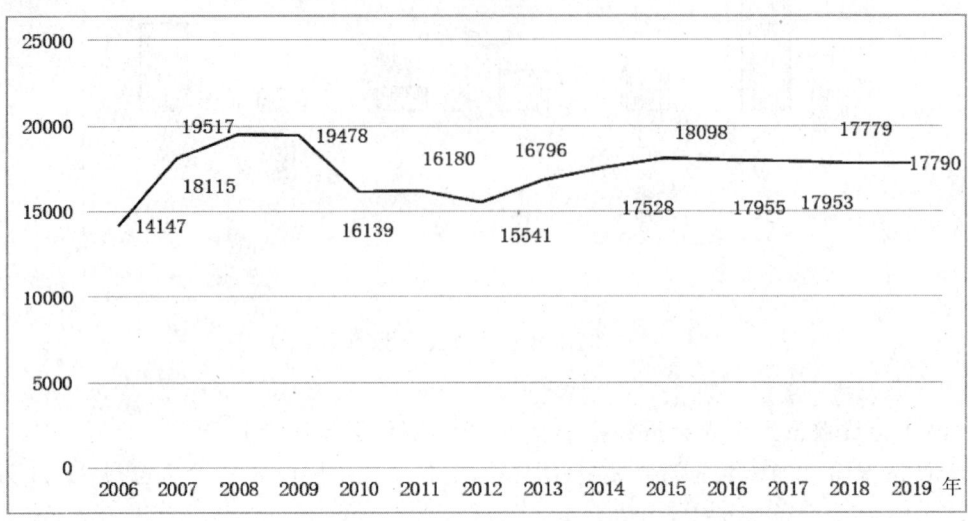

图 2-24　2006～2019 年全系统社团数量(单位:个)

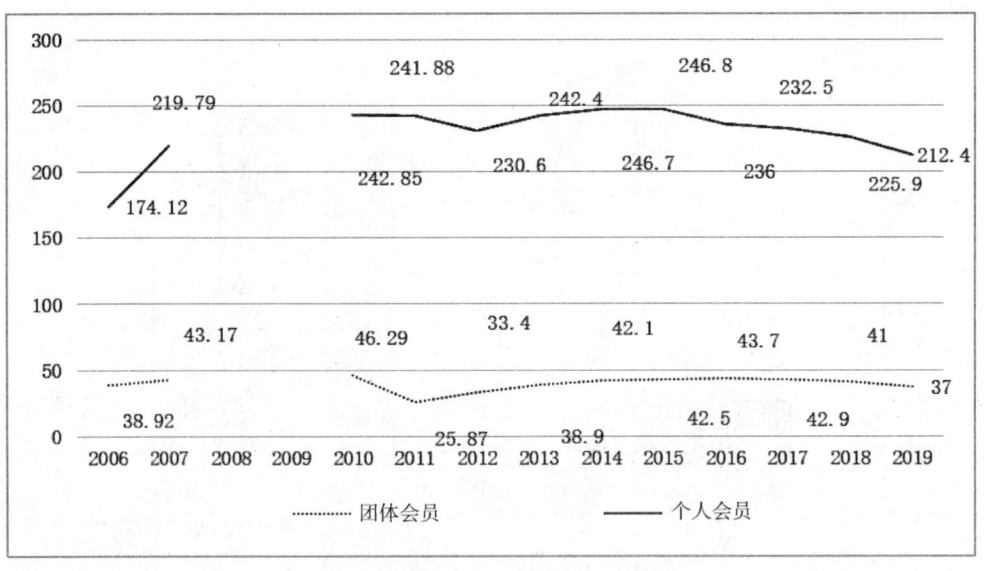

图 2-25　个人会员与团体会员数量情况(单位:万个)

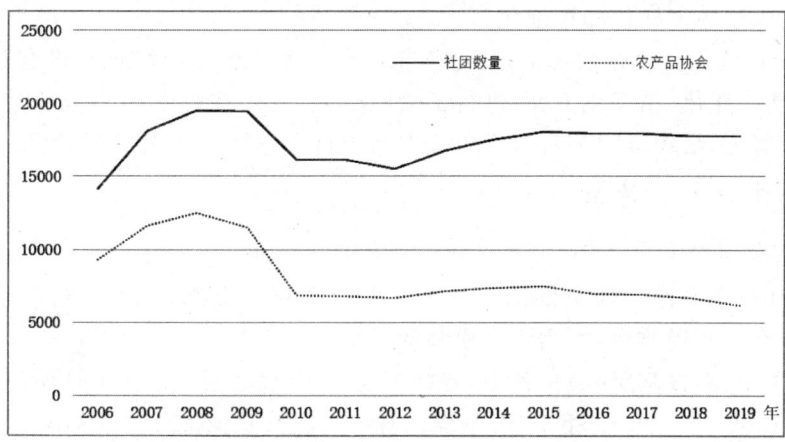

图 2-26　2006~2019年各类社团数量(单位:个)

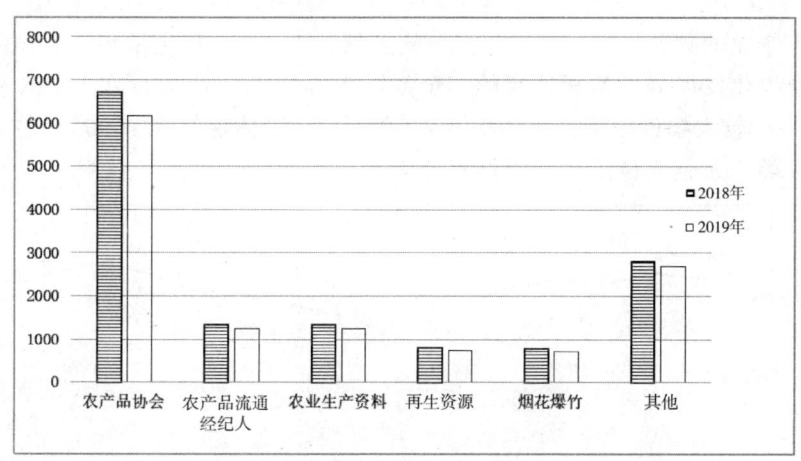

图 2-27　2018年、2019年协会所在领域数量情况(单位:千个)

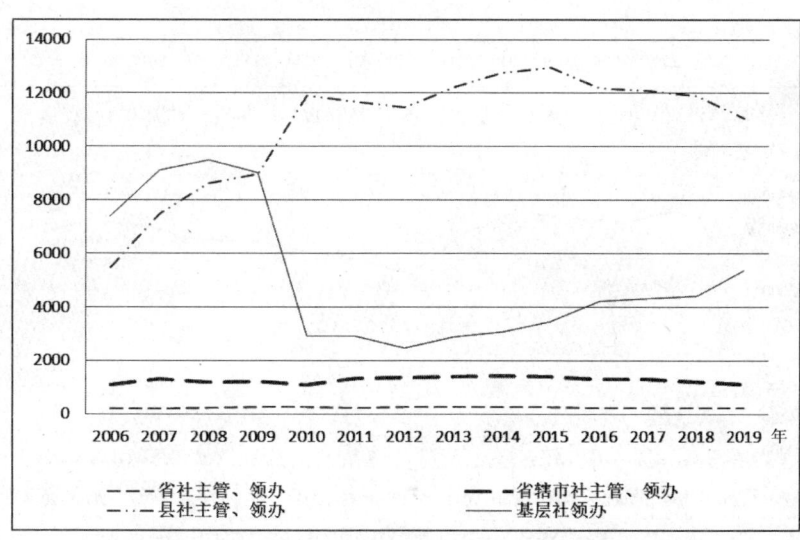

图 2-28　2006~2019年各级部门管理社团数量(单位:个)

(3)社团组织服务多样化和精细化

2019年,全系统的社团在内部治理、业务拓展和服务产品等市场化建设有新突破;各社团在推动服务功能多样化、精细化方面,进行了大胆实践;社团在行业内与全社会的社会影响力有新提高;会员管理、组织资源和自身实力等方面的自身建设呈现出了新面貌。

(三)所属企业加快转型

1.各类企业数量都有所减低,企业规模和效益有望提高

全系统把社有企业作为加快供销合作事业发展的重要支撑,加大改革力度,拓展业务领域,大力推动社有企业提质增效,企业规模和效益显著提高。截至2019年末,全系统共有各类法人企业21501个(不含基层社)。其中,省社所属企业1258个,省辖市社所属企业2889个,县社所属企业15653个。2018年末,全系统共有各类法人企业22474个(不含基层社),其中,省社所属企业1263个,省辖市社所属企业3091个,县社所属企业16436个。通过比较,省社所属企业减少了973个,省辖市社所属企业减少5个,县社所属企业减少了783个。从图2-29看,全系统法人企业的数量呈现一个"V"字形的发展状态,这种变化是与全系统响应国家的结构改革,企业规模化发展等战略相适应的。全系统各类法人企业数量在连续4年缓慢上升之后,2010年有一个较大幅度的下降,2013年又有所上升,总体保持在20000个左右。如图2-30所示,全系统各类法人企业整体表现出回落趋势。

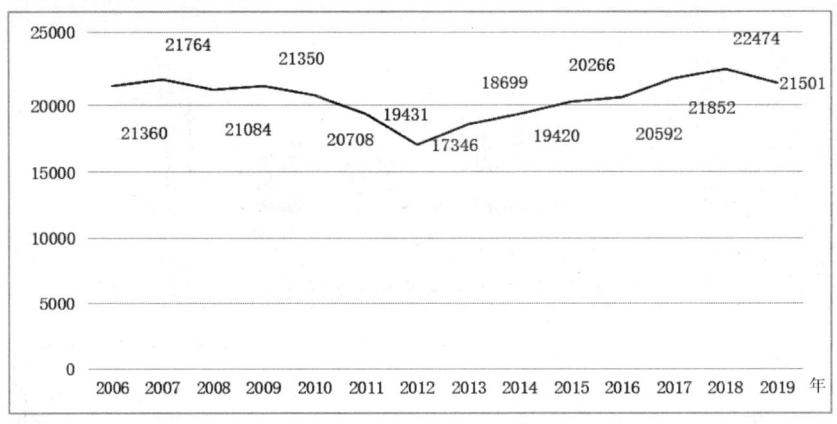

图2-29 2006~2019年全系统法人企业数量(不含基层社)(单位:个)

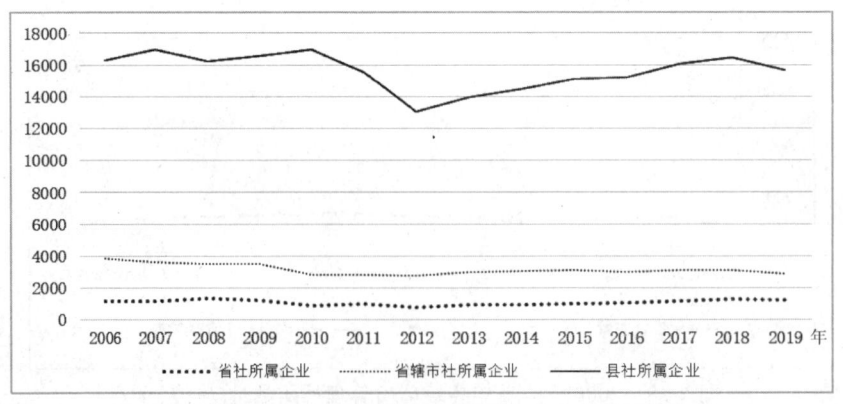

图2-30 2006~2019年全系统各类法人企业数量(单位:个)

2. 全资企业、控股和参股企业全面减少，开放办社吸纳的企业有缓慢增加

截至 2019 年底，全资企业 8918 个，控股企业 3793 个，参股企业 4296 个，开放办社吸纳的有业务指导但无资产关系的企业 4494 个。2018 年，全资企业 9285 个，控股企业 4024 个，参股企业 4676 个，开放办社吸纳的有业务指导但无资产关系的企业 4489 个。对比这两年的数据可以看出，各类股权企业的数量上均有所变化。具体来看，开放办社吸纳的有业务指导但无资产关系的企业数量在增加；全资企业、参股企业和控股企业的数量在减少。股权结构会影响到企业的运营，因此我们需要分析各类股权结构企业增加或减少的原因，以便针对性地采取措施。

从图 2-31 中可以看出，全资企业的数量最多，而且整体呈现为一个下降的趋势；开放办社吸纳的有业务指导但无资产关系的企业是一个平缓上升的状态；其他两类企业的变化不大。企业数量的变化原因很多，如果是由于企业规模化发展而引起的，那这种减少是有益的；如果是其他原因，就需要出台一些针对性的举措。

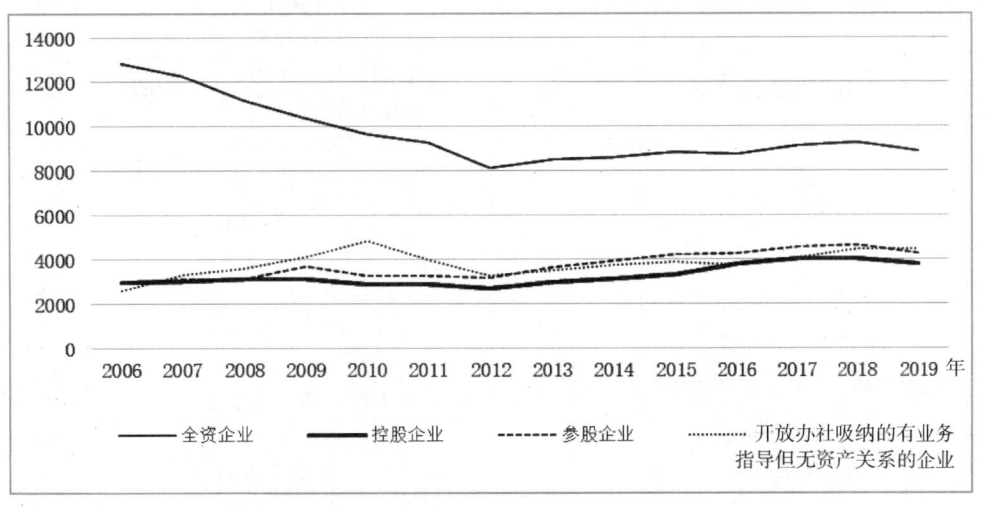

图 2-31　2006～2019 年全系统企业股权情况（单位：个）

3. 传统业务继续发展，积极拓展新领域

在市场经济条件下，供销系统想要培育自己的实力，那就要寻求新的经济增长点，供销合作社只有自己先生存下来，才能更好地为农服务。所以，只要是国家法律允许的行业，供销合作社都可以介入，这样并不会影响供销合作社为农服务的本质。实践也证明，只有供销合作社自己的实力增强，才能引起政府的重视，争取更多的政策扶持，才能更好、更快地恢复供销合作社过去的辉煌。全系统在巩固提升传统业务的同时，不断拓展房地产、生物医药、装备制造、家居建材、家政服务等新的经营服务领域。

从产业类别看，2015 年及以前全系统的产业分为四种类型：批发零售贸易业法人企业、宾馆和饭店、工业生产加工企业和其他法人企业。2016 年全系统的产业则合并为批发零售贸易业法人企业、生产加工企业和其他服务业法人企业三种类型。从表 2-1 看，与 2015 年相比，2016 年和 2017 年期间，大多数企业数量表现出明显的递增趋势，2017 年与 2018 年相比，批发零售贸易业法人企业、各类加工企业和其他服务业法人企业都有明显的上升，但 2019 年，各类企业数量都有小幅度的减少,在全系统响应国家产业结构调整的过程中,应该关注这些产业领域相关企业的变化情况,尤其是再生资源加工企业等的变化应该引起一定的关注。

表 2-1 2015 年、2016 年、2017 年、2018 年和 2019 年各种企业类别及其数量情况

时间	企业类别	数量	企业类别	数量
2019 年	批发零售贸易业法人企业	15497	农业生产资料经营企业	3711
			农副产品经营企业	4408
			日用消费品经营企业	3441
			再生资源经营企业	1465
			其他类型经营企业	2472
	各类生产加工企业	1909	工业品生产加工企业	503
			农产品生产加工企业	1280
			再生资源生产加工企业	126
	其他服务业法人企业	4095	宾馆、饭店和餐饮业企业	272
			物流业企业	292
2018 年	批发零售贸易业法人企业	16249	农业生产资料经营企业	3896
			农副产品经营企业	4465
			日用消费品经营企业	3649
			再生资源经营企业	1507
			其他类型经营企业	2732
	各类生产加工企业	2039	工业品生产加工企业	625
			农产品生产加工企业	1276
			再生资源生产加工企业	138
	其他服务业法人企业	4186	宾馆、饭店和餐饮业企业	292
			物流业企业	286
2017 年	批发零售贸易业法人企业	16041	农业生产资料经营企业	3873
			农副产品经营企业	4210
			日用消费品经营企业	3630
			再生资源经营企业	1538
	各类生产加工企业	1869	工业品生产加工企业	641
			农产品生产加工企业	1114
			再生资源生产加工企业	114
	其他服务业法人企业	3942	宾馆、饭店和餐饮业企业	292
			物流业企业	281
2016 年	批发零售贸易业法人企业	15245	农业生产资料经营企业	3687
			农副产品经营企业	3720
			再生资源经营企业	1509
	生产加工企业	1804	工业品生产加工企业	650
			农产品生产加工企业	1043
			再生资源生产加工企业	111
	其他服务业法人企业	3543	宾馆、饭店和餐饮业	284
			物流业企业	257

续 表

时间	企业类别	数量	企业类别	数量
2015年	批发零售贸易业法人企业	13813	农业生产资料经营企业	3775
			农副产品经营企业	3320
			再生资源经营企业	1709
	宾馆、饭店	301	星级宾馆	—
	工业生产加工企业	1481	农产品加工企业	1943
			再生资源加工企业	191
	其他法人企业	4671	仓储运输	250
			房地产开发企业	120
			金融担保企业	126

注：全国供销合作社系统基本情况统计公报中，2015年、2016年、2017年、2018年和2019年，2006~2010年统计口径不同，本表只对近五年数据进行比较。

4.连锁配送企业数量下降，销售额也出现大幅度下降

截至2019年底，全系统连锁企业5997家，拥有配送中心9663个，发展连锁、配送网点84.6万个。其中：直营连锁、配送网点15.5万个，加盟连锁、配送网点69.1万个。县及县以下连锁、配送网点79.9万个。其中，县级10.9万个，乡镇级29.3万个，村级39.7万个。从这些数据中可以发现，全系统的连锁配送企业、配送中心和连锁、配送网点都有一定的下降。从各类企业的规模和数量看，农业生产资料连锁经营企业、日用消费品连锁经营企业、烟花爆竹连锁经营企业和医药连锁经营是主要力量。

而从表2-2的数据看，连锁配送企业是全系统流通领域的重要力量，配合和实施"新网工程"中，它们将扮演非常重要的角色。这些企业数量的不断增加，将有利于加强各类农产品流通的速度，提升供销系统为农民提供情报服务的能力。

表2-2 2015年、2016年、2017年、2018年和2019年各类连锁配送企业及其数量情况

2019年	全系统连锁企业	5997家	配送中心	9663个	连锁、配送网点	84.6万个
2018年	全系统连锁企业	6679家	配送中心	10722个	连锁、配送网点	94.6万个
2017年	全系统连锁企业	6781家	配送中心	1094个	连锁、配送网点	18.3万个
2016年	农业生产资料连锁经营企业	2354家	配送中心	5551个	连锁、配送网点	34.4万个
	日用消费品连锁经营企业	1531家		1960个		34.1万个
	再生资源连锁经营企业	508家		233个		4万个
	农副产品连锁经营企业	882家		1089个		5.9万个
	烟花爆竹连锁经营企业	912家		1543个		16.9万个
	医药连锁经营企业	91家		75个		6168个
2015年	农业生产资料连锁经营企业	2500家	配送中心	6427个	连锁、配送网点	37万个
	日用消费品连锁经营企业	1602家		2553个		35.7万个
	烟花爆竹连锁经营企业	977家		1720个		18.1万个
	医药连锁经营企业	98家		86个		7838个

2019年，全系统连锁经营销售额9078.3亿元，同比降低16.34%。从图2-32中可以看出，2006年到2018年，连锁企业销售额一直处于线性增长的过程，且增长的速度处于较高水平，

而2019年,连锁企业销售额出现回落趋势。

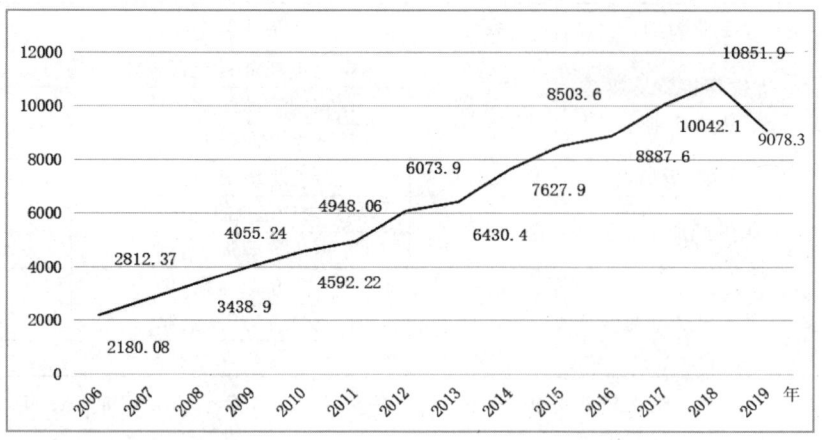

图2-32　2006~2019年连锁企业销售额(单位:亿元)

5.农业产业化经营龙头企业数量基本平稳

龙头企业是农业产业化过程中非常重要的力量,截至2017年1月,北京百花蜂业科技发展股份公司等供销合作社农业产业化重点龙头企业共有523家。中国供销集团、北京粮食集团有限责任公司、江苏苏果、安徽辉隆、聚超网、黑龙江倍丰等一批社有企业迅速发展壮大,成为具有重要行业影响力的骨干龙头企业。截至2019年底,全系统有各级政府和省以上有关部门认定的农业产业化龙头企业2240个。其中,省部级及以上认定的农业产业化龙头企业811个。全系统有各级政府和省以上有关部门认定的农业产业化龙头企业2521个。其中,省部级及以上认定的农业产业化龙头企业989个,从事农产品加工的农业产业化龙头企业1303个。从图2-33中可以看出,2006~2019年期间,处于持续波动的状态,农业产业化龙头企业的数量在2009年达到高峰,经历2010年的下降之后,2013年、2014年和2015年开始反弹,在2016年出现了一定程度的减少,但是到2017~2018年上升,在2019年,再次出现了下滑的趋势。

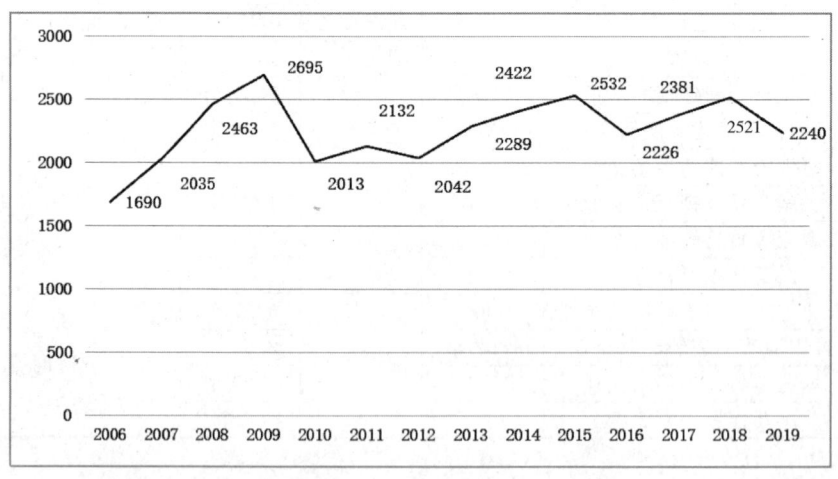

图2-33　2006~2019年农业产业化龙头企业数量(单位:个)

(四)为农服务水平显著提升

1."新网工程"建设深入推进

中央财政从 2007 年起设立了"新网工程"中央财政专项资金,实施 10 年来,"新网工程"建设步伐不断加快,对全国供销合作社系统的发展起到了"四两拨千斤"的作用。全系统以"新网工程"为抓手,积极运用现代信息技术和现代物流技术,不断创新经营业态,延伸服务网络,拓展服务领域,为农民提供生产、信息、产销对接等方面的服务。利用"新网工程"专项资金的示范带动作用,按照"小超市、大连锁""一网多用、双向流通、综合服务"的发展战略,重点围绕农业生产资料、农副产品、日用消费品、再生资源回收利用四大网络建设,通过多元化投入、市场化运作、企业化管理、连锁化经营,网络建设成效显著。全系统已初步建成了覆盖县、乡、村三级的经营服务网络,供销合作社的整体服务功能显著提升。2016 年,中央财政将"新网工程"专项资金使用方向明确为:支持供销合作社开展农村电子商务惠农工程和土地流转及后续农业社会化服务。

2.综合服务能力进一步加强

(1)科技服务类型多样,服务效果显著

截至 2019 年底,全系统土地托管面积 10059.7 万亩,配方施肥面积 8073.4 万亩,统防统治面积 7201.2 万亩,农机作业面积 5281.8 万亩,土地流转面积 3075.2 万亩。全系统共培训农村实用人才 202.4 万人次,发放科技资料 745.3 万份。

(2)综合服务社数量上升,为各种服务提供平台

截至 2019 年底,全系统共建立综合服务社(中心)42.5 万个,比上年增加 0.3 万个,其中,与村委会共建 64201 个,农村综合服务中心 67409 个。生产性为农服务中心 13042 个。庄稼医院 70767 个,增加 725 个。截至 2018 年底,全系统共建立综合服务社(中心)42.2 万个,比上年增加 2.6 万个,其中,与村委会共建 72129 个,农村综合服务中心 72822 个。生产性为农服务中心 11503 个。庄稼医院 70042 个,增加 5722 个。从中可以看出,全系统在为农户提供综合服务的能力将会不断提升,有利于拓展系统为农户服务的领域。从图 2-34 中可以看出,2006~2019 年的村级综合服务数量呈现一个线性增长的趋势。这反映了全系统在基层服务平台建设方面的成绩显著。

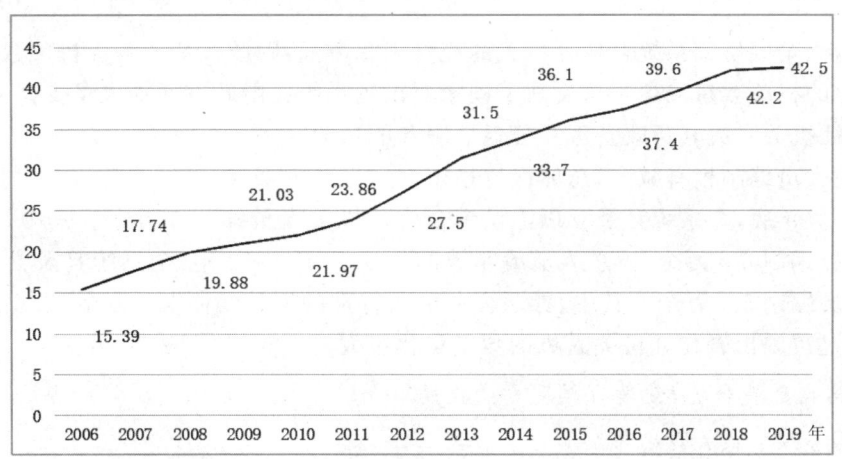

图 2-34 2006~2019 年村级综合服务站数量(单位:万个)

(五)人员结构日趋合理

1.全国供销合作社机关与人员数量基本稳定

(1)供销合作社机关数量较为稳定

全国供销合作社系统由中华全国供销合作总社、省级供销合作社、地级供销合作社、县级供销合作社、基层供销合作社5级组织机构组成。截至2019年末,全系统有县及县以上供销合作社机关2762个,其中,省(区、市)供销合作社(以下简称省社)32个,省辖市(地、盟、州)供销合作社(以下简称省辖市社)340个,县(区、市、旗)供销合作社(以下简称县社)2389个。截至2018年末,全系统有县及县以上供销合作社机关2772个,其中,省社32个,省辖市社335个,县社2404个。从数量上看,全国供销系统合作社机关的数量基本稳定、变化不大。

(2)事业单位数量小幅下降,企业化管理单位数量明显下降

截至2019年末,各级供销合作社所属事业单位258个。其中,省社所属事业单位61个;省辖市社所属事业单位67个;县社所属事业单位114个。从经费来源看,全额拨款的108个,差额拨款的29个,定额补助的6个,自收自支的115个。截至2018年末,各级供销合作社所属事业单位277个。其中,省社所属事业单位67个;省辖市社所属事业单位74个;县社所属事业单位118个。从经费来源看,全额拨款的101个,差额拨款的32个,定额补助的7个,自收自支的137个。从两年的数据看,各级供销合作社所属事业单位的数量有所下降,但下降幅度并不大,从一个侧面反映出我国供销合作事业的发展较为稳定。

(3)财政全额拨款机构增加较快,定额补贴和自收自支机构减少

2019年,全国供销系统各级合作社机关的经费来源分为财政全额拨款、差额拨款、财政定额补贴和自收自支四种类型。财政全额拨款的2449个,占88.7%,较2018年增加27个,其中,省社机关30个,省辖市社机关324个,县社机关2094个,与2018年相比,仅有县社机关增加。差额拨款的110个,占4%,较2018年减少28个,其中,省辖市社机关1个,保持不变,县社机关109个,较2018年减少了28个。财政定额补贴的49个,占1.8%,均为县社机关,较2018年减少11个。实行自收自支的154个,占5.6%,较2018年减少了9个,其中,省社机关2个,与2018年相同,省辖市社机关15个,较2018年减少了2个,县社机关137个,较2018年减少了7个。

总体来看,全国供销系统合作社机关的经费来源方面,财政拨款的各级机关数量有一定增加,其他来源的机关数量减少。这反映了国家对供销系统在财政方面加大了支持力量,将更加有利于合作社机关完成其行政管理和公益性服务的功能。

(4)机关人员编制稍有减少,总体保持稳定

截至2019年底,全系统县及县以上供销合作社机关人员编制5万个。其中,参照公务员法管理的人员编制3.5万个,占总人员编制数的69%。而2018年,全系统县及县以上供销合作社机关人员编制5.1万个。其中,参照公务员法管理的人员编制3.7万个,占总人员编制数的72.5%。这反映出合作社机关人员的数量变化不大。

2.人员结构更趋合理,受教育程度稳步提高

(1)全系统职工总人数稳步减少

截至2019年末,全系统共有职工321.2万人,比2018年减少了23.4万人。其中,实际从业人员199.8万人,比2018年减少了19.8万人;离开本单位仍保留劳动关系的人员26.9万

人,比2018年减少了2.1万人;离退休人员94.5万人,比2018年减少了1.4万人。离退休人员中,已参加社会统筹养老保险的人员91.9万人,占97.4%。

从图2-35看,全系统职工总人数近两年呈现一个下降的趋势。对比图2-36可以发现,总体人数下降的主要原因是实际从业人员数量有较大幅度的下降,而离退休人员和离开本单位仍保留劳动关系的人员数量则一直处于缓慢下降的趋势。这种人员数量的变化会引起人员结构的变化,这种变化会不利于全系统的健康发展。

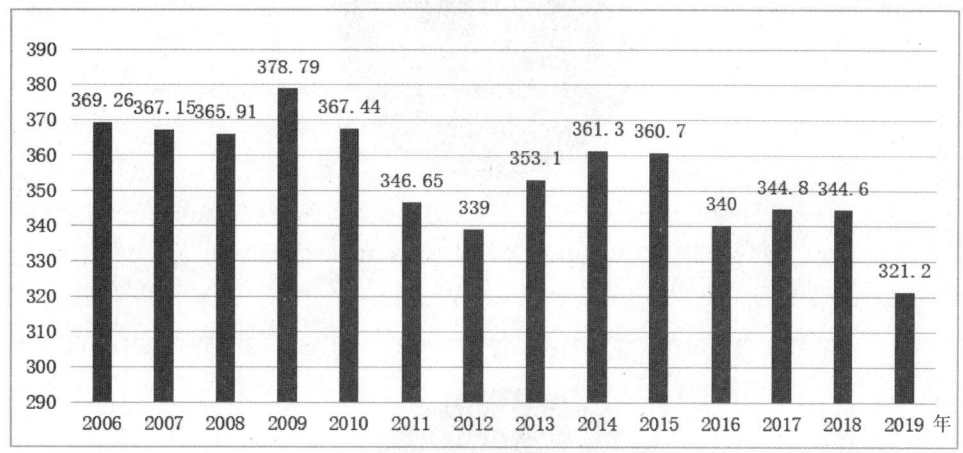

图2-35 2006~2019年全系统职工总人数(单位:万人)

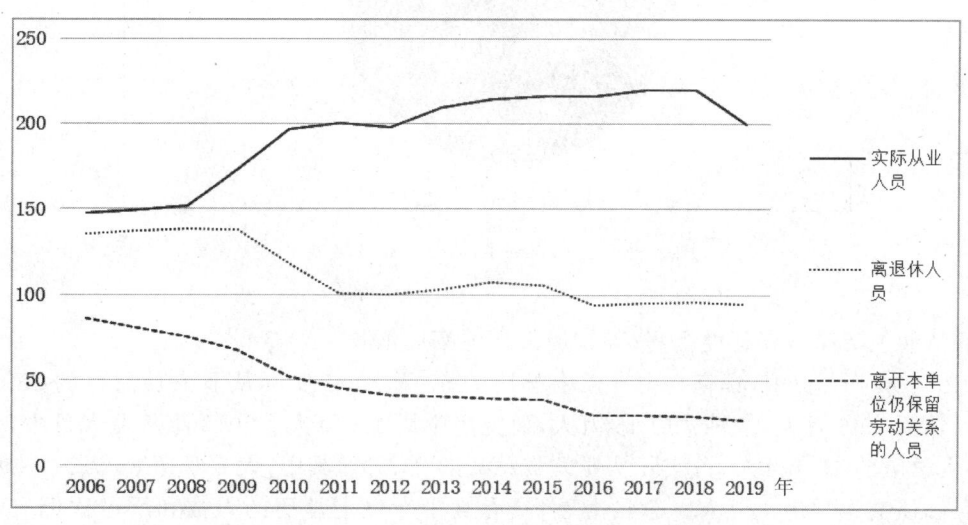

图2-36 2006~2019年全系统职工分类统计(单位:万人)

(2)从业人员中45岁以下占到69.2%,年龄结构更趋合理

从图2-37和图2-38中可以看出,2018年,实际从业人员中,35岁及以下70.5万人,占32.1%;36~45岁81.7万人,占37.2%;46~55岁53.2万人,占24.2%;55岁以上14.2万人,占6.5%。截至2019年底,实际从业人员中,35岁及以下68万人,占34%,同比减少3.55%;36~45岁70.4万人,占35.2%,同比减少13.83%;46~55岁53.7万人,占26.9%,同比增加

0.94%；55岁以上17.7万人，占8.9%，同比增加24.6%。全系统实际从业人员的年龄结构保持相对稳定，而且比较合理。

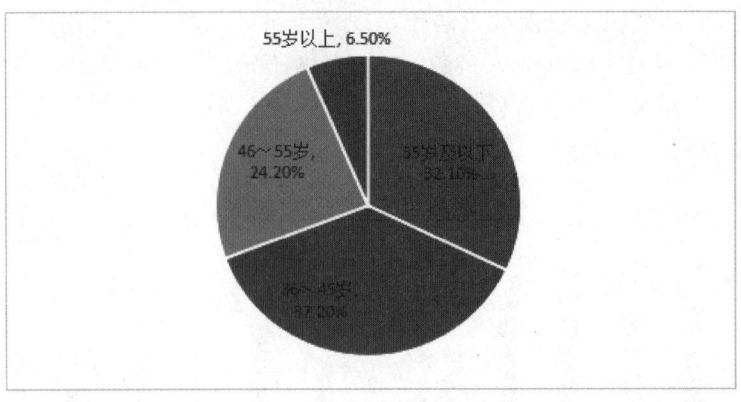

图2-37　2018年实际从业人员年龄结构

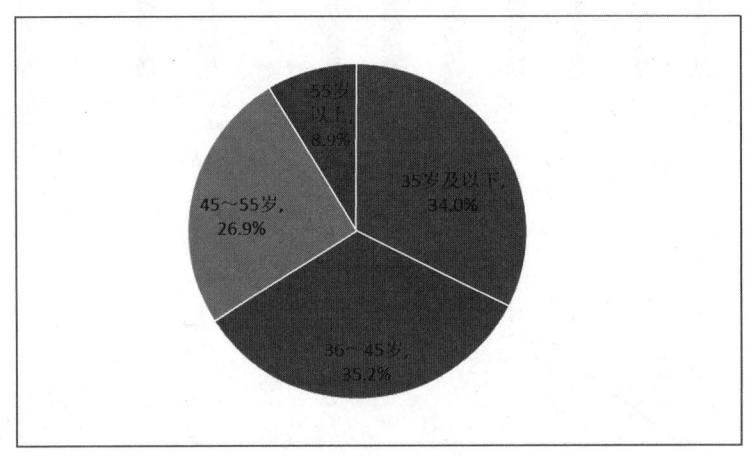

图2-38　2019年实际从业人员年龄结构

(3)从业人员受教育程度提高，高学历人员大幅度增长

2019年从业人员中，具有高中专以上学历的57万人，占实际从业人员总数的28.5%，其中，大专学历39.6万人，本科学历15万人，研究生学历2.4万人。2018年从业人员中，具有高中专以上学历的47.3万人，占实际从业人员总数的21.5%，其中，大专学历34万人，本科学历12.3万人，研究生学历1万人。总量上看，具有高中专以上学历的人数和所占比例有大幅上升，这种变化与全系统从业人员数量变化有一定关系，也说明从业人员在向"高精尖"发展。从图2-39中可以看出，近三年大专学历、本科学历和研究生学历的从业人员人数及其所占比例都有一定的增加。从图2-40中可以看出，2010年以前，高层次学历的从业人员数量迅速提高，在2010年经历了人才的严重流失后，高中专以上学历的从业人员数量基本呈现一个上升的趋势。从中可以发现，全系统从业人员的学历结构中，高层次学历的人员有所增加，人才队伍的受教育程度整体近三年有较大幅度的提高。

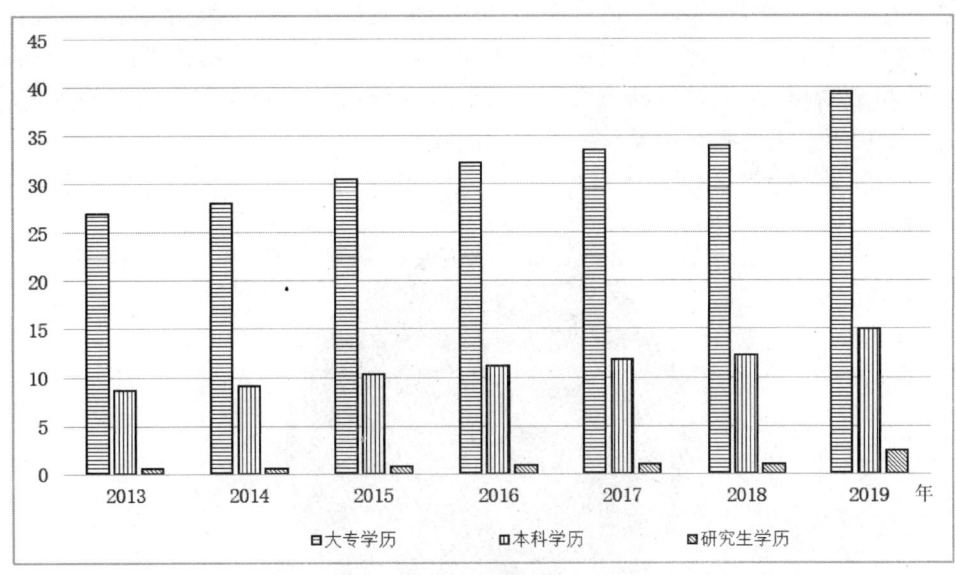

图 2-39 2013~2019 年大专及以上学历人数（单位：万人）

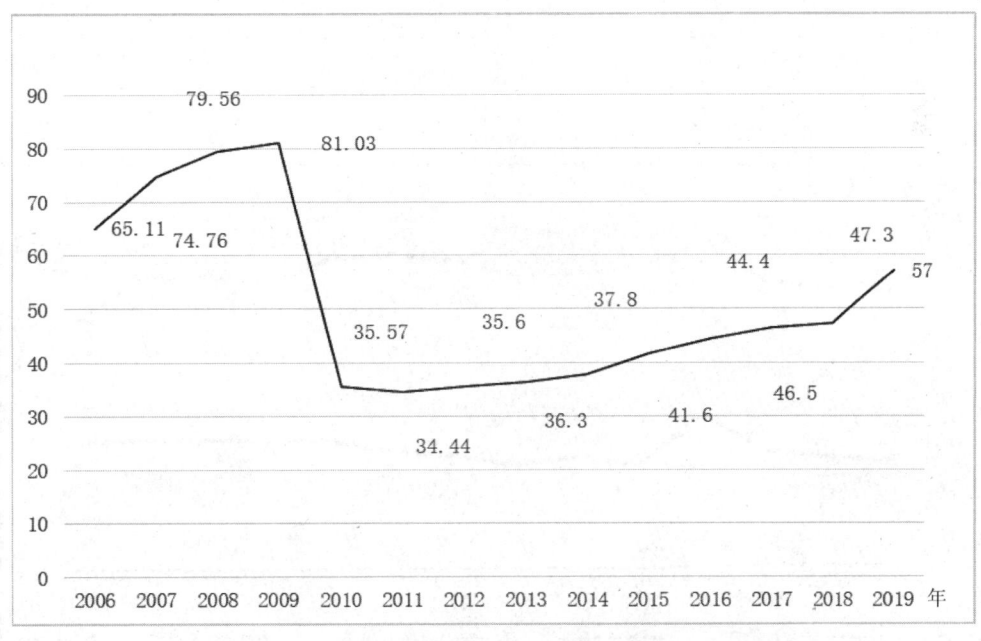

图 2-40 2006~2019 年高中专以上学历人数（单位：万人）

（4）各类组织的从业人员普遍减少

2019 年，各级联合社机关 4.9 万人，较 2018 年减少 0.1 万人；企业 114.3 万人，较 2018 年减少 19.5 万人；事业单位 1.4 万人，与 2018 年相同；基层社 60.8 万人，较 2018 年减少 1.2 万人；社团组织 18.4 万人，较 2018 年增加 1 万人。从人数和占比来看，社团组织的从业人数明显增加，各级联合机关、企业和基层社的从业人员有所下降，事业单位从业人员基本没变，这反映了全系统发展过程中从业人员分布的变化。

从图2-41中可以看出,从业人员分布在企业中的人数最多,占总体的57.21%,其次主要分布在基层社、社团组织,联合社机关和事业单位人员较少,分别只占总体的2.45%和0.70%。从图2-42中可以看出,四个领域的人员分布,除2009年有一个较大幅度的上升外,其他年份各领域的人数和所占比例都基本保持一个稳定的状态。

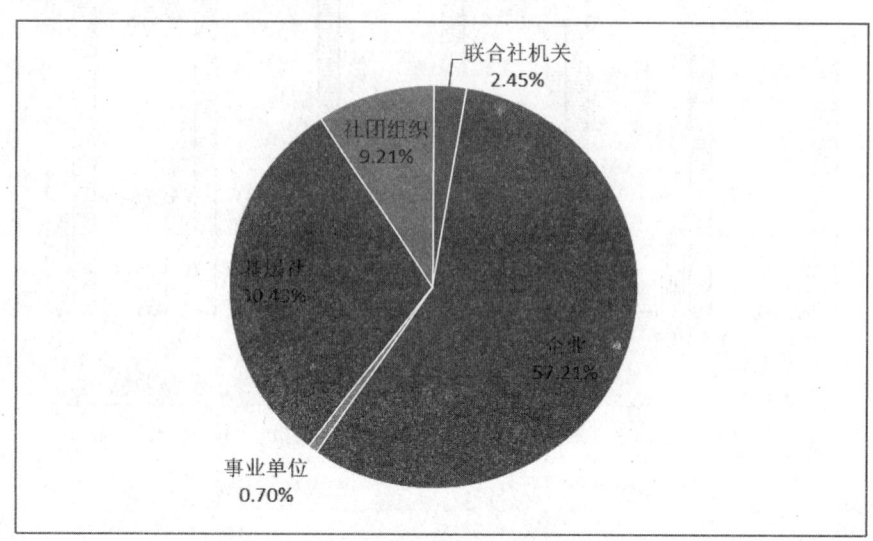

图2-41 2019年从业人员分布状况

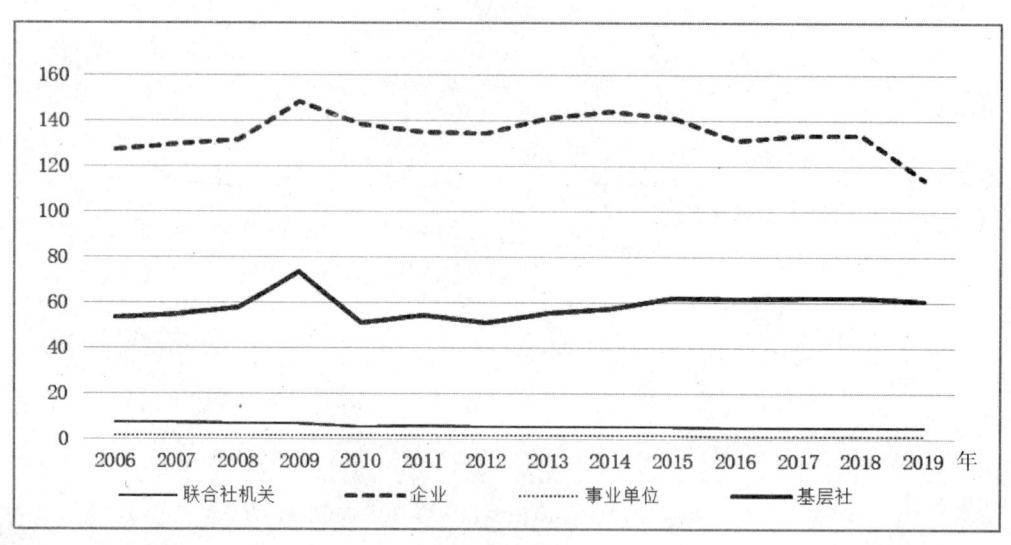

图2-42 2006~2019年从业人员分布状况(单位:万人)

(六)政策环境进一步优化

1. 2015年中央一号文件明确提出了加快供销合作社改革发展

2015年中央一号文件《关于加大改革创新力度加快农业现代化建设的若干意见》对供销社提出明确要求,提出了"全面深化供销合作社综合改革,坚持为农服务方向,着力推进基层和改造,创新联合社治理机制,拓展为农服务领域,把供销合作社打造成全国性为'三农'提供综合服务的骨干力量。抓紧制定供销合作社条例"的要求。

2015年4月2日,中共中央、国务院出台《中共中央 国务院关于深化供销合作社综合改革的决定》(以下简称《决定》),就深化供销合作社综合改革做出部署。这份文件包括深化供销合作社综合改革的总体要求;拓展供销合作社综合服务领域,更好地履行为农服务职责;推进供销合作社基层社改造,密切与农民的利益联结;创新供销合作社联合社治理机制,增强服务"三农"的综合实力;加强对供销合作社综合改革的领导。《决定》要求,供销合作社要把为农服务放在首位。面向农业现代化、面向农民生产生活,推动供销合作社由流通服务向全程农业社会化服务延伸、向全方位城乡社区服务拓展,加快形成综合性、规模化、可持续的为农服务体系,在农资供应、农产品流通、农村服务等重点领域和环节为农民提供便利实惠、安全优质的服务,同时提出,到2020年,把供销合作社系统打造成与农民联结更紧密、为农服务更完备、市场化运行更高效的经济组织体系,成为服务农民生产生活的生力军和综合平台。

供销合作社具有扎根农村、联系农民、点多面广的优势,既有经营性又有公益性,最有条件和基础成为农业社会化服务体系的骨干力量。而供销合作社改革是我国经济体制改革特别是农村改革的重要组成部分。在经济发展步入新常态的背景下,《决定》的出台是贯彻党的十八届三中全会决定的一个重要举措,也是全面深化农村改革的重要举措。

2.2016年中央一号文件明确提出要深入推进供销合作社综合改革

2016年是"十三五"规划的开局之年,《中共中央 国务院关于落实发展新理念加快农业现代化实现全面小康目标的若干意见》的一号文件明确提出,要深入推进供销合作社综合改革,提升为农服务能力;加强商贸流通、供销、邮政等系统物流服务网络和设施建设与衔接,加快完善县乡村物流体系;支持供销合作社创办领办农民合作社,引领农民参与农村产业融合发展、分享产业链收益。深入推进供销合作社综合改革,提升为农服务能力。

总体而言,供销合作社工作被纳入深化农村改革全局来安排和部署,充分体现了党中央、国务院对供销合作社的高度重视。当前供销合作社正进入较快发展的轨道,处于改革发展的关键时期。

3.2017年中央一号文件继续提出深化供销合作社综合改革,增强为农服务能力

2017年中央一号文件《关于深入推进农业供给侧结构性改革,加快培育农业农村发展新动能的若干意见》继续提出要深化供销合作社综合改革,增强为农服务能力。尊重农民实践创造,鼓励基层先行先试,完善激励机制和容错机制。加强对农村各类改革试点试验的指导督查,及时总结可复制可推广经验,推动相关政策出台和法律法规修改,为推进农业供给侧结构性改革提供法治保障。

在加强农民合作社规范化建设方面,积极发展生产、供销、信用"三位一体"综合合作。总结推广农业生产全程社会化服务试点经验,扶持培育农机作业、农田灌排、统防统治、烘干仓储等经营性服务组织。支持供销、邮政、农机等系统发挥为农服务综合平台作用,促进传统农资流通网点向现代农资综合服务商转型。

在推进农村电商发展方面,促进新型农业经营主体、加工流通企业与电商企业全面对接融合,推动线上线下互动发展。加快建立健全适应农产品电商发展的标准体系。支持农产品电商平台和乡村电商服务站点建设。推动商贸、供销、邮政、电商互联互通,加强从村到乡镇的物

流体系建设,实施快递下乡工程。深入实施电子商务进农村综合示范。鼓励地方规范发展电商产业园,聚集品牌推广、物流集散、人才培养、技术支持、质量安全等功能服务。完善全国农产品流通骨干网络,加快构建公益性农产品市场体系,加强农产品产地预冷等冷链物流基础设施网络建设,完善鲜活农产品直供直销体系。

4. 为贯彻落实2018年中央一号文件精神,出台《关于深入贯彻落实中央一号文件大力推动乡村振兴的实施意见》

(1)主要目标——供销社实施乡村振兴战略"三步走"

到2020年,供销合作社综合改革取得显著成效,农业社会化服务水平明显提升,土地托管等服务面积超过2亿亩;基层组织基础进一步夯实,基层社实现乡镇全覆盖,农村综合服务社发展到45万家,覆盖80%以上的行政村;农村现代流通体系建设深入推进,线上线下加快融合发展,全系统流通企业电子商务应用率达到80%以上,基层经营服务网点信息化改造比例达到70%以上;农村一二三产业融合发展水平进一步提升,基本形成产业链条完整、功能多样、业态丰富、联结紧密的具有供销合作社特色的产业融合发展体系;新型农业经营主体不断发展壮大,领办农民专业合作社20万家,发展规模农业产业化龙头企业3000家,其中带动作用强的大型龙头企业100家;农村生态服务取得新突破,助力打赢脱贫攻坚战,成为服务农民生产生活的生力军和综合平台,成为党和政府密切联系农民群众的桥梁纽带。

到2035年,供销合作社建成更加完善的农业社会化服务体系、更加健全的基层组织体系、更加便捷高效的农村现代流通体系、与农民利益联结更加紧密的产业融合新体系和助力美丽乡村建设的绿色生态服务体系,为实现乡村振兴作出更大贡献。

到2050年,供销合作社全面建成与新时代农业农村现代化相适应的合作经济组织,成为全面实现乡村振兴,农业强、农村美、农民富伟大实践的重要力量。

(2)重点任务

一是农业社会化服务。围绕促进适度规模经营,加快打造更加完备的农业社会化服务体系。顺应农村土地"三权分置"改革、第二轮土地承包到期后再延长三十年的新形势,发挥供销合作社综合服务优势,积极创新和优化服务供给,加快打造综合性、规模化、可持续的为农服务体系,推进适度规模经营,促进农业农村现代化。二是基层组织。围绕壮大乡村集体经济,加快建设更加健全的基层组织体系。乡村振兴,主战场在农村。供销合作社参与乡村振兴战略,基层组织体系建设是关键。要巩固基层组织建设成果,提升建设水平,加快建设更加健全的基层组织体系。三是现代流通。围绕推进农村流通现代化,加快建设更加高效的现代流通体系。要以线上线下融合为切入点,加快发展农村电子商务,加强农产品市场和物流配送体系建设,不断提升流通现代化水平。四是农村一二三产业融合发展。围绕发展农业农村新产业新业态,构建农村一二三产业融合发展新体系。乡村振兴,产业兴旺是重点。要充分发挥供销合作社经营服务网络健全,产业类别和经营主体众多的优势,着力打造产业融合发展的新载体新模式,构建供销合作社农村一二三产业融合发展新体系。五是乡村绿色生态服务。围绕美丽乡村建设,积极打造乡村绿色生态服务体系。乡村振兴,生态宜居是关键。供销合作社要依托农资和再生资源服务网络,积极参与农业面源污染防治、农村环境整治等工作,打造乡村绿色生态服务体系,在促进美丽乡村建设中发挥作用。六是脱贫扶贫。围绕打赢精准脱贫攻坚战,扎实做好供销合作社扶贫工作。参与脱贫攻坚是党和政府交给供销合作社的一项政治任务,也是供销合作社参与乡村振兴,践行为农服务宗旨的重要体现。要坚持精准扶贫、精准脱贫基本方略,采取更加有力的举措、更加集中的支持、更加精细的工作,助力地方党委政府打赢脱贫攻坚战,在促进共同富裕中发挥更大作用。

5.2019年中央一号文件指出发展乡村新型服务业

支持供销、邮政、农业服务公司、农民合作社等开展农技推广、土地托管、代耕代种、统防统治、烘干收储等农业生产性服务。充分发挥乡村资源、生态和文化优势,发展适应城乡居民需要的休闲旅游、餐饮民宿、文化体验、健康养生、养老服务等产业。加强乡村旅游基础设施建设,改善卫生、交通、信息、邮政等公共服务设施。

6.2020年中央一号文件指出发展富民乡村产业

重点培育家庭农场、农民合作社等新型农业经营主体,培育农业产业化联合体,通过订单农业、入股分红、托管服务等方式,将小农户融入农业产业链。继续调整优化农业结构,加强绿色食品、有机农产品、地理标志农产品认证和管理,打造地方知名农产品品牌,增加优质绿色农产品供给。有效开发农村市场,扩大电子商务进农村覆盖面,支持供销合作社、邮政快递企业等延伸乡村物流服务网络,加强村级电商服务站点建设,推动农产品进城、工业品下乡双向流通。强化全过程农产品质量安全和食品安全监管,建立健全追溯体系,确保人民群众"舌尖上的安全"。引导和鼓励工商资本下乡,切实保护好企业家合法权益。制定农业及相关产业统计分类并加强统计核算,全面准确反映农业生产、加工、物流、营销、服务等全产业链价值。

二、全国供销合作社改革发展中存在的主要问题

供销合作社已逐步形成了一个网点遍布全国城乡的庞大系统,在发展农村商品生产、推进经济社会建设中起到了非常重要的作用。经过多年改革发展,供销社取得了显著成效,然而多年的发展,供销社面临的挑战与问题逐步增多,制约了供销社整体作用有优势的发挥,因此供销社深入推进综合改革势在必行。

(一)组织体系的治理体制机制有待创新

供销社系统有其自身优势。首先,供销社系统拥有遍布城乡、星罗棋布的经营网络,这是发展现代流通方式最丰富的组织资源和渠道资源。其次,供销社系统初步形成了比较完整的综合服务体系。最后,供销社系统拥有一支熟悉"三农"的人员队伍和适应农村的专门人才。但随着经济社会快速发展,供销社的管理体制和机制已经受到挑战,供销社组织体系尚未形成上下贯通、运行高效的运行体制机制也导致其服务网络的规模优势尚未有效发挥,综合改革的效应有待进一步体现。

1.组织体制机制改革尚未取得实质性进展

(1)各级供销社尚未形成统一的网络规模。供销社构建现代流通网络、参与农业产业化经营的切入点在于流通,但是流通仅有个别网点或是龙头企业远远不够,因为单个企业或基层供销社,尽管可能发挥一定的流通作用,但要真正承担起组织农民进市场、延伸农业产业链的重任,还是显得无能为力的。在许多地方,农民卖不出去的东西,供销社同样卖不出去,其原因就是单个供销社企业并不见得比农民高明。因此,供销社在流通之外还需要强大的网络连接,形成统一的网络规模。只有在网络的基础上,将供销社分散的经营网点通过适当方式联结起来,把点连成线,把线结成网,有了一个信息通畅、流转顺畅的大流通网络,供销社的优势才能充分地发挥出来。(2)松散的运行机制使得经营模式单一趋同。供销合作社基层经营网络大多是

在集贸市场基础上发展起来的,实行家庭联产承包责任制以后,基层经营网络在解决农民"买难""卖难"问题上发挥了重要作用。但长期以来单打独斗加之粗放型经营,所经营商品也仅停留在农民的生产资料和必需的生活资料上,既不能组织收购大批量的农副产品,又无力经营大宗商品(如彩电、冰箱、空调、洗衣机等),加上基层经营网络难以延伸到交通不够便利、消费群体分散的区域,因而不能满足广大农民日益增长的物质文化生活需要。

2.组织内部联合与合作的体制和机制尚未建立

各级供销社内部组织化程度低导致实现同类联合的难度加大。各级供销社网点遍布城乡各个角落,具有"点多、面广、腿长"的特点,但是普遍规模小、组织化程度低,大多数单体企业实力较弱,再加上行政区划等原因条块分割,同类型企业多,同业竞争严重,在资源整合的基础上实现同类联合的难度加大。在经营网点的选择上,不能摆脱急功近利、嫌贫爱富的阴影。城镇规模较大,经济发展状况良好的村镇往往具备良好的经营环境和发展空间,但不能不正视在这样的地区竞争也更加激烈的现实。而在偏远的欠发达地区,却具有前者所没有的市场潜力和消费需求。

(二)基层社为农服务能力仍显薄弱

目前,各地供销社发展不平衡不充分的问题比较突出,部分县级社、基层社经济实力还不够强,为农服务的能力无法满足农民生产生活需要。农业社会化服务范围大、内容多、要求高,供销社要通过深化改革解决好服务能力不强、规模不大等问题。建设农业社会化服务体系,关键在基层,难点也在基层。可以说,我国基层社是整个供销合作社组织体系中最薄弱的环节,总体存在着经营服务能力不强,规模不大的问题。具体表现在以下方面:

1.基层供销社为农服务的能力还不能满足农民生产生活需要

一是供销社服务对象是农民。目前多种流通力量打破了这种垄断局面,出现了交叉经营。为寻求市场,供销社经营范围已从农民扩大到全社会。同时,农民不仅仅是从事种植业的农民,也包括从事商业、工业、运输、信息等行业的农民。这就要求供销社的职能必须从计划指定的农产品和工业品流通,扩大到任何商品的流通;从产品流通的单一职能扩大到产品生产(如农产品加工、轻工生产、直接的农产品生产)和非产品经营(如技术、信息服务等)的多元化经济职能。只有这样,才能适应社会经济的多元要求,求得生存与发展。二是传统主营业务萎缩,提供的服务有限。如在农副产品收购和生活资料供应方面,市场需求大,但基层社所占市场份额小,能提供的服务有限,市场多由个体经营者抢占;在农技咨询、信息服务、文化娱乐等方面基层社参与更少。这与城乡经济协调发展的需要、农业产业化的需要、农民生活的需要相比还有很大距离。

2.与农民利益联结方面,经济上和组织上合作关系不够紧密

供销社的发展根基在农村、在农民。22年曲折发展的历程证明,供销社只要扎根农村、服务农民,就会有作为、有价值、有力量,事业发展就呈现出广阔前景;一旦远离了农村、脱离了农民,改革就会步入歧途、发展就会陷入困境。供销合作社既然称之为"合作社",就必须遵循其原理,服从其原则。联合是供销社的组织特征,也是供销社的优势所在。所以必须争取最广泛的与农合作和联合。供销社自改革以来,方向性定位是准确的,即为农服务的合作经济组织,但在体现"合作经济"的原始属性——"合作制"上,已经发生了较大偏移。这虽然对供销社经济发展未产生大的影响,但对供销社秉承为农服务宗旨,密切与农民利益联结,成为真正的农

民合作经济组织是十分不利的。

3.基层供销社参与农业产业化经营的组织优势受到削弱

从体制上看,基层供销社经过几年的减债减人,转换机制,有的全面实行抽资承包后,多数职工已成为独立开展经营的自营商,有的改成了股份制或股份合作制,已难以发挥系统组织优势。同时,整体工作机制也不完善,一管就死,一放就乱,在强化供销合作社的控制力与调动经营管理者积极性的结合上缺乏有效的办法。

4.参与农业产业化的能力严重不足

一是从资金方面看,目前基层供销社普遍缺乏初始投入能力,资金紧缺,与银行基本不发生业务关系,客观上导致了基层供销社的商业取向,要么把自己视为一般的商业经营组织,要么将自己当作坐地收金的"业主",缺乏明确的发展目标;二是经营方式落后,缺乏将基层组织建设与联合社建设、经营网络建设、社有企业发展有机结合起来,而是习惯于化整为零和"一买一卖"的经营模式,难以适应日益变化的市场需要。

(三)社有企业的发展质量有待提升

社有企业总体发展水平与构建经营服务体系的要求还不适应,市场竞争力还不强,引领行业发展的龙头企业相对较少,社有资产管理体制机制有待健全。一是规范的现代企业制度尚未完全建立。现代企业制度的基本特征是"产权明晰,责权明确,政企分开,管理科学"。长期以来,供销社实行社企合一的资产管理制度,仍未完全按照现代企业制度要求建立社有资产管理体制,所有权和企业的法人财产权没有完全分离,出资人与企业之间权利义务与职责界限仍不明确。二是企业法人治理结构尚不完善。供销社企业的法人治理结构不完善,有效制衡的股东会、董事会、监事会和经理层"三会一层"制度尚未建立。三是社企不分、多头管理没有得到根本改变。供销社职能定位不清晰,未能摆脱社企不分,多头管理的困境。供销社社有企业既承担部分公益性服务"三农"的职责,又作为自负盈亏、追求利润最大化的经营实体,以效益最大化和为"三农"服务等多重目标对社有企业进行监督管理,造成社企不分。若干内设机构仍是以行政化的手段管理企业,未能站在出资人的角度以价值化、市场化操作方式管理企业,难以对社有资产进行全面、协调的管理,难以有效行使出资人的职责。四是出资人缺位、有效监管制度不完善。县级以上供销社作为参照公务员管理的事业单位,理事会在履行出资人职责时往往出现缺位或错位的现象。五是缺乏经营者激励与约束机制。虽然各级供销合作社理事会是本级社集体资产所有权的代表和资产的管理者,但资产控制权往往掌握在供销社的少数几个中高级管理人员(内部人)手中。这些中高级管理人员拥有资产的控制权,但缺乏收益权。剩余控制权和剩余索取权的不对称导致他们缺乏有效的激励去实现资产价值的最大化。同时,由于对其行为和绩效没有来自最终所有者的监督和评估,也常常会出现控制权的滥用。由此,"内部人控制"问题也就在所难免。

(四)流通网络的现代化水平有待增强

一是各地供销社与各类龙头企业现代流通方式的运用无法满足农民群众享受现代流通的文明、优质和快捷的需要,电子商务尤其是农村电商虽然发展快速,但总体发展水平不高,"线上"与"线下"不能有效结合,不仅制约建立社会化、专业化、系列化的现代物流服务体系,而且无法使得广大农民足不出户就能从现代流通中受益,加之传统业务板块转型艰难,电子商务等新兴业务发展水平不高,全系统新的发展动能不足。二是网络建设进度和建设水平参差不齐,农资配送网络和日用消费品网络建设已呈现出良好的发展态势,但农副产品和再生资源网络却建设滞后,发展较慢,再生资源网络建设严重滞后。有的网络终端缺少规范化、标准化管理,有的仅仅满足于外在形象,内在质量没有实质性突破和完善,网络内部建设不平衡难以实现网络整体联动。三是各地由于缺少全国性、区域性龙头企业,使得连锁配送企业与经营网点之间的利益联结机制尚未真正建立,现有的经营服务网络处于比较松散状态,连锁配送覆盖面和商品配送率低,连锁配送体系建设相对滞后,专业合作社、行业协会等与"新网工程"对接程度较低,"一网多用,双向流通"能力较弱。四是基层组织建设缺少资金,人才短缺问题比较突出。由于自身实力有限,基础条件较差,经营规模较小,发展资金不足,尤其是西部边疆地区供销社普遍存在经营规模小,盈利能力低的状况,扶持资金落实较慢,且缺少当地政府配套资金支持,资金支持力度仍显不足。同时,由于供销合作社行业的人均收入水平相对较低,对中、高端人才缺乏吸引力,目前供销系统网络经营、管理人员,多数是原企业改制时留下来的,理念和知识陈旧,无法适应传统业务转型与新兴业务发展的现实需要。

(五)供销经济理论研究与合作社文化推广有待深入

我国理论界对"合作社是什么?为什么发展合作社?"等合作经济理论问题、合作社文化缺乏深入系统的研究,实际工作部门从布置工作的需要出发,所做出的有限的探索又往往停留在表面,很多提法还停留于一般理论水平,没有体现出供销社的行业特点,没有深入围绕供销社理念打造供销社文化,没有深入研究合作社的本质规定性与供销社文化的内在规律性。

在合作社文化推广方面,一是缺乏对传统供销社文化的归纳和整理,特别是理论上的进一步提升,如对传统的供销社精神没有很好地提炼。二是未能结合社会主义市场经济体制的要求,以及供销社自身的发展变化,对供销社文化的内容进行及时的创新。三是作为供销社文化建设主体的干部职工的素质不能适应时代发展的要求,干部职工知识老化的现象严重,又缺乏系统的培训,特别是缺乏对一般职工或重点岗位的培训。同时供销社由于自身人员包袱重,经济效益差,对优秀人才缺乏吸引力,引进的人才很少,这种状况供销社人员对供销社文化的理解成了严重问题。四是从事供销社文化研究的队伍急剧萎缩。

三、加快全国供销合作社改革发展的对策建议

供销社通过深化综合改革,全系统经济实力、服务能力、发展活力明显提升,2020年,在千方百计克服疫情影响,稳住系统经济运行基本盘的基础上,要坚持"改革强社、服务立社、夯基建社、以企兴社、从严治社",将改革摆在各项工作首位。要通过深化综合改革,推动供销合作社由单纯流通服务向全程农业社会化服务延伸、向全方位城乡社区服务拓展,加快建成中国特色为农服务的综合性合作经济组织,成为与农民联结更紧密、为农服务功能更完备、市场化运行更高效的合作经济组织体系,成为服务农民生产生活的生力军和综合平台。

(一)深化供销合作社综合改革,加快完善体制机制

供销社今后要坚持"改革强社、服务立社、夯基建社、以企兴社、从严治社",将改革摆在各项工作首位。深化供销合作社综合改革,是习近平总书记主持中央政治局常委会会议审议通过的重大改革事项。要按照党的十九大关于全面深化改革的新部署新要求,紧紧围绕实施乡村振兴战略,继续贯彻落实中发11号文件提出的改革任务,用更高的标准抓好落实。2019年的中央一号文件再次强调,要继续深化供销合作社综合改革,提高为农服务能力。对此,全系

统要形成明确的共识;综合改革是供销合作社发展的根本出路、根本动力,更是重大的政治任务,是发展的巨大机遇。一是2020年是中发11号文件下发5周年,也是文件规定的改革阶段性目标完成之年,要把确保完成改革任务作为今年全系统工作的重中之重。要强化责任担当,对标中发11号文件和各地出台的实施意见,对文件提出的各项硬任务开展全面评估,瞄准突出问题和薄弱环节集中发力,狠抓改革任务落实。对还没有完成的,要列出清单、建立台账,明确责任、对账销号。各省级社要认真履行统筹指导责任,加强督导检查,对本地区综合改革情况开展全面自查。总社开展调研督查,适时召开深化供销合作社综合改革推进会,进一步推动重点改革任务落实。二是继续深入贯彻中发11号文件精神。中央关于深化供销社综合改革的意见下发,这是指导今后一段时期供销社改革的纲领性文件。习近平总书记在安徽小岗村农村改革座谈会上的重要讲话,深刻阐述了当前和今后一个时期推进农村改革发展的新思想、新理念、新观点,为我们做好农业农村工作提供了根本遵循。中央经济工作会议和中央农村工作会议对深入推进农业供给侧结构性改革、培育农业农村发展新动能作出了新部署,对供销合作社工作也提出了具体要求。因此,必须坚持以密切与农民利益联结为核心,以提升为农服务能力为根本,紧扣各级联社职能转变、社有企业创新发展、基层组织重组改造三个关键环节,加快构建适应新形势需要的组织体系和服务机制,使供销社成为服务农民生产生活的生力军和综合平台,成为党和政府密切联系农民群众的桥梁纽带。

(二)加快发展生产、供销、信用"三位一体"综合合作,提升供销合作社综合服务能力

"三位一体"综合合作,是习近平总书记在浙江工作期间亲自部署和推动的重大改革举措,是供销合作社深化改革、深入发展的方向。实践证明,"三位一体"综合合作,有利于完善农村生产关系和农业经营体制,有利于推动现代生产要素与传统农业对接,是推进中国特色农业现代化建设的重大探索。要鼓励各地因地制宜、大胆创新,积极探索"三位一体"综合合作的实现方式和有效路径。要深入总结提炼"三位一体"综合合作改革实践经验,加快在系统复制推广,有效整合各类服务资源,加快形成流通主导、金融支撑、产业融合、协同服务新机制,提升供销合作社综合服务能力。

一是认真总结提炼浙江经验,因地制宜推进"三位一体"综合合作。浙江"三位一体"改革之所以进展顺利、成效明显,关键是做到了因地制宜、从实际出发,首先党委政府重视,提高了改革的协同效应;其次各级农办有力主导,形成了上下协同、条块结合的工作推进机制;最后供销社积极作为,较好承担了农合联执委会职责。同时,做好基础工作。要从理论和实践层面,对浙江"三位一体"改革进行深入总结提炼,对带有普遍性、规律性的经验成果,加强面上宣传推介。要加强组织领导,及时研究解决改革中出现的新情况新问题,强化指导,完善政策,因地制宜推进"三位一体"综合合作。二是坚持把提升为农服务能力放在首位,让农民得到实实在在的好处。供销合作社是为农服务的合作经济组织,长期扎根农村、联结城乡,组织体系健全,流通优势明显,在解决城乡供需结构性矛盾、满足城乡居民消费需求升级方面,具有得天独厚的优势。各级供销合作社要将发展农村经济、增加农民收入作为"三位一体"改革的首要任务,把"与农民合作、让农民共享"作为价值取向,努力把农合联建设成为农服务、为农代言、为农谋利的"农民之家"。不断创新农业社会化服务,为农民提供代耕代种、统防统治、烘干收储、加工销售等系列化服务。在服务适度规模经营主体的同时,要注重为小农户提供个性化、精准化服务,逐步将小农生产引入现代农业发展轨道,实现小农户和现代农业发展有机衔接。三是着力完善运行机制,增强为农服务合力。要按照合作制理念,推进农合联制度化、规范化建设,建立

健全共建共享机制,使参与各方形成利益共同体。积极推进生产、供销、信用三大服务功能的实质性融合,推进农合联会员服务资源的有效对接,实现服务资源功能化、服务功能体系化。

(三)实施"供销合作社培育壮大工程",提升基层社发展质量

中共中央、国务院印发的《乡村振兴战略规划(2018～2022年)》明确提出,实施"供销合作社培育壮大工程"。这充分体现了党中央、国务院对供销合作社工作的关心支持,也是我们必须完成的硬任务。2020年,要重点在基层社建设上实现突破、取得成效。一是加快推动实施。总社和各省级社要出台"供销合作社培育壮大工程"实施意见,明确建设目标、工作任务、推进步骤、保障措施等。组织实施"基层社组织建设工程"和"千县千社"振兴计划,深入推进基层社改革改造,采取盘活社有资产、联合社帮扶、社有企业带动、与农民合作社联合发展等多种方式,力争用3年时间,实现5000家薄弱基层社的升级改造,建设2000家综合实力强、服务功能全、与农民联结紧的基层社标杆社。要加快农民专业合作社发展。要立足当地资源优势带头自办和牵头领办,围绕"种养加"等领域吸收农民、生产大户以资金、土地等入股兴办,依托基层社、龙头企业带动领办。要适应农村经济发展新需要,探索创办土地流转、统防统治、农机作业、产品购销、资金互助等服务类合作社,以满足农民生产生活不同方面的需求。要注重建立利益联结机制,让入社社员享受分红、返利等权益,提高供销社兴办的专业合作社的吸引力和凝聚力。要创新综合服务社发展模式。要主动加强与村两委合作,积极开展联合共建,注重承接其他涉农部门服务项目,形成服务合力。要规范经营管理,实现统一标识、统一服务规范。要加强与流通网络的对接,依托综合服务社发展农资、日用消费品连锁店和农副产品、再生资源收购点,推动流通企业为综合服务社开展商品配送,将其打造成"新网工程"网络终端,促进现代流通服务向乡村延伸。要加强合作经济联合会和各类专业行业协会的创建,通过联合会和协会建设,吸收各类社会经济组织、个体私营生产经营者加入供销社。鼓励发展基础好、社会影响力强的行业协会承接政府委托服务,争取在制定产业政策、行业规划等方面发挥积极作用。二是健全工作机制。县以上各级联合社领导班子成员都要定点联系基层社,鼓励县以上社有企业对口联系薄弱基层社,切实做到精准指导、精准服务、精准支持。要探索基层社发展新路径,在这方面省社和市社要加强指导和帮扶力度,县社必须切实担负起领导职责。对经济实力薄弱、服务功能软化的基层社,应重点通过联合社帮扶、社有企业支持、流通网络带动等方式切实加以改造,使之增强功能、焕发活力。同时,应把基层社恢复重建工作摆上重要议事日程,因地制宜、创新方式,通过合作制、股份制等制度设计,吸引广大农民、社区居民等以资本、土地等要素合作、入股,重建一批新型基层社,培育一批服务"三农"的生力军。在此基础上,抓好基层社标杆社的创建和评选,促进基层社整体功能的提升。三是加大扶持力度。总社要做大基层组织发展专项资金规模,省、市、县供销合作社都要逐步建立基层组织发展专项资金,完善扶持资金稳定增长机制,确保投入力度不断增强、总量持续增加。强化对资金使用的监管,确保合规使用、用出效益。完善面向基层组织发展的业绩考核机制,加大考核权重,优化考核指标,切实树立起基层优先发展的鲜明导向。

(四)深化社有企业改革,加快推进社有企业提质增效

供销合作社能否实现系统经济高质量发展,关键在社有企业。总社要研究制定推动社有企业改革发展的指导意见,召开全系统企业工作会议,对社有企业改革发展作出专门部署,要上下一心,举全力做强做优做大社有企业。一是强化高质量发展的工作导向,调整优化社有资

本布局。要聚焦为农服务主业,立足流通优势,创新商业模式,推进社有企业战略性重组和专业化整合,加快剥离偏离为农服务主业的业务,推动优质资源向为农服务骨干企业集中,优化社有资产配置。对传统主业进行改造和提升,加快服务创新、产品创新、技术创新和商业模式创新,推动系统经济发展质量变革、效率变革、动力变革。要积极培育新业态新模式,重点围绕绿色环保、科技含量、要素优化等方面,推动主营业务向产业链前后端延伸,向价值链中高端迈进,在农业全产业链服务、现代物流、农村新零售、农村环保服务等领域,培育新的竞争优势、推动传统产业与新兴产业深度对接,从而促进社有企业加快向现代农业综合服务企业转型。二是推进联合合作。要用好"新网工程"专项资金这个重要抓手,在推进系统企业联合合作上有新的重大突破。要着力推进同一行业、不同层级社有企业的纵向整合,促进上下贯通、利益共享、共同发展。要发挥供销合作社品牌、信誉、资源、业务等协同效应,有效放大社有资本功能。对为农服务的骨干龙头企业,要全力支持、全程监控。要鼓励系统内骨干龙头企业打破层级界限,通过产权、项目、网络、品牌等途径,加强联合合作,建立新型企业联合体;鼓励系统骨干龙头企业与社会资本融合,积极与科技含量高、市场前景好的企业开展合作;鼓励社有企业与高等院校、科研院所开展产学研联合,组成战略联盟,实现优化发展。要加快系统信息化建设,推动全系统互联互通互融和数据资源共建共享。三是加快建立健全现代企业制度。进一步完善法人治理结构,规范董事会组成结构和议事规则,建立健全权责对等、运转协调、有效制衡的决策执行监督机制。不断优化社有企业总部机构设置,压缩管理层级,提高管理效率。对不同类型的社有企业实行差异化考核,加快建立有效管用的激励约束机制,激发企业内生动力和活力。要强化企业内部管理,完善"三重一大"、投资项目、财务资金、风险防控等管理制度和内控体系,强化制度执行刚性约束。扎实推进降杠杆、减负债,多措并举降本增效,提高资产质量,切实防范各类风险。要理顺联合社和社有企业关系,科学设置社有资产管理委员会工作职责、议事规则,建立社有资产管理委员会年度工作和重大事项向理事会报告制度,建立社有资产保值增值指标体系,完善对社有企业考核激励、监督问责等制度,加强风险防控。四是壮大县域社有企业综合实力,推进优势产业整合。加快组建县域供销集团或资产运营平台;在重要涉农领域,保持对社有企业控制力和经营主导权,积极发展混合所有制经济,推动各层级社有企业相互参股和社有企业跨区域横向合作;完善中国供销集团等社有龙头企业股权投资机制,对县域内发展前景好、产业关联度高、带动农民多、有利于推动乡村振兴的优质项目,给予优先安排和政策倾斜。

(五)创新服务方式,打造综合性、规模化、可持续的为农服务体系

供销社不断创新服务方式,优化服务供给,加快打造综合性、规模化、可持续的为农服务体系,持续提升综合服务能力,为保障重要农产品有效供给提供有力支撑。一是着力提高农业生产服务能力。要深入实施农业社会化服务惠农工程,加快推广土地托管、统防统治、代耕代种等服务模式,为小规模农户和各类新型农业经营主体提供系列化、专业化服务。2020年全系统农业社会化服务面积力争突破2.2亿亩。要深入推进"绿色农资"行动,推动农资销售与技术服务有机结合。继续开展"质量兴棉"行动,推动棉花产业高质量发展。二是加快提升流通服务水平。中央文件对供销合作社建设冷链物流设施、延伸乡村物流服务网络、发展电子商务等提出明确要求。全系统要抢抓国家启动"农产品仓储保鲜冷链物流设施建设工程"的政策机遇,把冷链物流建设作为全系统的重点项目切实加以推进。中国供销集团要加强与全系统的有效对接,推进冷链业务合作、设施共享和产业整合,提高冷链物流服务的发展速度和规模化

水平。今年要适时召开农产品冷链物流现场会。要加快建设产地分拣包装、冷藏保鲜、仓储运输、初加工等设施,加快农产品批发市场升级改造,确保完成"十三五"规划提出的改造220家的任务。要依托实体经营网点,充实完善乡村电商服务站点功能,不断延伸乡村物流服务网络,推动农产品进城、工业品下乡双向流通。三是稳妥开展农村合作金融服务。总结各地依法依规发展农村合作金融服务的经验。加强与商业银行等金融机构合作,积极落实总社与有关银行的"总对总"战略合作协议。发展农村合作金融,必须始终紧绷防控风险这根弦,严格遵循社员制、封闭性原则,不对外吸储放贷,不支付固定回报,加强风险预警,坚守不发生行业性金融风险的底线。

(六)加强理论研究,培育中国特色供销社合作社文化体系

加强合作经济理论研究,培育弘扬独具特色、内涵丰富的中国特色合作社文化精神,是推动供销合作事业持续发展的不竭动力。一是加强合作经济理论研究。对于合作社的本质规定性、如何发展合作社等合作经济基本理论问题展开深入系统的研究,为我国合作社实践提供理论基础与支持。二是加大宣传工作力度,进一步提升供销合作社影响力。不断优化合作社的发展环境,广泛宣传供销合作社为农服务和改革发展的新作用、新成就,大力弘扬供销合作社精神。积极开展供销合作系统法制建设和文明行业创建活动,继续加大供销合作社标识推广力度,树立供销社的良好社会形象。三是加强教育培训,提高广大供销系统干部职工和农民社员素质。供销合作事业的持续、健康发展,离不开一支充满激情、爱岗敬业的员工队伍与各位高素质的新型农民社员。深入实施人才兴社战略,加强企业、基层组织领导成员和高管人才队伍建设,强化教育培训,建设好教育培训基地,加大人才培训力度,开展多种形式的供销合作社干部职工、企业经营管理人才、农民专业合作社带头人和农村实用技能培训,实现培训工作常态化。着力培养一支出色的管理队伍。四是进一步加强供销合作社文化的国际交流与合作。与国际各类合作组织、港澳台地区合作组织沟通交流,学习借鉴一切有利于加强供销合作社文化建设的有益经验,丰富供销合作社文化的内容,提升供销合作社的国际竞争力与文化的影响力。

附录一　中共中央　国务院关于抓好"三农"领域重点工作确保如期实现全面小康的意见
（2020年1月2日）

党的十九大以来，党中央围绕打赢脱贫攻坚战、实施乡村振兴战略作出一系列重大部署，出台一系列政策举措。农业农村改革发展的实践证明，党中央制定的方针政策是完全正确的，今后一个时期要继续贯彻执行。

2020年是全面建成小康社会目标实现之年，是全面打赢脱贫攻坚战收官之年。党中央认为，完成上述两大目标任务，脱贫攻坚最后堡垒必须攻克，全面小康"三农"领域突出短板必须补上。小康不小康，关键看老乡。脱贫攻坚质量怎么样、小康成色如何，很大程度上要看"三农"工作成效。全党务必深刻认识做好2020年"三农"工作的特殊重要性，毫不松懈，持续加力，坚决夺取第一个百年奋斗目标的全面胜利。

做好2020年"三农"工作总的要求是，坚持以习近平新时代中国特色社会主义思想为指导，全面贯彻党的十九大和十九届二中、三中、四中全会精神，贯彻落实中央经济工作会议精神，对标对表全面建成小康社会目标，强化举措、狠抓落实，集中力量完成打赢脱贫攻坚战和补上全面小康"三农"领域突出短板两大重点任务，持续抓好农业稳产保供和农民增收，推进农业高质量发展，保持农村社会和谐稳定，提升农民群众获得感、幸福感、安全感，确保脱贫攻坚战圆满收官，确保农村同步全面建成小康社会。

一、坚决打赢脱贫攻坚战

（一）全面完成脱贫任务。脱贫攻坚已经取得决定性成就，绝大多数贫困人口已经脱贫，现在到了攻城拔寨、全面收官的阶段。要坚持精准扶贫，以更加有力的举措、更加精细的工作，在普遍实现"两不愁"基础上，全面解决"三保障"和饮水安全问题，确保剩余贫困人口如期脱贫。进一步聚焦"三区三州"等深度贫困地区，瞄准突出问题和薄弱环节集中发力，狠抓政策落实。对深度贫困地区贫困人口多、贫困发生率高、脱贫难度大的县和行政村，要组织精锐力量强力帮扶、挂牌督战。对特殊贫困群体，要落实落细低保、医保、养老保险、特困人员救助供养、临时救助等综合社会保障政策，实现应保尽保。各级财政要继续增加专项扶贫资金，中央财政新增部分主要用于"三区三州"等深度贫困地区。优化城乡建设用地增减挂钩、扶贫小额信贷等支持政策。深入推进抓党建促脱贫攻坚。

（二）巩固脱贫成果防止返贫。各地要对已脱贫人口开展全面排查，认真查找漏洞缺项，一项一项整改清零，一户一户对账销号。总结推广各地经验做法，健全监测预警机制，加强对不稳定脱贫户、边缘户的动态监测，将返贫人口和新发生贫困人口及时纳入帮扶，为巩固脱贫成果提供制度保障。强化产业扶贫、就业扶贫，深入开展消费扶贫，加大易地扶贫搬迁后续扶持力度。扩大贫困地区退耕还林还草规模。深化扶志扶智，激发贫困人口内生动力。

（三）做好考核验收和宣传工作。严把贫困退出关，严格执行贫困退出标准和程序，坚决杜绝数字脱贫、虚假脱贫，确保脱贫成果经得起历史检验。加强常态化督导，及时发现问题、督促整改。开展脱贫攻坚普查。扎实做好脱贫攻坚宣传工作，全面展现新时代扶贫脱贫壮阔实践，全面宣传扶贫事业历史性成就,深刻揭示脱贫攻坚伟大成就背后的制度优势,向世界讲好中国减贫生动故事。

(四)保持脱贫攻坚政策总体稳定。坚持贫困县摘帽不摘责任、不摘政策、不摘帮扶、不摘监管。强化脱贫攻坚责任落实,继续执行对贫困县的主要扶持政策,进一步加大东西部扶贫协作、对口支援、定点扶贫、社会扶贫力度,稳定扶贫工作队伍,强化基层帮扶力量。持续开展扶贫领域腐败和作风问题专项治理。对已实现稳定脱贫的县,各省(自治区、直辖市)可以根据实际情况统筹安排专项扶贫资金,支持非贫困县、非贫困村贫困人口脱贫。

(五)研究接续推进减贫工作。脱贫攻坚任务完成后,我国贫困状况将发生重大变化,扶贫工作重心转向解决相对贫困,扶贫工作方式由集中作战调整为常态推进。要研究建立解决相对贫困的长效机制,推动减贫战略和工作体系平稳转型。加强解决相对贫困问题顶层设计,纳入实施乡村振兴战略统筹安排。抓紧研究制定脱贫攻坚与实施乡村振兴战略有机衔接的意见。

二、对标全面建成小康社会加快补上农村基础设施和公共服务短板

(六)加大农村公共基础设施建设力度。推动"四好农村路"示范创建提质扩面,启动省域、市域范围内示范创建。在完成具备条件的建制村通硬化路和通客车任务基础上,有序推进较大人口规模自然村(组)等通硬化路建设。支持村内道路建设和改造。加大成品油税费改革转移支付对农村公路养护的支持力度。加快农村公路条例立法进程。加强农村道路交通安全管理。完成"三区三州"和抵边村寨电网升级改造攻坚计划。基本实现行政村光纤网络和第四代移动通信网络普遍覆盖。落实农村公共基础设施管护责任,应由政府承担的管护费用纳入政府预算。做好村庄规划工作。

(七)提高农村供水保障水平。全面完成农村饮水安全巩固提升工程任务。统筹布局农村饮水基础设施建设,在人口相对集中的地区推进规模化供水工程建设。有条件的地区将城市管网向农村延伸,推进城乡供水一体化。中央财政加大支持力度,补助中西部地区、原中央苏区农村饮水安全工程维修养护。加强农村饮用水水源保护,做好水质监测。

(八)扎实搞好农村人居环境整治。分类推进农村厕所革命,东部地区、中西部城市近郊区等有基础有条件的地区要基本完成农村户用厕所无害化改造,其他地区实事求是确定目标任务。各地要选择适宜的技术和改厕模式,先搞试点,证明切实可行后再推开。全面推进农村生活垃圾治理,开展就地分类、源头减量试点。梯次推进农村生活污水治理,优先解决乡镇所在地和中心村生活污水问题。开展农村黑臭水体整治。支持农民群众开展村庄清洁和绿化行动,推进"美丽家园"建设。鼓励有条件的地方对农村人居环境公共设施维修养护进行补助。

(九)提高农村教育质量。加强乡镇寄宿制学校建设,统筹乡村小规模学校布局,改善办学条件,提高教学质量。加强乡村教师队伍建设,全面推行义务教育阶段教师"县管校聘",有计划安排县城学校教师到乡村支教。落实中小学教师平均工资收入水平不低于或高于当地公务员平均工资收入水平政策,教师职称评聘向乡村学校教师倾斜,符合条件的乡村学校教师纳入当地政府住房保障体系。持续推进农村义务教育控辍保学专项行动,巩固义务教育普及成果。增加学位供给,有效解决农民工随迁子女上学问题。重视农村学前教育,多渠道增加普惠性学前教育资源供给。加强农村特殊教育。大力提升中西部地区乡村教师国家通用语言文字能力,加强贫困地区学前儿童普通话教育。扩大职业教育学校在农村招生规模,提高职业教育质量。

(十)加强农村基层医疗卫生服务。办好县级医院,推进标准化乡镇卫生院建设,改造提升村卫生室,消除医疗服务空白点。稳步推进紧密型县域医疗卫生共同体建设。加强乡村医生队伍建设,适当简化本科及以上学历医学毕业生或经住院医师规范化培训合格的全科医生招聘程序。对应聘到中西部地区和艰苦边远地区乡村工作的应届高校医学毕业生,给予大学期间学费补偿、国家助学贷款代偿。允许各地盘活用好基层卫生机构现有编制资源,乡镇卫生院可优先聘用符合条件的村医。加强基层疾病预防控制队伍建设,做好重大疾病和传染病防控。将农村适龄妇女宫颈癌和乳腺癌检查纳入基本公共卫生服务范围。

(十一)加强农村社会保障。适当提高城乡居民基本医疗保险财政补助和个人缴费标准。提高城乡居民基本医保、大病保险、医疗救助经办服务水平,地级市域范围内实现"一站式服务、一窗口办理、一单制结算"。加强农村低保对象动态精准管理,合理提高低保等社会救助水平。完善农村留守儿童和妇女、老年人关爱服务体系。发展农村互助式养老,多形式建设日间照料中心,改善失能老年人和重度残疾人护理服务。

(十二)改善乡村公共文化服务。推动基本公共文化服务向乡村延伸,扩大乡村文化惠民工程覆盖面。鼓励城市文艺团体和文艺工作者定期送文化下乡。实施乡村文化人才培养工程,支持乡土文艺团组发展,扶持农村非遗传承人、民间艺人收徒传艺,发展优秀戏曲曲艺、少数民族文化、民间文化。保护好历史文化名镇(村)、传统村落、民族村寨、传统建筑、农业文化遗产、古树名木等。以"庆丰收、迎小康"为主题办好中国农民丰收节。

(十三)治理农村生态环境突出问题。大力推进畜禽粪污资源化利用,基本完成大规模养殖场粪污治理设施建设。深入开展农药化肥减量行动,加强农膜污染治理,推进秸秆综合利用。在长江流域重点水域实行常年禁捕,做好渔民退捕工作。推广黑土地保护有效治理模式,推进侵蚀沟治理,启动实施东北黑土地保护性耕作行动计划。稳步推进农用地土壤污染管控和修复利用。继续实施华北地区地下水超采综合治理。启动农村水系综合整治试点。

三、保障重要农产品有效供给和促进农民持续增收

(十四)稳定粮食生产。确保粮食安全始终是治国理政的头等大事。粮食生产要稳字当头,稳政策、稳面积、稳产量。强化粮食安全省长责任制考核,各省(自治区、直辖市)2020年粮食播种面积和产量要保持基本稳定。进一步完善农业补贴政策。调整完善稻谷、小麦最低收购价政策,稳定农民基本收益。推进稻谷、小麦、玉米完全成本保险和收入保险试点。加大对大豆高产品种和玉米、大豆间作新农艺推广的支持力度。抓好草地贪夜蛾等重大病虫害防控,推广统防统治、代耕代种、土地托管等服务模式。加大对产粮大县的奖励力度,优先安排农产品加工用地指标。支持产粮大县开展高标准农田建设新增耕地指标跨省域调剂使用,调剂收益按规定用于建设高标准农田。深入实施优质粮食工程。以北方农牧交错带为重点扩大粮改饲规模,推广种养结合模式。完善新疆棉花目标价格政策。拓展多元化进口渠道,增加适应国内需求的农产品进口。扩大优势农产品出口。深入开展农产品反走私综合治理专项行动。

(十五)加快恢复生猪生产。生猪稳产保供是当前经济工作的一件大事,要采取综合性措施,确保2020年年底前生猪产能基本恢复到接近正常年份水平。落实"省负总责",压实"菜篮子"市长负责制,强化县级抓落实责任,保障猪肉供给。坚持补栏增养和疫病防控相结合,推动生猪标准化规模养殖,加强对中小散养户的防疫服务,做好饲料生产保障工作。严格落实扶持生猪生产的各项政策举措,抓紧打通环评、用地、信贷等瓶颈。纠正随意扩大限养禁养区和搞

"无猪市""无猪县"问题。严格执行非洲猪瘟疫情报告制度和防控措施,加快疫苗研发进程。加强动物防疫体系建设,落实防疫人员和经费保障,在生猪大县实施乡镇动物防疫特聘计划。引导生猪屠宰加工向养殖集中区转移,逐步减少活猪长距离调运,推进"运猪"向"运肉"转变。加强市场监测和调控,做好猪肉保供稳价工作,打击扰乱市场行为,及时启动社会救助和保障标准与物价上涨挂钩联动机制。支持奶业、禽类、牛羊等生产,引导优化肉类消费结构。推进水产绿色健康养殖,加强渔港建设和管理改革。

(十六)加强现代农业设施建设。提早谋划实施一批现代农业投资重大项目,支持项目及早落地,有效扩大农业投资。以粮食生产功能区和重要农产品生产保护区为重点加快推进高标准农田建设,修编建设规划,合理确定投资标准,完善工程建设、验收、监督检查机制,确保建一块成一块。如期完成大中型灌区续建配套与节水改造,提高防汛抗旱能力,加大农业节水力度。抓紧启动和开工一批重大水利工程和配套设施建设,加快开展南水北调后续工程前期工作,适时推进工程建设。启动农产品仓储保鲜冷链物流设施建设工程。加强农产品冷链物流统筹规划、分级布局和标准制定。安排中央预算内投资,支持建设一批骨干冷链物流基地。国家支持家庭农场、农民合作社、供销合作社、邮政快递企业、产业化龙头企业建设产地分拣包装、冷藏保鲜、仓储运输、初加工等设施,对其在农村建设的保鲜仓储设施用电实行农业生产用电价格。依托现有资源建设农业农村大数据中心,加快物联网、大数据、区块链、人工智能、第五代移动通信网络、智慧气象等现代信息技术在农业领域的应用。开展国家数字乡村试点。

(十七)发展富民乡村产业。支持各地立足资源优势打造各具特色的农业全产业链,建立健全农民分享产业链增值收益机制,形成有竞争力的产业集群,推动农村一二三产业融合发展。加快建设国家、省、市、县现代农业产业园,支持农村产业融合发展示范园建设,办好农村"双创"基地。重点培育家庭农场、农民合作社等新型农业经营主体,培育农业产业化联合体,通过订单农业、入股分红、托管服务等方式,将小农户融入农业产业链。继续调整优化农业结构,加强绿色食品、有机农产品、地理标志农产品认证和管理,打造地方知名农产品品牌,增加优质绿色农产品供给。有效开发农村市场,扩大电子商务进农村覆盖面,支持供销合作社、邮政快递企业等延伸乡村物流服务网络,加强村级电商服务站点建设,推动农产品进城、工业品下乡双向流通。强化全过程农产品质量安全和食品安全监管,建立健全追溯体系,确保人民群众"舌尖上的安全"。引导和鼓励工商资本下乡,切实保护好企业家合法权益。制定农业及相关产业统计分类并加强统计核算,全面准确反映农业生产、加工、物流、营销、服务等全产业链价值。

(十八)稳定农民工就业。落实涉企减税降费等支持政策,加大援企稳岗工作力度,放宽失业保险稳岗返还申领条件,提高农民工技能提升补贴标准。农民工失业后,可在常住地进行失业登记,享受均等化公共就业服务。出台并落实保障农民工工资支付条例。以政府投资项目和工程建设领域为重点,开展农民工工资支付情况排查整顿,执行拖欠农民工工资"黑名单"制度,落实根治欠薪各项举措。实施家政服务、养老护理、医院看护、餐饮烹饪、电子商务等技能培训,打造区域性劳务品牌。鼓励地方设立乡村保洁员、水管员、护路员、生态护林员等公益性岗位。开展新业态从业人员职业伤害保障试点。深入实施农村创新创业带头人培育行动,将符合条件的返乡创业农民工纳入一次性创业补贴范围。

四、加强农村基层治理

（十九）充分发挥党组织领导作用。农村基层党组织是党在农村全部工作和战斗力的基础。要认真落实《中国共产党农村基层组织工作条例》，组织群众发展乡村产业，增强集体经济实力，带领群众共同致富；动员群众参与乡村治理，增强主人翁意识，维护农村和谐稳定；教育引导群众革除陈规陋习，弘扬公序良俗，培育文明乡风；密切联系群众，提高服务群众能力，把群众紧密团结在党的周围，筑牢党在农村的执政基础。全面落实村党组织书记县级党委备案管理制度，建立村"两委"成员县级联审常态化机制，持续整顿软弱涣散村党组织，发挥党组织在农村各种组织中的领导作用。严格村党组织书记监督管理，建立健全党委组织部门牵头协调，民政、农业农村等部门共同参与、加强指导的村务监督机制，全面落实"四议两公开"。加大农村基层巡察工作力度。强化基层纪检监察组织与村务监督委员会的沟通协作、有效衔接，形成监督合力。加大在青年农民中发展党员力度。持续向贫困村、软弱涣散村、集体经济薄弱村派驻第一书记。加强村级组织运转经费保障。健全激励村干部干事创业机制。选优配强乡镇领导班子特别是乡镇党委书记。在乡村开展"听党话、感党恩、跟党走"宣讲活动。

（二十）健全乡村治理工作体系。坚持县乡村联动，推动社会治理和服务重心向基层下移，把更多资源下沉到乡镇和村，提高乡村治理效能。县级是"一线指挥部"，要加强统筹谋划，落实领导责任，强化大抓基层的工作导向，增强群众工作本领。建立县级领导干部和县直部门主要负责人包村制度。乡镇是为农服务中心，要加强管理服务，整合审批、服务、执法等方面力量，建立健全统一管理服务平台，实现一站式办理。充实农村人居环境整治、宅基地管理、集体资产管理、民生保障、社会服务等工作力量。行政村是基本治理单元，要强化自我管理、自我服务、自我教育、自我监督，健全基层民主制度，完善村规民约，推进村民自治制度化、规范化、程序化。扎实开展自治、法治、德治相结合的乡村治理体系建设试点示范，推广乡村治理创新性典型案例经验。注重发挥家庭家教家风在乡村治理中的重要作用。

（二十一）调处化解乡村矛盾纠纷。坚持和发展新时代"枫桥经验"，进一步加强人民调解工作，做到小事不出村、大事不出乡、矛盾不上交。畅通农民群众诉求表达渠道，及时妥善处理农民群众合理诉求。持续整治侵害农民利益行为，妥善化解土地承包、征地拆迁、农民工工资、环境污染等方面矛盾。推行领导干部特别是市县领导干部定期下基层接访制度，积极化解信访积案。组织开展"一村一法律顾问"等形式多样的法律服务。对直接关系农民切身利益、容易引发社会稳定风险的重大决策事项，要先进行风险评估。

（二十二）深入推进平安乡村建设。推动扫黑除恶专项斗争向纵深推进，严厉打击非法侵占农村集体资产、扶贫惠农资金和侵犯农村妇女儿童人身权利等违法犯罪行为，推进反腐败斗争和基层"拍蝇"，建立防范和整治"村霸"长效机制。依法管理农村宗教事务，制止非法宗教活动，防范邪教向农村渗透，防止封建迷信蔓延。加强农村社会治安工作，推行网格化管理和服务。开展农村假冒伪劣食品治理行动。打击制售假劣农资违法违规行为。加强农村防灾减灾能力建设。全面排查整治农村各类安全隐患。

五、强化农村补短板保障措施

（二十三）优先保障"三农"投入。加大中央和地方财政"三农"投入力度，中央预算内投资继续向农业农村倾斜，确保财政投入与补上全面小康"三农"领域突出短板相适应。地方政府要在一般债券支出中安排一定规模支持符合条件的易地扶贫搬迁和乡村振兴项目建设。各地应有序扩大用于支持乡村振兴的专项债券发行规模。中央和省级各部门要根据补短板的需要优化涉农资金使用结构。按照"取之于农、主要用之于农"要求,抓紧出台调整完善土地出让收入使用范围进一步提高农业农村投入比例的意见。调整完善农机购置补贴范围,赋予省级更大自主权。研究本轮草原生态保护补奖政策到期后的政策。强化对"三农"信贷的货币、财税、监管政策正向激励,给予低成本资金支持,提高风险容忍度,优化精准奖补措施。对机构法人在县域、业务在县域的金融机构,适度扩大支农支小再贷款额度。深化农村信用社改革,坚持县域法人地位。加强考核引导,合理提升资金外流严重县的存贷比。鼓励商业银行发行"三农"、小微企业等专项金融债券。落实农户小额贷款税收优惠政策。符合条件的家庭农场等新型农业经营主体可按规定享受现行小微企业相关贷款税收减免政策。合理设置农业贷款期限,使其与农业生产周期相匹配。发挥全国农业信贷担保体系作用,做大面向新型农业经营主体的担保业务。推动温室大棚、养殖圈舍、大型农机、土地经营权依法合规抵押融资。稳妥扩大农村普惠金融改革试点,鼓励地方政府开展县域农户、中小企业信用等级评价,加快构建线上线下相结合、"银保担"风险共担的普惠金融服务体系,推出更多免抵押、免担保、低利率、可持续的普惠金融产品。抓好农业保险保费补贴政策落实,督促保险机构及时足额理赔。优化"保险+期货"试点模式,继续推进农产品期货期权品种上市。

（二十四）破解乡村发展用地难题。坚守耕地和永久基本农田保护红线。完善乡村产业发展用地政策体系,明确用地类型和供地方式,实行分类管理。将农业种植养殖配建的保鲜冷藏、晾晒存储、农机库房、分拣包装、废弃物处理、管理看护房等辅助设施用地纳入农用地管理,根据生产实际合理确定辅助设施用地规模上限。农业设施用地可以使用耕地。强化农业设施用地监管,严禁以农业设施用地为名从事非农建设。开展乡村全域土地综合整治试点,优化农村生产、生活、生态空间布局。在符合国土空间规划前提下,通过村庄整治、土地整理等方式节余的农村集体建设用地优先用于发展乡村产业项目。新编县乡级国土空间规划应安排不少于10%的建设用地指标,重点保障乡村产业发展用地。省级制定土地利用年度计划时,应安排至少5%新增建设用地指标保障乡村重点产业和项目用地。农村集体建设用地可以通过入股、租用等方式直接用于发展乡村产业。按照"放管服"改革要求,对农村集体建设用地审批进行全面梳理,简化审批审核程序,下放审批权限。推进乡村建设审批"多审合一、多证合一"改革。抓紧出台支持农村一二三产业融合发展用地的政策意见。

（二十五）推动人才下乡。培养更多知农爱农、扎根乡村的人才,推动更多科技成果应用到田间地头。畅通各类人才下乡渠道,支持大学生、退役军人、企业家等到农村干事创业。整合利用农业广播学校、农业科研院所、涉农院校、农业龙头企业等各类资源,加快构建高素质农民教育培训体系。落实县域内人才统筹培养使用制度。有组织地动员城市科研人员、工程师、规划师、建筑师、教师、医生下乡服务。城市中小学教师、医生晋升高级职称前,原则上要有1年以上农村基层工作服务经历。优化涉农学科专业设置,探索对急需紧缺涉农专业实行"提前批次"录取。抓紧出台推进乡村人才振兴的意见。

（二十六）强化科技支撑作用。加强农业关键核心技术攻关,部署一批重大科技项目,抢占科技制高点。加强农业生物技术研发,大力实施种业自主创新工程,实施国家农业种质资源保护利用工程,推进南繁科研育种基地建设。加快大中型、智能化、复合型农业机械研发和应用,支持丘陵山区农田宜机化改造。深入实施科技特派员制度,进一步发展壮大科技特派员队伍。

采取长期稳定的支持方式,加强现代农业产业技术体系建设,扩大对特色优势农产品覆盖范围,面向农业全产业链配置科技资源。加强农业产业科技创新中心建设。加强国家农业高新技术产业示范区、国家农业科技园区等创新平台基地建设。加快现代气象为农服务体系建设。

(二十七)抓好农村重点改革任务。完善农村基本经营制度,开展第二轮土地承包到期后再延长30年试点,在试点基础上研究制定延包的具体办法。鼓励发展多种形式适度规模经营,健全面向小农户的农业社会化服务体系。制定农村集体经营性建设用地入市配套制度。严格农村宅基地管理,加强对乡镇审批宅基地监管,防止土地占用失控。扎实推进宅基地使用权确权登记颁证。以探索宅基地所有权、资格权、使用权"三权分置"为重点,进一步深化农村宅基地制度改革试点。全面推开农村集体产权制度改革试点,有序开展集体成员身份确认、集体资产折股量化、股份合作制改革、集体经济组织登记赋码等工作。探索拓宽农村集体经济发展路径,强化集体资产管理。继续深化供销合作社综合改革,提高为农服务能力。加快推进农垦、国有林区林场、集体林权制度、草原承包经营制度、农业水价等改革。深化农业综合行政执法改革,完善执法体系,提高执法能力。

做好"三农"工作,关键在党。各级党委和政府要深入学习贯彻习近平总书记关于"三农"工作的重要论述,全面贯彻党的十九届四中全会精神,把制度建设和治理能力建设摆在"三农"工作更加突出位置,稳定农村基本政策,完善新时代"三农"工作制度框架和政策体系。认真落实《中国共产党农村工作条例》,加强党对"三农"工作的全面领导,坚持农业农村优先发展,强化五级书记抓乡村振兴责任,落实县委书记主要精力抓"三农"工作要求,加强党委农村工作机构建设,大力培养懂农业、爱农村、爱农民的"三农"工作队伍,提高农村干部待遇。坚持从农村实际出发,因地制宜,尊重农民意愿,尽力而为、量力而行,把当务之急的事一件一件解决好,力戒形式主义、官僚主义,防止政策执行简单化和"一刀切"。把党的十九大以来"三农"政策贯彻落实情况作为中央巡视重要内容。

让我们更加紧密地团结在以习近平同志为核心的党中央周围,坚定信心、锐意进取,埋头苦干、扎实工作,坚决打赢脱贫攻坚战,加快补上全面小康"三农"领域突出短板,为决胜全面建成小康社会、实现第一个百年奋斗目标作出应有的贡献!

附录二 中华全国供销合作总社关于印发《供销合作社培育壮大工程实施意见》的通知
（供销合字〔2020〕12号）

各省、自治区、直辖市及新疆生产建设兵团供销合作社，中华全国供销合作总社各部局、中国供销集团有限公司及其成员企业、各直属事业单位、各主管社团：

《供销合作社培育壮大工程实施意见》已经中华全国供销合作总社六届理事会第92次主任办公会议审议通过，现印发你们，请认真抓好贯彻落实。

中华全国供销合作总社
2020年4月2日

供销合作社培育壮大工程实施意见

为深入贯彻落实习近平总书记对供销合作社工作重要指示批示精神，落实中共中央、国务院《关于深化供销合作社综合改革的决定》和《乡村振兴战略规划（2018～2022年）》关于实施供销合作社培育壮大工程的战略部署，深入推进供销合作社综合改革，充分发挥供销合作社在服务乡村振兴战略中的独特优势和重要作用，按照中华全国供销合作总社（以下简称总社）六届十一次理事会议要求，现就全面实施供销合作社培育壮大工程提出以下意见。

一、总体要求

（一）指导思想。以习近平新时代中国特色社会主义思想为指导，全面贯彻落实党的十九大和十九届二中、三中、四中全会精神，深入学习贯彻习近平总书记关于供销合作社工作的重要指示批示精神，按照中共中央、国务院《关于深化供销合作社综合改革的决定》和《乡村振兴战略规划（2018～2022年）》要求，坚持改革强社、服务立社、夯基建社、以企兴社、从严治社，紧紧围绕"三农"工作大局和乡村振兴战略的总要求，以密切与农民利益联结为核心，以提升为农服务能力为根本，以发展壮大基层社、健全基层组织体系、完善联合社指导服务体系和发挥社有企业支撑带动作用为重点，着力夯实基层基础、创新体制机制、推进联合合作，推动供销合作社高质量发展，切实在实施乡村振兴战略中更好地发挥作用。

（二）目标任务。到2022年，供销合作社基层基础全面夯实，基层社数量质量和社有企业的市场竞争能力、为农服务实力明显提升，双线运行机制更加健全，成为服务乡村振兴的重要力量，成为党和政府"三农"工作的国家队。

——与农民利益联结更紧密。全系统基层社发展质量、数量、服务能力全面提升，基层社发展到3.9万个，基本实现乡镇全覆盖，农民社员超过800万人（户）；领办创办农民合作社22万个，建成农民合作社联合社1万个；农村综合服务社发展到45万个，行政村覆盖率达到85%以上。

——为农服务功能更完备。综合性、规模化、可持续的为农服务体系基本形成，农业生产托管等社会化服务面积达到2.6亿亩以上,建成农业生产服务中心1.5万个、庄稼医院7.3万个,辐射带动小农户5000万户;连锁经营网点发展到95万个,规模服务优势进一步发挥;供销合作社为农服务品牌广泛推广,社会形象和影响力不断提升。

——市场运作更有效。各级联合社治理效能更加高效,初步形成内容科学、程序严密、配套完备、有效管用的全面从严治社制度体系,基本建成社企分开、上下贯通、整体协调运转的双线运行机制;社有企业改革发展取得实质性进展,社有资本配置和运行效率明显提升,培育打造一批营业收入千亿级社有龙头企业和百亿级行业骨干企业。

二、聚焦与农民利益联结更紧密,大力实施"基层社组织建设工程"和"千县千社"振兴计划,夯实为农服务组织基础

(一)大力推动基层社提质扩面。采取切实有效措施,努力消除无资产、无业务、无人员的"三无"基层社,亮出供销合作社招牌,重建综合经营设施,筑牢为农服务阵地。采取县社投资、财政扶持、社企共建等多种方式,改造升级薄弱基层社5000家,拓展经营服务功能,密切与农民的利益联结。按照"农民社员主体、自主经营实体、合作经济组织联合体和经济实力强、服务能力强"的要求,创建2000家标杆基层社,示范引导基层社提质增效。服务乡村振兴大局,创新基层社发展方式,着力在乡镇基层社服务薄弱的中心村和农村社区,探索组建县社入股领办、村社共建、农民出资、农民主办、"三会"制度规范的村级基层社,密切与农民组织和利益联结,实现村级党组织强基、村集体经济壮大、农民收入增加和供销合作社发展的多赢。

(二)积极领办创办农民合作社。通过共同出资、共创品牌、共享利益等方式,每年领办、创办和培育一批管理民主、制度健全、产权清晰、带动力强的农民合作社示范社,引导农民合作社规范发展,增强市场竞争和服务带动能力,带动小农户融入农业产业链。省、市、县级社要积极领办创办产业集中度高、带动农民范围广的产业型农民合作社联合社和服务能力强、社会影响力大的区域型农民合作社联合社,推进供销合作社与农民合作社深度融合、协同发展。鼓励基层社和社有企业按照《供销合作社领办农民专业合作社工作规范(试行)》要求,直接出资入股创办多种类型的农民合作社,延伸服务链条,拓展服务领域,加强规范管理,有针对性地为农民合作社提供代理记账、档案管理、政务代办、项目申报、资金互助、业务培训等服务。

(三)着力提高农村综合服务社为农服务能力水平。按照《农村综合服务社规范》和《农村综合服务社星级划分与评定》标准,由省、市、县级供销合作社分别打造五星级、四星级、三星级农村综合服务社星级社,带动农村综合服务社改造升级硬件设施,扩大经营业务范围,统一品牌标识,统一服务标准,提升服务质量和群众满意度。以村庄规划调整为契机,优化农村综合服务社布局,采取盘活资产改造和整合利用村居设施等方式新建一批农村综合服务社,筑牢服务乡村振兴的前沿阵地。积极融入乡村便民服务体系建设,发展新型服务业态,建设村级电商服务站点,为农民提供"一门式办理"、"一站式服务"。积极拓展城乡综合服务功能,加快建设城乡社区综合服务中心和经营服务综合体,推进经营服务网点向城乡社区延伸。

三、聚焦为农服务功能更完备,全面实施农业社会化服务惠农工程,壮大提升为农服务实力

(一)积极发展"三位一体"综合合作。因地制宜探索生产、供销、信用"三位一体"综合合作的不同实现方式和有效途径,提炼总结成熟经验,加快在全系统复制推广。推动各级供销合作

社发挥流通优势,与农民合作社及其联合社、农村信用社等金融机构加强资源整合、深化业务协同,共同打造为农服务综合平台。推动有条件的供销合作社通过领办农民合作社联合社,整合成员农民合作社、金融机构等服务资源,为成员合作社及农民社员提供综合服务。在有条件的地方争取党委政府支持,构建由供销合作社牵头、农民合作社和农村信用社等金融机构共同参与的综合合作新机制,汇聚各方服务资源,创新农业生产组织和服务方式,为农民合作社等新型经营主体和小农户提供综合服务。

（二）深入实施惠农服务平台创建行动。强化市、县联合社资源统筹力度,创建县有运营中心、乡镇有服务平台、村有服务站点的县域惠农服务网络。依托市、县社有龙头企业,联合各类新型经营主体,做实县级运营中心服务功能,为惠农综合服务网络提供服务支撑。依托基层社打造农业生产服务中心、新型庄稼医院、智能配肥站、产地收集市场等专业化服务设施,强化乡镇惠农服务平台服务功能,提升农业生产、农产品流通、城乡社区等服务能力。与村"两委"合作,充分利用农村综合服务社、农民合作社、村集体的设施,新建改造一批设施功能全、信息化水平高的服务站点。全面助力打赢脱贫攻坚战,着重在832个国家级贫困县特别是"三区三州"深度贫困地区和52个脱贫攻坚重点县打造惠农服务平台,帮助农民增产增收。

（三）大力实施农业生产托管服务拓展行动。培育多元化托管服务主体,创建一批生产服务型基层社和农民合作社,推动社有企业开展托管服务,发展区域性农业社会化服务联盟,打造现代农业服务骨干力量。大力推广多种托管服务方式,发展土地托管、代耕代种、联耕联种、统防统治等,在有条件的村探索发展"土地股份合作社＋托管服务"。加大绿色生产技术集成推广,开展多种形式的产销对接,带动小农户获得更多流通环节的增值收益。延伸托管服务链条,加强农产品加工、仓储物流、电子商务、产业链金融等配套环节,形成规模服务优势。

（四）着力培育供销合作社服务品牌。加强"中国供销合作社"标识宣传推广和使用管理,加大普及力度,防范非法冒用,提高供销合作社品牌知名度和社会公信力。引导社有企业和农民合作社开展有机、绿色、无公害等产品质量认证与管理,规范产品和服务商标注册,做好品牌运营和维护。深入实施"绿色农资"行动,加大农资直供力度,提升绿色农资产品供应比例,在农民合作社等新型经营主体中筑牢"绿色供销"农资服务品牌。积极开展"质量兴棉"行动,推进社有棉花企业提升产品和服务质量,加快向现代综合服务商转型升级。大力推进"扶贫832平台"和供销e家电商平台建设,积极开展产销对接活动,健全农产品质量追溯体系,在城市居民中打响"放心供销"服务品牌。积极参与农村人居环境整治,统筹推进再生资源回收利用体系建设,在乡村生态振兴中创建"美丽供销"环保服务品牌。

四、聚焦市场运作更有效,进一步构建双线运行机制,提升供销合作社发展质量

（一）切实完善联合社主导的行业指导体系。各级联合社要加强党的全面领导,切实加强党的政治建设,充分发挥各级党组织的重要作用,以党建促社建,推进全面从严治社。坚持联合社为成员社服务、为基层社服务的工作导向,确保全系统目标同向、工作同步。督促各级联合社定期召开社员代表大会,加快推进市、县联合社理事会、监事会建设。强化联合社层级间联系,履行好行业管理、政策协调、资产监管、教育培训职责,每年创建100家经济实力强、为农服务水平高、运转高效的县级社。加强统筹协调,发挥组织体系和生产流通优势,构建上下联动的应急响应机制,形成整体合力,承担社会责任。优化联合社对成员社的综合业绩考核指标体系,推行成员社对联合社的工作评价制度,更好推动上级联合社改进工作。发挥社有资产管

理委员会职责作用,建立健全重大事项决策、投融资、全面预算、财务监督、风险防控等制度,确保社有资产保值增值。规范运行各级供销合作社合作发展基金,统筹用于基层社建设和为农服务。

(二)进一步打造社有企业支撑的经营服务体系。理顺社企关系,实行社企分开,保障供销合作社的出资人权益和社有企业的法人财产权与经营自主权。推进社有企业联合合作在跨区域横向联合和跨层级纵向整合上取得实质性进展,促进各类要素资源向为农服务优势领域和骨干企业集中。加快社有企业业态创新,开展项目共建,加大信息互联,增强应对市场的灵敏性和抗风险能力。推进中国供销集团、省级社有龙头企业与市、县级社有企业和基层社的股权联结,在农产品销售、日用消费品、农业生产服务、冷链物流、电子商务、再生资源等行业实现资金与项目的合作。进一步完善现代企业制度和公司法人治理结构,建立健全权责对等、运转协调、有效制衡的经营监督机制,加强企业内部管理,压缩管理层级,提高管理效率。

(三)积极推进涉农协同服务机制建设。各级供销合作社要主动争取党委、政府支持,积极承担相关服务职责或政府购买服务,努力成为党和政府做好农业农村农民工作的重要载体和抓手。加强与其他涉农部门及企事业单位联合合作,依托自身服务网络整合各类服务资源,提升综合服务能力。着力推进与农民合作社、家庭农场等新型农业经营主体的服务对接,组织带动小农户发展适度规模经营,努力使小农户成为发展现代农业的积极参与者和直接受益者。城市供销合作社要发挥区位优势,加强农产品批发市场和经营网点建设,打通农产品从生产基地到市民餐桌的"最后一公里",实现城乡供销合作社优势互补,推进城乡一体化和融合发展。

五、切实加强组织领导

(一)落实领导责任。各级供销合作社要从巩固党在农村执政基础、更好服务乡村振兴大局的高度,重视抓好培育壮大工程的组织实施。要成立专门工作班子,制定工作方案,细化工作任务和具体措施,狠抓工作落实。建立各级联合社领导班子成员定点联系下级联合社和基层社制度,做到精准指导、精准服务、精准支持。省级社要落实本地区工程实施的领导责任,加强整体谋划,层层压实责任,统筹推进组织、经营和服务体系建设;市级社要落实本地区工程实施的指导服务职责,加强资源整合;县级社要落实培育壮大基层组织体系第一责任,用好基层社"一社一卡"信息化管理平台,与基层社共建项目、共享网络、共谋发展。

(二)分步推进实施。2020年6月底前,各省级社组织动员、全面部署,制定本地区培育壮大工程实施方案,细化本级和各市、县承担的三年任务目标,明确时序进度,推动培育壮大工程及时启动、全面展开。2021年下半年,总社将通过交流检查等方式总结各地经验做法,推动培育壮大工程深入实施。2022年底前,各地区开展自查评估,对工作中存在的短板弱项及时整改,对有关工作经验进行梳理总结;总社对各地培育壮大工程实施情况进行全面评估总结,宣传先进典型,推广成熟经验做法。

(三)加大政策支持。各地供销合作社要积极争取党委、政府重视支持,将供销合作社培育壮大工程纳入实施乡村振兴战略和深化农业农村改革重点工作予以推进。各级联合社建立合作发展基金,提取社有资本收益,争取财政资金扶持,寻求社会支持,统筹用于基层社建设和为农服务。加强与有关部门和金融机构沟通协作,积极争取国家职能部门和金融机构对供销合作社实施乡村振兴战略的项目、资金和信贷支持,承接面向农村的公共服务。

(四)加强人才支撑。推动联合社机关工作人员到基层社开展定点帮扶,帮助协调解决实际问题。创造条件鼓励村"两委"负责人依照法定程序担任基层社主任,加强对基层社负责人培训,吸纳有志投身供销合作事业的农业职业经理人、农村青年、返乡农民工、农技推广人员、农产品经纪人、大中专毕业生和退役军人等进入基层组织工作,用好"三支一扶"政策。在实施培育壮大工程中,及时发现、培养和使用人才。

(五)强化督导宣传。总社和省级社要把培育壮大工程列入"十四五"总体规划。各省级社要制定年度实施计划,每季度向总社报告一次工程进展情况。总社将省级社年度工作任务完成情况列入综合业绩考核,开展专项督导,及时发现和解决工作中存在的问题。深入总结各地典型经验和做法,多种方式加强宣传和推广,发挥好示范带动作用。

附录三 喻红秋同志在中华全国供销合作总社第六届理事会第十一次全体会议上的工作报告：
提高政治站位 落实新发展理念 着力深化综合改革

一、主动服务大局，积极担当作为，供销合作社改革发展取得新成效

2019年，是新中国成立70周年，是决胜全面建成小康社会第一个百年奋斗目标的关键之年，也是供销合作社改革发展历程中的重要一年。一年来，在党中央、国务院的坚强领导下，在胡春华副总理的直接关心指导下，全国供销合作社系统坚持以习近平新时代中国特色社会主义思想为指导，全面贯彻落实党的十九大和十九届二中、三中、四中全会精神，认真贯彻中央经济工作会议和中央农村工作会议精神，深入学习贯彻习近平总书记关于供销合作社工作的重要指示批示精神，认真落实中发〔2015〕11号文件，紧紧围绕打赢脱贫攻坚战和实施乡村振兴战略，坚持为农服务宗旨，持续深化综合改革，推动供销合作社各项工作取得新进展。

（一）积极参与脱贫攻坚。

2019年是打赢脱贫攻坚战的关键一年，全系统深入学习贯彻习近平总书记关于扶贫工作的重要论述，坚持把参与打赢脱贫攻坚战作为重大政治任务，充分发挥自身优势，持续做好定点扶贫和对口支援工作，大力推进产业扶贫、电商扶贫、科教扶贫、消费扶贫，多渠道带动贫困户脱贫增收。总社切实履行国务院扶贫开发领导小组成员单位职责，积极参与脱贫攻坚督查，全面加强对系统参与脱贫攻坚工作的领导。研究制定《供销合作社深入推进消费扶贫工作实施方案》，组织"助力西藏脱贫攻坚产销对接会""贫困地区优质特色农产品展示"等活动；组织召开全系统行业扶贫培训班，交流推广系统行业扶贫典型经验；联合财政部、国务院扶贫办建设"扶贫832平台"，截至2019年底，平台注册预算单位超过10万家，国家级贫困县供应商入驻654家；扎实做好定点帮扶工作，全年累计向安徽潜山和江西寻乌、安远投入5288万元。各地供销合作社通过产业带动、项目扶持、资金投入、选派干部等多种方式，累计定点帮扶535个贫困县，驻村帮扶7705个贫困村。2019年，全系统组织贫困地区参加各类产销对接会3111次，购进贫困地区农产品2325.8亿元。中央深改办第26期《改革情况交流》肯定了供销合作社电商在甘肃陇南等地脱贫攻坚中的独特优势和作用。

（二）主动服务乡村振兴。

全系统认真贯彻落实党中央、国务院关于实施乡村振兴战略决策部署，把服务乡村振兴与深化综合改革统筹谋划、协同推进。总社制定出台推动全系统参与乡村振兴的实施意见和实施方案，细化任务分工，明确工作责任，强化督导落实。制定《促进小农户和现代农业发展有机衔接工作实施方案》和《供销合作社参与农村人居环境整治的行动方案》，召开全国供销合作社服务乡村振兴暨综合改革专项试点现场会，部署进一步参与乡村振兴的工作举措。各地党委政府高度重视发挥供销合作社作用，31个省区市将供销合作社纳入当地乡村振兴工作全局，明确工作职责，赋予具体任务，给予政策支持。各地供销合作社因地制宜、立足实际、发挥优势，在助力产业兴旺、改善人居环境、参与乡村治理等方面发挥了积极作用。目前，全国有74个地级市、334个县区依托供销合作社承担当地农村生活垃圾回收管理职能，为促进美丽乡村

建设进行了积极的实践探索。

(三)持续深化供销合作社综合改革。

总社深入贯彻落实中发〔2015〕11号文件精神,坚持抓重点、抓关键,聚焦7个方面的体制机制难题,认真开展综合改革专项试点,推动综合改革不断深化。总社建立领导班子对口联系工作机制,加强统筹指导,各省级社认真履行牵头责任,定期督导推进,试点单位认真履行主体责任,狠抓任务落实。总社领导班子成员牵头组成7个验收组,对28个省份的32家试点单位进行评估验收,总结提炼了7个方面的典型经验,指导全系统因地制宜复制推广。召开省级社主任培训班和座谈会,围绕供销合作社改革发展面临的重大问题进行交流研讨,梳理了6个方面23条建议。主动加强与中央改革办、司法部等有关部门沟通协调,制定出台《供销合作社条例》工作取得实质性进展,完成向社会公开征求意见,日前已向国务院呈报送审稿。推动中发〔2015〕11号文件在市、县层面加快落地,目前全国所有省份和地市以及99%的县区出台了实施意见,改革成效逐步显现。

(四)不断提升为农服务水平。

全系统坚持为农服务宗旨,优化和创新服务供给,不断拓展为农服务领域。生产、供销、信用"三位一体"综合合作逐步从浙江推广到多个省份,为农服务综合平台的作用初步显现。组织实施"农业社会化服务惠农工程",积极开展土地托管和测土配方、代耕代种、统防统治等农业社会化服务,2019年服务面积达2亿亩。加强农产品流通网络建设,开展多种形式产销对接,农产品购销保持快速增长,农产品销售总额1.86万亿元,同比增长17.7%。2019年,全系统面对国内外风险挑战明显上升的复杂局面,坚持以改革促发展,坚持稳中求进,提升质量效益,实现了经济平稳运行,全年实现销售总额4.6万亿元,实现利润466.6亿元。

(五)全面加强党的领导。

深入贯彻新时代党的建设总要求,认真落实中央和国家机关党的建设工作会议精神,坚持把加强党的政治建设摆在首位,进一步树牢"四个意识"、坚定"四个自信"、做到"两个维护"。全系统扎实开展"不忘初心、牢记使命"主题教育,认真检视问题、制定整治方案、明确整改举措,进一步增强党员干部守初心担使命、找差距抓落实的思想自觉和行动自觉,进一步激发党员干部投身综合改革、参与脱贫攻坚、服务乡村振兴的工作热情。总社深入贯彻十九届中央纪委三次全会精神,全面落实"两个责任",认真履行"一岗双责",严格落实中央八项规定及其实施细则精神,坚决反对"四风"特别是形式主义、官僚主义,坚定不移推进全面从严治党、党风廉政建设和反腐败工作,扎实开展第八轮内部巡视工作。顺利完成派驻机构改革,支持驻总社纪检监察组聚焦主责主业,用好监督执纪"四种形态",加大监督执纪问责力度,严肃查办违纪违规案件,从而有力推动了总社党风廉政建设不断深入。一年来,我们统筹推进各项工作,形成促进事业发展的合力。主动服务国家"一带一路"建设,举办首届"一带一路"农产品农资(电商)交易会,设立"一带一路"国家合作社馆,保加利亚、韩国等17个国家的合作社参展。积极推进与商务部、国家开发银行、农业银行等部门单位战略合作协议的落实,持续优化政策环境。坚持好干部标准,加强总社干部、人才队伍建设。规范财务和社资委运行机制,强化社有资本的动态监管和运行监测。加强内部审计,充分发挥审计监督作用。围绕防范化解金融风险,指导系统规范发展农村合作金融业务。深入推进科研院所改革,稳步推进主管协会脱钩,促进院所和主管社团健康发展。认真做好离退休干部工作,为老同志搞好服务、办好实事。大力推动系统监事会机构建设,发挥监事会调查研究、建言献策、监督检查等作用。加强综合协调、舆论宣传和机关信息化建设，搭建高效协同的工作平台。

同志们，过去的一年，全国供销合作社系统之所以能够取得这些成效，根本在于习近平新时代中国特色社会主义思想的科学指引，根本在于以习近平同志为核心的党中央坚强领导。同时，也归功于全系统广大干部职工的团结奋斗、努力拼搏。在此，我代表总社常务理事会向大家表示崇高敬意和衷心感谢！

在肯定成绩的同时，我们也要清醒地认识到，工作中还存在一些问题和不足：一是对供销合作社合作经济组织属性的认识还不到位，行政化的思维理念和工作方式没有得到根本转变，还不善于运用改革的思路、市场的办法和现代科技手段等推动事业发展。二是长期以来制约供销合作社发展的体制机制难题还没有得到根本解决，一些重点领域和关键环节的改革还没有取得实质性突破。三是基层社发展质量不高，总体经济实力不强，服务功能偏弱，相当一部分基层社还没有开展自营业务，承包和租赁经营占比还比较高。四是部分社有企业小散弱，存在风险隐患，管理方式比较粗放，经济效益偏低，系统内低水平、同质化竞争问题比较突出。五是人才短缺，特别是基层队伍比较老化，适应社会主义市场经济和供销合作事业发展的人才选育机制还没有完全形成，一些干部担当作为不够，干事创业的精气神不足，等等。对这些问题，我们要高度重视，采取有力措施，切实加以解决。

二、提升政治站位，凝聚思想共识，紧紧把握供销合作事业改革发展的关键

2020年是全面建成小康社会和"十三五"规划收官之年，是脱贫攻坚决战决胜之年，要实现第一个百年奋斗目标，为"十四五"发展和实现第二个百年奋斗目标打好基础，这既是决胜期，也是攻坚期，在党和国家发展进程中具有重要的里程碑意义。对供销合作社来说，2020年也是非常重要的一年。我们要如期实现中发〔2015〕11号文件提出的阶段性目标任务，完成供销合作社"十三五"规划目标，制定"十四五"规划，召开全国供销合作社第七次代表大会。做好今年工作，具有承前启后、继往开来的重要意义。

供销合作社是党领导下的最大的为农服务合作经济组织，推进供销合作事业发展，必须站位党和国家全局，服务党和国家全局。习近平总书记和党中央已经明确了当前和今后一个时期党和国家工作的大政方针任务。党的十九届四中全会专题研究坚持和完善中国特色社会主义制度、推进国家治理体系和治理能力现代化问题并作出决定，明确提出，要突出坚持和完善支撑中国特色社会主义制度的根本制度、基本制度、重要制度，构建系统完备、科学规范、运行有效的制度体系，把我国制度优势更好转化为国家治理效能，为实现"两个一百年"奋斗目标、实现中华民族伟大复兴的中国梦提供有力保证。中央经济工作会议紧扣全面建成小康社会目标任务，科学分析国际国内经济形势，明确提出今年经济工作的总体要求、政策取向、重点任务，强调我国经济稳中向好、长期向好的基本趋势没有改变，要求全党全国坚定信心，坚定不移贯彻新发展理念，坚决打好三大攻坚战，统筹推进稳增长、促改革、调结构、惠民生、防风险、保稳定，确保全面建成小康社会和"十三五"规划圆满收官。中央农村工作会议围绕全面建成小康社会和打赢脱贫攻坚战，突出补短板、强弱项，研究部署今年"三农"工作，明确提出5个方面27项重点任务。党中央的决策部署是我们做好各项工作的根本遵循，全系统要自觉深入学习、深刻领会、准确把握，把思想和行动统一到中央精神上来，切实把中央的决策部署领会好、贯彻好、落实好。供销合作社作为党和政府做好"三农"工作的重要载体，联系农民群众的桥梁纽带，要树立强烈的责任意识，充分发挥好独特的功能作用：进一步提高政治站位，主

动嵌入国家重大战略,找准服务大局的结合点和突破口,努力形成党委政府重视、农民群众受益、供销合作事业发展的良性局面;进一步落实新发展理念,打破封闭僵化的传统思维,跳出粗放发展的旧有模式,更加注重改革的实效和成果,更加注重发展的质量和效益,更加注重内生的动力和活力,真正将创新、协调、绿色、开放、共享的新发展理念落到实处;进一步聚焦"三农"主业,坚持为农、务农、姓农,始终把为农服务摆在首位,把服务成效作为衡量工作的首要标准,把工作业绩交给农民群众去评判,不断提升农民群众的获得感、认同感、满意度;进一步增强责任感紧迫感,今年全系统要完成中发〔2015〕11号文件提出的阶段性改革目标,时间紧迫、任务艰巨,必须以决战决胜、全面冲刺的姿态,圆满完成各项目标任务,确保如期向党中央交账。

供销合作社组织体系庞大,从业人员众多,点多、面广、战线长,要在"三农"工作中担当作为、发展壮大,根本在于统一思想、凝聚共识、聚焦关键,持续深化综合改革,全面加强自身建设,提高综合服务能力,按照习近平总书记指引的方向稳步前进。

——必须深入学习贯彻习近平新时代中国特色社会主义思想,坚定供销合作事业发展的正确方向。习近平新时代中国特色社会主义思想是当代中国马克思主义、21世纪马克思主义,是党和国家必须长期坚持的指导思想。习近平总书记对"三农"工作高度重视,党的十八大以来,习近平总书记发表了一系列关于"三农"工作的重要论述,尤其多次对供销合作社工作作出重要指示批示,这些为我们做好工作指明了前进方向,提供了根本遵循。实践充分证明,习近平新时代中国特色社会主义思想既蕴含了极具前瞻性的战略思维,又具有力拔千钧的科学论断,更体现了辩证的、唯物的世界观、方法论。全系统要深入学习习近平新时代中国特色社会主义思想,深入贯彻习近平总书记关于"三农"工作的重要论述,深入落实习近平总书记关于供销合作社工作的重要指示批示精神,不断往深里走、往心里走、往实里走,做到学思用贯通、知信行统一,进一步增强"四个意识"、坚定"四个自信"、做到"两个维护"。要发扬理论联系实际的马克思主义学风,坚持以习近平新时代中国特色社会主义思想为指导,将这一重要思想贯穿到供销合作社工作各领域各环节各方面,在性质定位上,坚持作为党和政府主导的、以合作经济组织形式推动"三农"工作的重要阵地;在根本宗旨上,坚持为农、务农、姓农,把服务"三农"作为立身之本、生存之基;在目标方向上,坚持打造成为与农民联结更紧密、为农服务功能更完备、市场化运行更高效的合作经济组织体系;在改革原则上,坚持因地制宜、分类指导、一把钥匙开一把锁,确保供销合作事业发展的正确政治方向。

——必须持续深化综合改革,加快推进供销合作社治理体系和治理能力现代化。从党和国家层面看,全面深化改革的总目标是,坚持和完善中国特色社会主义制度,推进国家治理体系和治理能力现代化。这个总目标,必须具体落实到各个地区、各个领域、各个行业。推进供销合作社治理体系和治理能力现代化,是"三农"领域治理体系和治理能力现代化的重要内容,也是自身发展的迫切需要。供销合作社过去长期运行在计划经济体制下,管理体制不顺、运行机制不活、内生动力不足的问题比较突出,治理体系和治理能力还不适应供销合作事业发展的需要,供销合作社系统整体优势没有充分发挥,在经济社会发展全局中的作用没有充分体现。全系统必须始终将深化综合改革作为中心任务,按照政事分开、社企分开的方向,坚定不移推进体制改革和机制创新,不断丰富和完善适应社会主义市场经济需要、适应城乡融合发展需要、适应农业农村现代化需要的组织结构、管理体制、运行机制,加快形成上下贯通、运转高效、管理民主、协同互助的新时代供销合作社治理体系,切实将供销合作社自身独具特色的制度优势转化为治理效能。

——必须加强基层社建设,夯实供销合作事业发展的基层基础。党中央提出,要把供销合作社打造成为服务农民生产生活的生力军和综合平台,成为党和政府密切联系农民群众的桥梁纽带。这个使命任务,谋篇在系统,落子在基层。基层社是供销合作社服务"三农"的主要载体,是直接面向农民开展经营服务的前沿阵地。过去,供销合作社在农村家喻户晓、举足轻重,主要是基层社网点密布,基本覆盖全部乡镇和多数行政村,农民生产生活方方面面都离不开基层社。现在,社会上一些人认为供销合作社没有了,主要就是农民见不到供销合作社的经营服务网点,感受不到供销合作社的服务。这些年,通过综合改革,基层社总数恢复到3.2万家,但相当一部分只是挂起了牌子,还没有开展实质性经营服务业务,基层社问题仍然是全系统的突出短板和弱项。各级联合社要进一步树牢大抓基层的鲜明导向,着力发展建设基层社,将夯实打牢基层社作为全部工作的重中之重,推动"人往基层走、钱往基层用"。要强化基层社合作经济组织属性,以密切与农民利益联结为核心,分类推进基层社改革改造,切实做到农民出资、农民参与、农民受益,不断增强基层社为农服务能力,真正实现固本强基、固本培元。

——必须办好社有企业,提升供销合作社服务"三农"的能力。社有企业是供销合作社为农服务的重要支撑。供销合作社能不能在市场竞争中站稳脚跟、做大做强,关键在社有企业。社有企业办好了,为农服务就有了抓手,贯彻落实中央"三农"决策部署就有了依托;社有企业办不好、办砸了,就会成为负担,甚至葬送整个供销合作事业。与国有企业相比,社有企业改革发展明显滞后。近年来,国有企业聚焦主业、剥离辅业,瘦身健体、提质增效,加快结构调整,压缩管理层级,加强成本管控,改革成效逐步显现。我们要学习借鉴这些重要经验,加快改革社有资产监管体制和运营机制,促进社有资产保值增值,促进社有企业做强做优做大。社有企业必须坚持聚焦主业,将经营服务主阵地牢牢扎在农业农村;坚持市场化改革方向,遵循企业发展规律,加快建立产权清晰、权责明确、社企分开、管理科学的现代企业制度;坚持强化管理,堵塞漏洞,严格防范和管控风险;坚持联合合作,密切层级联系,推进上下贯通,打造一批主业突出、活力充沛、市场竞争力强、行业影响力大的大型龙头企业,增强服务"三农"的综合实力。

——必须从严治社,为供销合作事业长期健康发展提供坚强保障。事业越发展,越要重视和加强供销合作社自身建设。全面从严治社,是贯彻全面从严治党要求的具体举措。供销合作社是合作经济组织,组织成分多元,资产构成多样,投资经营活动多,管理着大量资金、资产、项目,但是也存在制度不完善、自我约束不强、监管不到位、廉政风险易发多发的问题。这些年,不少地方出现廉政问题,事业遭受严重损失,相关责任人也受到党纪国法严厉惩处,令人警醒、教训深刻,这些违纪违法案件警示我们,供销合作社不是清水衙门,更不是"保险箱",必须全面推进从严治社。全面从严治社,一方面,要依规依纪依法依章程治社,切实增强法纪意识,加快建立健全各项规章制度和议事决策规则,坚持以防范风险、惩治和预防腐败为重点,以制约和监督权力为核心,以提高制度执行力为抓手,形成内容科学、程序严密、配套完备、有效管用的全面从严治社制度体系。另一方面,严格落实党风廉政建设责任制各项要求,加强供销合作社系统全面从严治党各项工作,加强纪检监察工作,保证供销合作社干部职工清正廉洁。

> **2020年工作的总体要求**
>
> 以习近平新时代中国特色社会主义思想为指导,全面贯彻党的十九大和十九届二中、三中、四中全会精神,贯彻落实中央经济工作会议和中央农村工作会议精神,深入落实中发〔2015〕11号文件精神,坚持稳中求进工作总基调,坚持新发展理念,推进改革强社、服务立社、夯基建社、以企兴社、从严治社,加快把供销合作社建设成为服务农民生产生活的生力军和综合平台,为打赢脱贫攻坚战、实施乡村振兴战略、全面建成小康社会作出新的更大贡献。

三、坚持稳中求进,勇于攻坚克难,扎实推进2020年各项重点工作

> **2020年主要工作**
>
> - 持续推动全系统党员干部不忘初心、牢记使命。
> - 全面助力打赢脱贫攻坚战。
> - 着力深化供销合作社综合改革。
> - 创新联合社治理机制。
> - 实施"供销合作社培育壮大工程"。
> - 加快推进社有企业提质增效。
> - 持续提升综合服务能力。
> - 以党的建设为统领推进从严治社。

(一)持续推动全系统党员干部不忘初心、牢记使命。习近平总书记在"不忘初心、牢记使命"主题教育总结大会上强调,全党要以这次主题教育为新的起点,不断深化党的自我革命,持续推动全党不忘初心、牢记使命。全系统必须把不忘初心、牢记使命作为加强党的建设的永恒课题和全体党员干部的终身课题常抓不懈,切实把初心和使命变成锐意进取、开拓创新的精气神和埋头苦干、真抓实干的原动力。一是深学笃信笃行习近平新时代中国特色社会主义思想。各级联合社理论学习中心组要把学习贯彻习近平新时代中国特色社会主义思想作为核心内容,坚持全面系统学、及时跟进学、深入思考学、联系实际学,深刻理解核心要义、精神实质、丰富内涵、实践要求,不断提高理论素养、政治素养,不断坚定信念、砥砺初心,不断推进自我改造、自我净化。要通过举办读书班、集中交流研讨等多种形式,组织全系统党员干部认真读原著、学原文、悟原理,用马克思主义中国化最新成果统一思想、统一意志、统一行动。二是深入学习贯彻习近平总书记关于供销合作社工作的重要指示批示精神。要全面梳理习近平总书记关于供销合作社工作的重要讲话、指示批示,组织全系统深入学习研讨,进一步深化认识、优化思路、坚定信心。总社要组织开展省级社主任专题研讨班,各省级社要分层实施、分步推进,加强对市、县社主任培训,实现全系统学习培训全覆盖。要结合本地区本单位工作实际,认真对照习近平总书记重要讲话、指示批示精神,查找落实短板,明确努力方向,强化工作举措,确保不折不扣落实到位。三是持续抓好主题教育检视问题整改落实。去年,全系统按照中央要求开展了主题教育,取得明显成效,但也检视出一些突出问题,并制定了整改方案。要按照中央要求部署,对已经整改的要巩固成果,对正在整改的要加大力度,强化督导落实,确保全部问题

逐条逐项整改到位。对一些重要问题和长期整改任务，要健全规章制度，举一反三、标本兼治，切实形成防范化解的机制，不断巩固拓展深化主题教育成果。

（二）全面助力打赢脱贫攻坚战。习近平总书记指出，脱贫攻坚进入决战决胜的关键阶段，务必一鼓作气、顽强作战，不获全胜决不收兵。全系统必须坚持把助力脱贫攻坚作为重大政治责任，强化使命担当，狠抓贯彻落实。一是运营好"扶贫832平台"。这是全系统的一项重要政治任务，必须高度重视。中国供销集团要围绕平台运营、仓储物流、质量保障等供应链体系建设，优化平台功能，今年要力争实现22万个预算单位和80%以上贫困县的农副产品入驻平台。各级供销合作社要加强与有关部门沟通，扎实做好宣传推广、货源组织、供需对接等服务，推动消费扶贫进机关、进企业、进学校。二是继续抓好定点帮扶。要认真贯彻落实中央关于脱贫攻坚"四个不摘"的要求，履行好定点帮扶责任，进一步整合优势资源，加大帮扶力度。继续运营好前期扶贫投资项目，持续发挥效益，助力帮扶地区形成稳定脱贫长效机制。三是抓好行业扶贫。要立足供销合作社行业特点，发挥全系统优势，采取产业扶贫、消费扶贫、电商扶贫等多种形式，帮助贫困农户增收致富。要组织办好"供销合作社系统对口援疆协作交流对接会"，继续在海南冬交会期间开展"贫困地区优质特色农副产品展示推介"活动，把贫困地区的特色农产品更好地卖出去。要发挥好行业协会在脱贫攻坚中的作用，总社茶叶协会要办好中国茶叶营销年系列活动，食用菌协会要开展好"千企万村"品牌提升行动，果品协会要启动"扶贫攻坚果业百县行动计划"等，带动贫困地区特色产业发展。鼓励有条件的社有企业对接深度贫困地区，帮助贫困户发展致富产业。适时召开供销合作社扶贫工作座谈会，总结宣传好全系统参与脱贫攻坚的先进典型和经验成效。

（三）着力深化供销合作社综合改革。深化供销合作社综合改革，是习近平总书记主持中央政治局常委会会议审议通过的重大改革事项。今年的中央一号文件再次强调，要继续深化供销合作社综合改革，提高为农服务能力。对此，全系统要形成明确的共识：综合改革是供销合作社发展的根本出路、根本动力，更是重大的政治任务，是发展的巨大机遇。今年是中发〔2015〕11号文件下发5周年，也是文件规定的改革阶段性目标完成之年，我们要把确保完成改革任务，作为今年全系统工作的重中之重。要强化责任担当，对标对表中发〔2015〕11号文件和各地出台的实施意见，对文件提出的各项硬任务开展全面评估，瞄准突出问题和薄弱环节集中发力，狠抓改革任务落实。对还没有完成的，要列出清单、建立台账，明确责任、对账销号。各省级社要认真履行统筹指导责任，加强督导检查，今年上半年对本地区综合改革情况开展一次全面自查。总社将联合中央农办开展调研督查，适时召开深化供销合作社综合改革推进会，进一步推动重点改革任务落实。

要加快发展生产、供销、信用"三位一体"综合合作。"三位一体"综合合作，是习近平总书记在浙江工作期间亲自部署和推动的重大改革举措，是供销合作社深化改革、深入发展的方向。实践证明，"三位一体"综合合作，有利于完善农村生产关系和农业经营体制，有利于推动现代生产要素与传统农业对接，是推进中国特色农业现代化建设的重大探索。要鼓励各地因地制宜、大胆创新，积极探索"三位一体"综合合作的实现方式和有效路径。要深入总结提炼"三位一体"综合合作改革实践经验，加快在系统复制推广，有效整合各类服务资源，加快形成流通主导、金融支撑、产业融合、协同服务新机制，提升供销合作社综合服务能力。

（四）创新联合社治理机制。贯彻落实党的十九届四中全会精神，我们要深入研究推进供销合作社治理体系和治理能力现代化的总体思路，明确目标任务和工作举措。一是健全组织机构。各级联合社都要加快健全社员代表大会、理事会、监事会,近5年没有召开社代会的省级社,要积极创造条件,力争上半年召开。加快推动市、县层面理、监事会建设,争取年底前覆盖面分别提升到80%和65%。二是健全考核评价机制。这是中发〔2015〕11号文件提出的明确要求,也是加强联合社层级间联合合作的重要举措。要优化联合社对成员社的考核指标体系,研究制定成员社对联合社的工作评价办法,强化上下层级联系,彰显合作经济组织特色。三是完善社有资产管理体制。建立联合社出资人监管权力责任清单,强化社资委对防止社有资产流失、提高监督效能、实现社有企业和资产不断发展壮大的监管责任。制定社有资产监督管理办法、社有资本经营预算管理办法、社有企业投资监管办法等,完善社有资产监管制度。改进社有资产监管方式和手段,不断提高监管的规范化、科学化水平。

(五)实施"供销合作社培育壮大工程"。中共中央、国务院印发的《乡村振兴战略规划(2018—2022年)》明确提出,实施"供销合作社培育壮大工程"。这充分体现了党中央、国务院对供销合作社工作的关心支持,也是我们必须完成的硬任务。今年,要重点在基层社建设上实现突破、取得成效。一是加快推动实施。总社和各省级社要出台"供销合作社培育壮大工程"实施意见,明确建设目标、工作任务、推进步骤、保障措施等。组织实施"基层社组织建设工程"和"千县千社"振兴计划,深入推进基层社改革改造,采取盘活社有资产、联合社帮扶、社有企业带动、与农民合作社联合发展等多种方式,力争用3年时间,实现5000家薄弱基层社的升级改造,建设2000家综合实力强、服务功能全、与农民联结紧的基层社标杆社。二是健全工作机制。县以上各级联合社领导班子成员都要定点联系基层社,鼓励县以上社有企业对口联系薄弱基层社,切实做到精准指导、精准服务、精准支持。三是加大扶持力度。总社要做大基层组织发展专项资金规模,省、市、县供销合作社都要逐步建立基层组织发展专项资金,完善扶持资金稳定增长机制,确保投入力度不断增强、总量持续增加。强化对资金使用的监管,确保合规使用、用出效益。完善面向基层组织发展的业绩考核机制,加大考核权重,优化考核指标,切实树立起基层优先发展的鲜明导向。

(六)加快推进社有企业提质增效。今年,总社要研究制定推动社有企业改革发展的指导意见,召开全系统企业工作会议,对社有企业改革发展作出专门部署,要上下一心,举全力做强做优做大社有企业。一是调整优化社有资本布局。要聚焦为农服务主业,立足流通优势,创新商业模式,推进社有企业战略性重组和专业化整合,加快剥离偏离为农服务主业的业务,推动优质资源向为农服务骨干企业集中,优化社有资产配置。二是推进联合合作。今年要用好"新网工程"专项资金这个重要抓手,在推进系统企业联合合作上有新的重大突破。要着力推进同一行业、不同层级社有企业的纵向整合,促进上下贯通、利益共享、共同发展。要发挥供销合作社品牌、信誉、资源、业务等协同效应,有效放大社有资本功能。对为农服务的骨干龙头企业,要全力支持、全程监控。要加快系统信息化建设,推动全系统互联互通互融和数据资源共建共享。三是加快建立健全现代企业制度。进一步完善法人治理结构,规范董事会组成结构和议事规则,建立健全权责对等、运转协调、有效制衡的决策执行监督机制。不断优化社有企业总部机构设置,压缩管理层级,提高管理效率。对不同类型的社有企业实行差异化考核,加快建立有效管用的激励约束机制,激发企业内生动力和活力。四是强化企业内部管理。完善"三重一大"、投资项目、财务资金、风险防控等管理制度和内控体系,强化制度执行刚性约束。扎实推进降杠杆、减负债,多措并举降本增效,提高资产质量,切实防范各类风险。

(七)持续提升综合服务能力。要不断创新服务方式,优化服务供给,加快打造综合性、规模化、可持续的为农服务体系,为保障重要农产品有效供给提供有力支撑。一是着力提高农业生产服务能力。要深入实施农业社会化服务惠农工程,加快推广土地托管、统防统治、代耕代种等服务模式,为小规模农户和各类新型农业经营主体提供系列化、专业化服务。2020年全系统农业社会化服务面积力争突破2.2亿亩。要深入推进"绿色农资"行动,推动农资销售与技术服务有机结合。继续开展"质量兴棉"行动,推动棉花产业高质量发展。二是加快提升流通服务水平。今年中央一号文件对供销合作社建设冷链物流设施、延伸乡村物流服务网络、发展电子商务等提出明确要求。全系统要抢抓国家启动"农产品仓储保鲜冷链物流设施建设工程"的政策机遇,把冷链物流建设作为全系统的重点项目切实加以推进。中国供销集团要加强与全系统的有效对接,推进冷链业务合作、设施共享和产业整合,提高冷链物流服务的发展速度和规模化水平。今年要适时召开农产品冷链物流现场会。要加快建设产地分拣包装、冷藏保鲜、仓储运输、初加工等设施,加快农产品批发市场升级改造,确保完成"十三五"规划提出的改造220家的任务。要依托实体经营网点,充实完善乡村电商服务站点功能,不断延伸乡村物流服务网络,推动农产品进城、工业品下乡双向流通。三是稳妥开展农村合作金融服务。总结各地依法依规发展农村合作金融服务的经验。加强与商业银行等金融机构合作,积极落实总社与有关银行的"总对总"战略合作协议。发展农村合作金融,必须始终紧绷防控风险这根弦,严格遵循社员制、封闭性原则,不对外吸储放贷,不支付固定回报,加强风险预警,坚守不发生行业性金融风险的底线。

(八)以党的建设为统领推进从严治社。严格落实全面从严治党各项要求部署,坚持把党的政治建设摆在首位,坚定政治立场,严明政治纪律,坚持问题导向,推进依规依纪依法依章程治社。一是压实全面从严治党政治责任。认真贯彻落实十九届中央纪委四次全会和国务院廉政工作会议精神,严格落实"两个责任",认真履行"一岗双责",层层传导压力。严肃查处违纪违法案件,坚持无禁区、全覆盖、零容忍,坚持重遏制、强高压、长震慑。定期开展警示教育、纪律教育,深入剖析系统干部违纪违法典型案例,用身边人、身边事教育警醒广大党员干部知敬畏、存戒惧、守底线。二是严格监督管理。要把"严"的主基调长期坚持下去,建立健全覆盖重点领域和关键环节的制度体系,特别是聚焦短板弱项,重点加强重大投融资和资产处置的审批和监管,严格社有资产损失责任追究,强化制度执行,层层落实保值增值责任。促进监事会和社资监管、人事、审计等监督资源共享,形成监督合力。清理违规挂靠的企业和各类经营网点,清除风险隐患,依法维护供销合作社权益和声誉。规范供销合作社标识推广使用,坚决杜绝借用、滥用、冒用标识的行为。三是加强作风建设。要严格执行中央八项规定及其实施细则精神,持之以恒纠治"四风",坚决反对形式主义、官僚主义,坚决整治表态多调门高、行动少落实差等问题,营造求真务实、清正廉洁的新风正气。发扬"扁担精神""背篓精神",传承艰苦奋斗、勤俭办社、敬业奉献的工作作风,弘扬为农、务农、姓农价值理念。四是激励干部职工担当作为。认真落实习近平总书记关于"三个区分开来"的重要指示要求,做到严管和厚爱结合、激励和约束并重,建立健全容错纠错机制,为担当者担当,为负责者负责,进一步激励干部新时代新担当新作为。要加强日常监督,坚持抓在日常、严在经常,对苗头性问题早发现、早提醒、早纠正,使各级干部自觉养成在严格监督约束下工作和生活的习惯。加大干部教育培训力度,用好北京商业管理干部学院等系统内教育培训资源,提高干部担当作为的能力水平。

这里再强调三项具体工作:一是做好"十四五"规划编制工作。今年是"十三五"收官之年,要完成好"十三五"规划各项目标任务。同时,抓紧启动供销合作社"十四五"规划编制工作,深入调查研究,强化科学论证,确保规划的前瞻性、针对性、可操作性。二是着力防范各类风险。今年我国经济发展的内外部环境依然复杂严峻,国内经济下行压力加大,供销合作社经营活动面临多重风险挑战,必须密切关注宏观经济形势变化,加强对市场环境的分析研判,强化投融资业务活动的管控,时刻绷紧防风险这根弦。要坚持稳字当头,坚持稳中求进,处理好企业发展与风险防控的关系,处理好投资规模和自身实力的关系,确保企业资金链安全。对已经出现的问题和潜在的隐患,要果断采取措施有效化解,坚决防止风险扩散蔓延,确保事业平稳健康发展。三是加强舆论宣传工作。要创新宣传理念,加大宣传力度,树立大宣传格局,加强与主流媒体的沟通交流,用好中华合作时报等系统媒体资源,讲好供销合作社故事,打好供销合作社品牌,让社会更多了解供销合作社综合改革成果和为农服务成效。同志们,新时代要有新担当新作为。让我们更加紧密地团结在以习近平同志为核心的党中央周围,以习近平新时代中国特色社会主义思想为指导,锐意进取,真抓实干,全面深化综合改革,积极服务乡村振兴,推动供销合作事业不断迈上新台阶,为全面建成小康社会、实现"两个一百年"奋斗目标作出新的更大贡献!

附录四　喻红秋在中华全国供销合作社第七次代表大会上的工作报告（摘要）

奋力开拓中国特色供销合作社发展之路
为推进农业农村现代化和乡村振兴贡献力量
——喻红秋在中华全国供销合作社第七次代表大会上的工作报告摘要

大会主题：

以习近平新时代中国特色社会主义思想为指导，全面贯彻党的十九大和十九届二中、三中、四中全会精神，乘势而上、勇担使命，奋力开拓中国特色供销合作社发展之路，不断开创我国供销合作事业新局面，为推进农业农村现代化和乡村振兴贡献力量。

锐意进取　继往开来
供销合作社阔步迈进新时代

五年来，全系统认真学习贯彻习近平新时代中国特色社会主义思想，贯彻落实习近平总书记关于"三农"工作重要论述和对供销合作社工作的重要指示批示，深入落实中发〔2015〕11号文件精神，以高度的政治责任感和历史使命感，凝心聚力深化改革，奋楫争先担当使命，在促进现代农业建设、农民增收致富、城乡融合发展等方面做了大量工作，展现了当代供销合作社人昂扬向上的精神风貌，书写了供销合作社改革发展的生动篇章。

今年以来，面对突如其来的新冠肺炎疫情，全系统坚决听从习近平总书记号令，认真落实党中央、国务院决策部署，迅速行动、尽锐出战，全力投入战疫情、备春耕、保供给、防滞销、促增收、惠民生等工作。全力保障春耕和"三夏"农资供应，1—8月份，全系统销售化肥9784.7万吨，占全社会的70%以上，发挥了主渠道作用。全力保证市场供应，全系统各类经营服务网点克服疫情影响，坚决做到不停业、不断货、不涨价，努力保障防护物资和粮油果蔬、肉禽蛋奶等生活必需品供应。全力做好对口支援湖北抗疫工作，总社组织指导19个省级社对口支援湖北省各地市供销合作社，全系统采购湖北省农产品累计33.7亿元，向湖北省累计捐款1764.3万元，捐赠防护物资、粮油蔬菜等1414.5吨，总社主管行业协会会员单位累计捐款3.4亿元。在战疫保供的关键时刻，供销合作社以实际行动展现了为农服务国家队的担当与作用，彰显了新时代供销合作社人的责任与奉献。

（一）综合改革全面推进。

五年来，全系统始终把深化综合改革作为中心工作，持续大力推进，层层贯彻落实。加强统筹指导，总社成立深化综合改革领导小组，先后召开28次领导小组会议，审议推进重要改革事项。建立领导班子对口联系省级社工作机制，及时加强工作指导和调度。坚持试点先行，河北、浙江、山东、广东4省完成国务院批复的综合改革试点任务，形成了"三位一体"综合合作、土地托管等11个方面的经验做法。聚焦构建双线运行机制、强化基层社合作经济组织属性、创新社有资产管理方式等体制机制难题，开展专项改革试点，形成7个方面改革成果。狠抓任务落实，逐项推动改革任务落地见效。启动供销合作社培育壮大工程，制定下发综合改革重点工作任务书,建立工作台账,实施清单管理,逐级压实责任。强化协同推进,各地党委、政府把供销合作社综合改革纳入全面深化改革大局,成立领导机构,出台实施意见,给予政策支持。各地供销合作社形成了上下联动、因地制宜、扎实有序推进改革的良好格局。制定《供销合作社条例》取得重要进展,目前已进入司法部审查程序。

(二)脱贫攻坚富有成效。

全系统坚持把脱贫攻坚作为重大政治任务来抓,坚决落实精准扶贫、精准脱贫基本方略。总社成立扶贫工作领导小组,制定出台指导意见、行动计划、实施方案,召开扶贫工作电视电话会议,发出全力投入决战决胜脱贫攻坚的倡议,实施"1+2+N"脱贫攻坚工作举措,组织全系统投身脱贫攻坚战。发挥职能优势,积极开展产业扶贫、消费扶贫、电商扶贫、科教扶贫。总社联合财政部、国务院扶贫办建立"扶贫832平台",平台今年1月1日上线运行以来,已实现832个国家级贫困县全覆盖,注册采购预算单位近40万家,上线农产品超过6.8万个,交易额突破31亿元。做好定点帮扶,各级供销合作社认真履行职责任务,加大资金投入,培育特色产业,选派优秀干部,发挥科研院所和行业协会优势,助力帮扶地区如期脱贫。五年来,总社累计向安徽潜山和江西寻乌、安远投入各类帮扶资金5.3亿元;各地各级供销合作社累计定点帮扶583个国家级贫困县,驻村帮扶7708个贫困村。加大深度贫困地区帮扶力度,建立东西部供销合作社扶贫协作机制,开展产销对接,在贫困地区恢复建立基层社,多种形式帮扶"三区三州"等深度贫困县111个,为攻克最后贫困堡垒作出了积极贡献。

(三)为农服务能力明显提升。

坚持把为农服务摆在首位,主动服务乡村振兴战略,积极创新服务方式,加快拓展服务领域,不断充实服务内容,服务农民生产生活的生力军和综合平台作用日益显现。"三位一体"综合合作稳步推进,各地因地制宜探索发展多种形式的综合合作,供销合作社正在成为整合涉农资源、凝聚为农服务合力的重要载体。农业社会化服务持续拓展,供销合作社探索的土地托管服务模式快速推开,连续5年写入中央一号文件,成为供销合作社为农服务的一张新名片。目前,全系统土地托管面积超过1亿亩,配方施肥、农机作业、统防统治等农业社会化服务规模超过2亿亩次。农产品流通业务加速成长,农产品市场布局更加优化、功能更加完善,联结产地到消费终端的农产品市场网络初步形成,2019年全系统农产品销售额超过1.8万亿元,成为增速最快、体量最大的业务板块。电子商务加快发展,形成了一批具有供销合作社特色的电商品牌。稳妥有序开展农村合作金融服务,下发指导意见,加强风险警示,指导各地坚守"社员制、封闭性"原则,规范开展资金互助,切实防范金融风险。

(四)基层基础不断夯实。

持续抓基层、强基础,制定加强基层工作的指导意见,定期召开基层工作会议,扎实推进"基层组织建设工程"和"千县千社"振兴计划,基层长期薄弱的局面得到扭转。基层社建设取得明显成效,五年来,全系统累计改造新建基层社7515家,总数达3.2万家,基本实现涉农乡镇全覆盖。农民合作社发展质量明显提高,大力开展农民合作社规范提升行动,领办创办各类农民合作社近18万家,创建农民合作社示范社3572家,入社农户1453万户,农民合作社规模化、规范化水平明显高于社会平均水平。综合服务社惠农功能不断完善,五年来,新发展农村综合服务社8.8万家,总数达到42.5万家,服务内容涵盖商品供应、电子商务、代理代办、文体娱乐等多个领域,越来越多的农民群众享受到供销合作社带来的便利实惠、安全优质服务。

(五)联合社治理能力进一步增强。

各级供销合作社联合社积极深化体制改革,创新运行机制,理顺社企关系,行业指导能力不断提升。持续加强"三会"制度建设,31个省(区、市)联合社全部建立理事会、监事会,市、县级联合社理、监事会的设置比例分别比2015年提高了12个和23个百分点。支持监事会发挥作用,监事会在调查研究、建言献策、内部监督等方面的职能更加突出。进一步健全联合社机构,四川甘孜、攀枝花,青海玉树、果洛,西藏山南、阿里等边远地区和上海浦东、松江等城市地区新建或重组了供销合作社机构,组织体系日益完善。不断提升社有资产监管水平,总社和26个省级社成立了社资委,25个省级社设立合作发展基金,29个省级社建立社有资本投资运营平台,进一步强化了社有资产监管。完善联合社职能作用,总社及部分地区联合社对机关内设机构和职能配置进行调整优化,强化了行业管理、政策协调、金融服务等职能。探索创新行业指导载体和方式方法,建立完善工作指导机制,加强对重点工作的督导调度,推动形成系统工作"全国一盘棋"。

(六)社有企业发展稳中有进。

积极应对复杂多变的国内外形势和经济下行压力,认真贯彻落实新发展理念,推动社有企业深化改革、转型升级,实现高质量发展。规模实力明显增强,全国20个省级社成立了供销集团,营业收入50亿元以上的企业达到28家。2019年,全系统企业实现营业收入1.8万亿元、利润总额466.6亿元,比5年前分别增加了6.4%、31.7%,企业资产达1.6万亿元,比5年前增加4041亿元。发展质量进一步提升,各级社有企业加快传统业务转型,大力培育新兴业务,企业发展动能不断增强。强化企业内部管理和风险防控,持续推进企业降杠杆减负债,加大长期亏损企业和低效无效资产处置力度,社有企业平均资产负债率降到71%,企业降本增效取得明显进展。联合合作不断深化,总社发起成立新供销产业发展基金,北京、天津等13个省级社参与入股,共同搭建市场化投资平台。京津冀、长三角、东西部社有企业之间联合发展扎实推进,在市场对接、产业开发、扶贫协作等方面迈出重要步伐。

(七)落实全面从严治党成效显著。

坚决落实新时代党的建设总要求,坚持把党的政治建设摆在首位,扎实做好全面从严治党各项工作,切实增强"四个意识"、坚定"四个自信"、做到"两个维护"。持续深化学习习近平新时代中国特色社会主义思想,扎实开展"三严三实"专题教育、"两学一做"学习教育和"不忘初心、牢记使命"主题教育,全体党员干部思想政治受到洗礼和锤炼,干事创业担当作为的精气神得到提振,进一步坚定了拥护核心、跟随核心、捍卫核心的思想自觉和行动自觉。严格落实"两个责任",认真履行"一岗双责",一体推进不敢腐、不能腐、不想腐。贯彻落实新时代党的组织路线,坚持新时期好干部标准,锻造忠诚干净担当的高素质干部队伍。严格落实中央八项规定及其实施细则精神,持之以恒改进作风,力戒形式主义、官僚主义。持续抓好中央巡视和审计发现问题的整改落实,加强长效机制建设,努力补齐制度短板。积极支持纪检监察机构加大监督执纪问责力度,持续开展内部巡视,推动全面从严治党不断向纵深发展。

五年来,我们主动服务国家总体外交大局,举办"一带一路"合作社主题峰会等国际活动,不断扩大合作社朋友圈。有序推进总社行业协会脱钩改革,加强对系统协会发展的指导,协会发展质量和功能作用不断提升。大力推进农业科技创新,总社组织济南果品研究院开展改革试点,系统科研院所科研成果获得省部级科技奖励30余项,创建6个国家级研发平台。

在五年来供销合作社改革发展的实践过程中,我们深切体会到:必须始终坚持党对供销合作事业的领导,以习近平新时代中国特色社会主义思想为指导,把党的领导贯穿到供销合作社改革发展各领域各环节全过程,坚决贯彻落实党中央决策部署,切实发挥好党和政府密切联系农民群众的桥梁纽带作用;必须始终坚持围绕中心服务大局,不断提高政治站位,自觉把供销合作社工作放在党和国家事业全局、放在"三农"工作大局中思考谋划,以全局统领一域、以一域服务全局;必须始终坚持为农服务根本宗旨,把为农服务成效作为衡量工作的首要标准,建立联农带农富农机制,密切与农民利益联结,努力提升农民群众的获得感、认同感;必须始终坚持深化改革,突出目标引领,坚持问题导向,注重效果检验,不断推进体制改革机制创新,激发内生动力和发展活力;必须始终坚持合作经济基本属性,强化互助合作、开放共享的理念,推动多种形式的联合与合作,在联合中发展壮大,在合作中实现互惠共赢。

在充分肯定成绩的同时,也要清醒看到工作中存在的问题和不足:综合改革进展不平衡,一些领域特别是体制机制方面的改革成效还不明显,改革任务依然艰巨;为农服务水平有待提升,服务供给还不适应农业农村发展的需要;基层社发展质量还不高,服务农民和新型农业经营主体的作用还不突出;社有企业改革滞后,发展活力和规模实力还不强;一些干部职工的能力本领还不适应事业发展的需要,人才队伍建设亟待加强;供销合作社内部管理不够规范,监督约束机制有待健全。

高举习近平新时代中国特色社会主义思想伟大旗帜
奋力开拓中国特色供销合作社发展之路

未来五年,是我国全面建成小康社会、实现第一个百年奋斗目标之后,乘势而上开启全面建设社会主义现代化国家新征程、向第二个百年奋斗目标进军的第一个五年,我国将进入新发展阶段。站在新的历史起点上,供销合作社要实现新跨越、开创新局面、谱写新篇章,必须坚持正确方向,必须彰显政治优势,必须明确历史使命,必须勇担职责任务,必须加强自身建设,努力走出一条中国特色供销合作社发展之路。

第一,坚持以习近平新时代中国特色社会主义思想为指导,确保供销合作社发展的正确方向

习近平新时代中国特色社会主义思想,是当代中国马克思主义、二十一世纪马克思主义,是全党全国人民为实现中华民族伟大复兴而奋斗的行动指南,是引领党和国家各项事业发展的根本指针。供销合作社是党和政府做好"三农"工作的重要载体,是促进农村经济社会发展的重要力量。确保供销合作社发展的正确方向,必须学懂弄通做实习近平新时代中国特色社会主义思想,深刻理解和把握其核心要义、精神实质、丰富内涵、实践要求,做到学思用贯通、知信行统一,自觉用习近平新时代中国特色社会主义思想统领供销合作社改革发展,切实将这一重要思想贯穿供销合作社全部工作始终。确保供销合作社发展的正确方向,必须深学细悟笃行习近平总书记关于"三农"工作重要论述,深刻认识蕴含其中的新理念新思想新战略,深刻把握贯穿其中的理论创新、实践创新、制度创新,不断增强做好"三农"工作的思想觉悟和能力水平,践行为农服务初心使命,坚守为农服务主责主业,充分发挥供销合作社在实现中国特色农业农村现代化进程中的独特优势和重要作用。确保供销合作社发展的正确方向,必须不折不扣落实习近平总书记关于供销合作社工作重要指示批示,党的十八大以来,习近平总书记对做好供销合作社工作多次作出重要指示批示,特别是这次会前作出的重要指示,深刻阐述了事关供销合作事业长远发展的重大理论和实践问题,明确了供销合作社的性质定位,肯定了供销合作社的地位作用,指明了供销合作社的发展方向,提出了继续办好供销合作社的使命要求,为

做好新时代供销合作社工作提供了根本遵循。我们必须深入学习、准确领会、全面把握,坚持把贯彻落实习近平总书记关于供销合作社工作重要指示批示作为全系统增强"四个意识"、坚定"四个自信"、做到"两个维护"的具体行动,确保供销合作社始终沿着正确方向前进。

第二,坚持党的领导,充分彰显供销合作社的政治优势

习近平总书记明确指出,供销合作社是党领导下的为农服务的综合性合作经济组织。坚持党的领导,是供销合作社最本质的特征。回顾中国革命、建设、改革波澜壮阔的历史进程,重视和加强供销合作事业,始终是我们党做好"三农"工作的传统和优势。坚持党的领导,是供销合作社始终如一的红色基因。坚持党的领导,听从党的号召,奉献党的事业,是供销合作社融入血脉的精神标识、永不褪色的红色烙印。坚持党的领导,是供销合作社独具特色的政治优势。坚持党的领导,是供销合作事业持续健康发展的根本保证。面向未来,供销合作社只有坚定不移听党话、跟党走,全面加强党对供销合作事业的领导,才能有效发挥制度优势、应对重大挑战、抵御重大风险,不断开创我国供销合作事业新局面。

第三,立足"三农"大局,把推进农业农村现代化和乡村振兴作为供销合作社的职责任务

实施乡村振兴战略,是以习近平同志为核心的党中央着眼党和国家事业全局作出的重大决策部署,是新时代做好"三农"工作的总抓手。全系统必须着眼于加快推进农业农村现代化这个"总目标",牢固树立"总抓手"意识,立足全局增强使命感,把握职能增强责任感,聚焦任务增强紧迫感,积极投身新时代乡村振兴伟大实践。推进农业农村现代化和(下转A3版)(上接A2版)乡村振兴,必须在农村现代流通中发挥骨干作用。供销合作社必须充分发挥流通主业优势,勇于担当、勇挑大梁,把握流通变革新规律,顺应流通发展新趋势,坚持以规模化为基础、信息化为支撑、品牌化为导向,畅通农产品进城、工业品下乡双向通道,加快形成城乡网点广泛覆盖、线上线下融合发展的流通新格局,努力成为新时代农村现代流通的主导力量。推进农业农村现代化和乡村振兴,必须在农业社会化服务中发挥中坚作用。供销合作社必须深入总结土地托管服务等经验,探索更多适合不同地域、不同作物的农业生产服务模式,为小农户和各类新型农业经营主体提供规模化、系列化、便利化服务,促进农业适度规模经营,促进小农户与现代农业发展有机衔接。推进农业农村现代化和乡村振兴,必须在发展壮大农村集体经济中发挥枢纽作用。当前,农村集体产权制度改革深入推进,以资源变资产、资金变股金、农民变股东为主要内容的农村"三变"改革广泛开展,各种形式的农村股份合作经济蓬勃发展。供销合作社必须顺应农村改革大势,融入新型农村集体经济发展,积极推广"村社共建",发展富民乡村产业,成为引领带动农村各类经济组织发展的重要枢纽,实现村集体经济壮大、农民共同富裕、供销合作社发展的多赢。推进农业农村现代化和乡村振兴,必须在改善农村人居环境中发挥独特作用。供销合作社要充分发挥再生资源回收利用网络和农资经营服务网络优势,主动参与农村生活垃圾治理和农业面源污染防治,以实际行动推动农业更绿、农村更美、农民更富,助力打造现代版乡村《富春山居图》。

第四,建功"十四五",把为建设社会主义现代化国家作贡献作为供销合作社的历史使命

全系统必须深刻认识和把握发展大势,胸怀"两个大局",紧紧围绕建功"十四五"时期经济社会发展主战场,高质量制定和实施供销合作社"十四五"规划,为全面建设社会主义现代化国家作出贡献。建功"十四五",必须在建设现代化经济体系中积极作为。当前,我国已进入高质量发展阶段,但发展不平衡不充分问题仍然突出,必须坚定不移贯彻新发展理念,深入推进供给侧结构性改革,加快建设现代化经济体系,实现更高质量、更有效率、更加公平、更可持续、更

为安全的发展。这就要求供销合作社加快转变传统发展理念和发展方式,加快推进质量变革、效率变革、动力变革,加快推动经济结构优化升级,打造现代化经济体系的供销板块。建功"十四五",必须在构建新发展格局中积极作为。在当前全球市场萎缩的外部环境下,党中央明确提出,必须牢牢把握扩大内需这个战略基点,发挥国内超大规模市场优势,加快形成新发展格局。这就要求供销合作社充分发挥覆盖城乡的经营服务网络优势,努力营造安全、优质、便利的消费环境,开拓城乡市场,扩大最终消费,在畅通生产、流通、分配、消费国民经济循环中发挥更大作用。建功"十四五",必须在加快完善社会主义市场经济体制中积极作为。全面深化经济体制改革,构建更加系统完备、更加成熟定型的高水平社会主义市场经济体制,是党中央作出的重大战略部署,是新时代坚持和完善社会主义基本经济制度的迫切需要。这就要求供销合作社充分发挥经营性和公益性功能相结合的独特优势,积极参与农村各项改革,激发农村市场活力,促进商品和要素在城乡之间自由流动、高效配置;同时积极承担政府委托的公益性服务,在服务政府宏观调控、弥补市场失灵中发挥应有作用。

第五,推进改革强社、服务立社、夯基建社、以企兴社、从严治社,建设新时代综合性合作经济组织

全系统要凝聚共识、协同行动,在坚持合作经济基本属性前提下,把合作制原则同我国供销合作事业发展实际相结合,坚持"改革强社、服务立社、夯基建社、以企兴社、从严治社",加快建设新时代综合性合作经济组织。

——深入推进改革强社。全系统必须以永远在路上的执着将改革进行到底,巩固深化改革成果,加快理顺体制机制,增强内生动力活力,实现创新发展、转型发展,加快打造体现新发展理念和高质量发展要求的新时代综合性合作经济组织。

——深入推进服务立社。全系统必须把为农服务作为立身之本、生存之基,不断拓展服务阵地,创新服务方式,增强服务能力,加快形成综合性、规模化、可持续的为农服务体系,成为党和政府抓得住、用得上的为农服务中坚力量。

——深入推进夯基建社。全系统必须切实在思想上高度重视,在工作上优先安排,在投入上重点保障,真正把基层社办成规范的、以农民社员为主体的合作社,切实提高农民群众获得感。

——深入推进以企兴社。全系统必须加大社有企业改革力度,完善治理结构、强化激励约束,突出主业、提高效率,培育一批具有较强市场竞争力和行业影响力的龙头企业,筑牢新时代综合性合作经济组织的产业基础,更好服务国家宏观调控、履行社会责任。

——深入推进从严治社。全系统必须坚决贯彻党中央关于全面从严治党战略部署,深入推进党风廉政建设,把党规党纪、法律法规、章程制度全面落实到供销合作社工作各领域,加快完善内容科学、程序严密、配套完备、有效管用的全面从严治社制度体系和管理机制,为建设新时代综合性合作经济组织提供坚强保障。

凝心聚力 加压奋进
开启供销合作事业发展新征程

今后五年,做好供销合作社工作的总要求是:坚持以习近平新时代中国特色社会主义思想为指导,全面贯彻党的十九大和十九届二中、三中、四中全会精神,深入学习贯彻习近平总书记关于"三农"工作重要论述和对供销合作社工作的重要指示批示,坚持稳中求进工作总基调,坚持新发展理念和高质量发展要求,坚持从"三农"工作大局出发,牢记为农服务根本宗旨,持续

深化综合改革,完善体制机制,拓展服务领域,深入推进改革强社、服务立社、夯基建社、以企兴社、从严治社,加快成为服务农民生产生活的综合平台,成为党和政府密切联系农民群众的桥梁纽带,努力走出一条中国特色供销合作社发展之路,不断开创我国供销合作事业新局面,为推进农业农村现代化和乡村振兴贡献力量。

到 2025 年,生产、供销、信用"三位一体"综合合作广泛开展,综合性、规模化、可持续的为农服务体系基本形成;基层社服务功能更加完备,与农民建立紧密利益联结,实现农民得实惠、基层社得发展的双赢;联合社机关管理严格,治理效能显著提升,双线运行机制健全完善,全系统整体优势充分发挥;社有企业改革扎实推进,综合经济实力和服务能力明显增强,切实建立适应社会主义市场经济要求的现代企业制度。经过五年的改革发展,供销合作社在"三农"领域作用更加凸显、贡献更加突出。

(一)深入学习贯彻习近平新时代中国特色社会主义思想,不断筑牢供销合作事业发展的思想根基

全系统要坚持把深入学习贯彻习近平新时代中国特色社会主义思想作为首要政治任务,持续在深学笃信笃行上下功夫,进一步增强"四个意识"、坚定"四个自信"、做到"两个维护"。

在深学细悟中把握思想体系。坚持常学常新、常悟常进,自觉做到学习跟进、认识跟进、思想跟进、行动跟进,不断增强政治认同、思想认同、情感认同。

在联系实际中理清工作思路。要强化各级联合社领导干部的理论武装,分层实施、分步推进理论培训,实现全覆盖,切实把全系统的思想认识统一到习近平总书记一系列重要指示批示精神上来。

在知行合一中积极担当作为。全面对标对表习近平总书记重要指示批示,明确努力方向和重点任务,明确责任主体和工作要求,推动落地见效。

全系统必须提高政治站位,切实用党的创新理论武装头脑、指导实践、推动工作,进一步筑牢思想根基、坚定事业自信,不断推进中国特色供销合作社理论创新、实践创新,汇聚起开创供销合作事业发展新局面的磅礴力量。

(二)立足服务党和国家工作全局,积极建功"十四五"经济社会发展

全系统要胸怀"两个大局",立足职能职责,发挥自身优势,努力在全局中找准工作切入点、着力点、出彩点,积极服务国家重大战略。

着力在落实"六稳""六保"工作任务中体现担当。供销合作社系统做好"六稳"工作、落实"六保"任务,关键是要稳定经济运行、开拓国内市场、扩大有效投资、培育新兴动能,为加快形成以国内大循环为主体、国内国际双循环相互促进的新发展格局作贡献。确保系统经济平稳健康运行,加强分析研判,提升指导系统做好经济工作的基本功。密切关注宏观经济形势变化对供销合作社主营业务的影响,及时采取有针对性的应对措施,千方百计保市场主体,多措并举稳住主营业务和县及县以下两个基本盘。积极参与开拓国内大市场,抓住国家扩大内需的重大机遇,发挥供销合作社联结城乡、衔接产销的优势,在巩固提升传统业务的基础上,规划布局建设现代物流体系,加快发展农村电商,充分挖掘农村市场潜力,在促进形成强大国内市场中发挥供销作用。加快重大投资项目建设,用好国家扩大有效投资政策,围绕冷链物流、农产品市场等领域,抓紧启动建设一批稳增长、补短板的项目,谋划实施一批打基础、利长远的项目,发挥有效投资拉动作用。抢抓国家建立应急物流体系的政策机遇,积极争取党委政府依托供销合作社建设应急物资储备中心。大力培育发展新动能,适应新型城镇化、数字乡村建设等

新形势新要求,加快服务创新、产品创新、商业模式创新,努力在农业全产业链服务、现代物流、农村环保等领域形成新的竞争优势。

着力在建立稳定脱贫长效机制中贡献力量。充分发挥"扶贫832平台"作用,进一步在供给、需求、平台三方发力,消除瓶颈制约,建立稳定销售机制,拓展产业服务功能,巩固提升脱贫成果。扎实推进消费扶贫,强化对口帮扶机制。继续开展贫困地区农产品展示推介活动,拓宽农产品销售渠道。持续做强产业扶贫。统筹做好科教扶贫。

着力在推进乡村振兴中展现作为。加快培育富民乡村产业,立足地方资源禀赋,发挥供销合作社产业主体众多的优势,服务带动现代高效农业和农产品加工流通业,推进产业交叉融合,延长产业链,把更多的产业增值收益留在乡村,促进乡村产业振兴。主动参与农村集体经济发展。积极投身农村人居环境整治,拉长再生资源行业产业链,形成供销合作社为农服务新优势。服务农民群众生活,顺应农村消费升级趋势,改造建设一批功能完备、便民实用的农村综合服务社,推动生活性服务向高品质和多样化升级。

(三)大力实施供销合作社培育壮大工程,开启综合改革新篇章

实施供销合作社培育壮大工程是综合改革的延续和深化,是巩固和拓展综合改革成果的内在要求,要统筹部署、一体推进,不断把供销合作社综合改革推向深入。

深化"三位一体"综合合作。鼓励探索多种形式的"三位一体"综合合作,不断丰富创新"三位一体"综合合作实现途径,加快扩大"三位一体"综合合作覆盖面。积极拓展综合合作功能,密切与农民和各类新型农业经营主体的合作联合,提高综合服务效能。着力提升综合合作水平,形成以流通为主导、生产为基础、金融为支撑的综合协同服务新机制。深入总结各地经验,制定出台推进"三位一体"工作指导意见。开展"三位一体"综合合作百县推进行动。

推动改革系统集成。不断强化改革思维,由夯基垒台、立柱架梁向全面推进、协同高效转变,发挥综合改革的整体效应。扩大改革制度化成果,以制度规范推进综合改革。处理好改革与发展的关系,做到改革与发展相互促进、齐头并进。

加快补齐改革短板弱项。加快完善"三会"制度。加快健全双线运行机制,创新纵向层级联系方式,优化横向社企关系,构建高效协调运转的双线运行机制。加快提升联合社治理能力,推动全系统不断完善适应社会主义市场经济需要、适应城乡融合发展需要、适应农业农村现代化需要的组织结构、管理体制、运行机制。

(四)着力打造综合性合作经济组织,加快形成全产业链为农服务新格局

坚持把为农服务摆在首位,放大服务功能,拓展服务领域,创新服务方式,做好"供销合作社+"这篇大文章,加快形成全产业链服务体系。

完善农业社会化服务体系。做实服务网络,建设县有运营中心、乡镇有惠农服务中心、村有惠农服务站的县域农业社会化服务网络。做强服务主体,构建以社有企业为骨干、基层社为基础、产业服务联盟为支撑的服务体系。提升服务能力,为农民合作社、家庭农场和小农户提供精准化服务。提高服务科技含量,推动服务精准到户。力争到2025年,全系统通过从上到下建设农业社会化服务体系,土地托管面积达到1.5亿亩,各环节农业社会化服务规模达到3亿亩次,服务带动小农户5000万户以上。

健全农产品现代流通体系。启动实施"供销合作社农产品冷链物流和市场建设工程"。加快冷链物流基础设施建设,培育一批骨干冷链物流企业,建设产地预冷、仓储保鲜、冷藏运输等设施,建设一批冷链物流中心(物流园区)和示范基地。优化农产品市场布局,形成产地市场、

集散地市场和销地市场有机联结、分布合理、高效流通的骨干农产品市场网络。畅通农产品销售渠道,促进小农户与大市场精准有效对接。健全农产品滞销信息快速响应机制,探索建立滞销农产品集中采购仓储、网点错峰销售机制。创新农产品流通方式,大力发展农产品电商,推动商贸流通企业数字化转型。到2025年,力争全系统冷链物流库容占全社会的比重超过10%;亿元以上农产品批发市场占全社会的20%,交易额占全社会比重超过15%;全系统农产品电商交易额超过2800亿元。

实施"供销品牌创建行动"。加大"中国供销合作社"标识普及和推广力度。强化品牌建设。加强品牌宣传。

(五)做强县及县以下供销合作社,全力打通为农服务"最后一公里"

坚持大抓基层的鲜明导向,着力增强县级社综合实力,持续推进基层社提质扩面,完善基层经营服务功能,全面巩固为农服务前沿阵地。

着力加强县级社建设。提高县级社统筹服务能力,加快推进县基服务一体化。加强县级社对基层社资产的监督管理,提升统一运营的水平。推进县级社民主办社、开放办社。加强对县级社的指导和扶持,逐步消灭县级供销合作社建设"空白点"。

全面提升基层社发展质量。分类改造薄弱基层社,每年按照基层社总量5%的比例改造提升薄弱社和相对薄弱社。逐步消除"三无"基层社,努力实现全国所有乡镇基层社全覆盖。建设标杆基层社,未来5年建设3000家标杆社,打造乡镇为农服务综合体。强化基层社合作经济组织属性,切实做到农民出资、农民参与、农民受益。可以因地制宜发展村供销合作社。继续做实供销合作社合作发展基金,统筹用于基层社建设和为农服务。

办好办强农民合作社。扩大数量,力争2025年在全社会的占比达到10%以上。提高质量,强化对农民合作社的指导、扶持和服务,培育一批管理民主、制度健全、与供销合作社联结紧密的农民合作社。强化联合,增强吸引力、公信力,引领推动农民合作社之间的联合与合作。

(六)大力推进社有企业高质量发展,加快构建特色鲜明、优势突出的产业支撑体系

坚持市场化改革方向,持续推进社有企业深化改革、转型升级,加强社有资本整合重组和优化布局,提升为农服务产业支撑能力。

推进社有企业市场化改革。加快现代企业制度建设,深入推进社有企业公司制改造。稳慎推进混合所有制改革,放大社有资本功能。切实转换经营机制,以企业三项制度改革为突破口,激发企业发展活力。着力完善企业法人治理结构,坚持把企业党组织内嵌到公司治理结构之中,推动形成各司其职、各负其责、协调运转、有效制衡的公司治理机制。进一步健全决策、执行、监督机制,压缩管理层级,完善管控体系,堵塞管理漏洞。出台关于全系统社有企业改革发展的指导意见。

提高社有企业综合实力。培育壮大龙头企业,分行业推进社有企业战略性重组和专业化整合,培育一批示范带动作用强的行业龙头企业。加快实施"社有企业上市倍增计划",打造资本市场的供销合作社概念股。积极培育新增长点,主动对接区域发展战略,加大投资力度,发展互助合作保险,加强产业链上下游协同,持续增强产业支撑能力。创新发展联合合作,加快打造一批具有较强影响力的大棉商、大茶商、大粮商。推动形成大中小企业各有侧重、各层级供销合作社分工协调、各类经营主体利益共享的合作经营格局。总社"新网工程"专项资金继续加大对联合合作项目支持。

加强社有企业监督和管理。理顺社企关系,健全完善"三重一大"决策制度,把牢社有企业

为农服务方向，尊重和保障企业经营自主权。健全监管机制，加快构建完整工作链条，不断提高监管效能和水平，切实防范重大经营风险。全面摸清社有资产家底，建立资产数据库。强化监督问责，发挥监事会职能，统筹监督力量，建立监督联动和会商机制，对发现的违规经营投资等问题加大责任追究力度。

（七）坚持全面从严治社，着力营造供销合作事业持续健康发展的良好环境

在新的历史起点上推进供销合作事业，必须坚持党的领导，贯彻新时代党的建设总要求，坚定不移推进全面从严治党、从严治社，为供销合作事业行稳致远提供坚强保证。

切实把党的政治建设摆在首位。要把"两个维护"作为最根本的政治责任和最高政治原则，以党的政治建设为统领，全面加强供销合作社党的各项建设，始终在政治立场、政治方向、政治原则、政治道路上同以习近平同志为核心的党中央保持高度一致。严明政治纪律和政治规矩，坚决贯彻落实习近平总书记重要指示批示和党中央重大决策部署，严格落实请示报告制度。巩固深化"不忘初心、牢记使命"主题教育成果。加快建立从严治社长效机制，推动党风廉政建设不断深入，形成风清气正的良好政治生态。

着力加强干部人才队伍建设。落实新时代党的组织路线，突出政治标准，加快建立健全具有供销合作社特色的干部人事制度，培养造就政治强、业务精、结构优、作风好的干部队伍。着力培养一批爱供销、懂经营、会管理、勇创新的企业家队伍。加强基层人才队伍建设，充实优化基层人才队伍。创新基层用人机制和薪酬机制。实施"供销合作社教育培训工程"，为供销合作社改革发展提供人才支撑。开展省、市、县三级联合社主任轮训。积极开展农村实用人才培训。大力弘扬供销合作社文化，为新时代供销合作事业发展凝聚强大力量。

坚定不移推进党风廉政建设。严格落实"两个责任"，把全面从严治党各项要求落到实处。持之以恒深化作风建设，力戒形式主义、官僚主义。深入开展纪律教育、警示教育。加大监督执纪问责力度，把"严"的主基调长期坚持下去。

统筹推进供销合作社各项事业。加强国际合作交流，深化与"一带一路"国家合作社务实合作，积极支持和参与推动国际合作社联盟工作。大力支持社团发展，进一步发挥社团在服务宏观调控、助力产业发展、巩固脱贫成果等方面的积极作用。深化科研院所改革，加强规范管理，提高科研成果质量，增强为农服务的科技支撑。加强宣传工作，构建大宣传格局，营造供销合作事业发展的良好舆论环境。

参考文献

[1] 中华供销合作网,http://www.chinacoop.gov.cn/.

[2] 中华合作时报,http://www.zh-hz.com/.

[3] "农村现代物流研究中心"课题组.中国农村物流发展报告[J].中国合作经济,2013(9).

[4] 夏春玉.农产品流通:基于网络组织理论的一个分析框架[J].北京工商大学学报(社会科学版),2009(7).

[5] 奋力开拓中国特色供销合作社发展之路　为推进农业农村现代化和乡村振兴贡献力量——喻红秋在中华全国供销合作社第七次代表大会上的工作报告[J].中国合作经济,2020(9).

第三部分　中国农村信用社发展研究报告[①]

　　农村信用社的前身是农村信用合作社。农村信用合作社于1951年成立之初,是按照合作制原则,由社员入股,以互助、自助为目的,为社员提供金融服务的农村合作金融机构。在其后50多年的发展历程中,作为农村地区重要的金融机构,农村信用合作社几经改革,其性质和定位一直处于不断探索和变化中。

　　20世纪90年代,国有商业银行在商业化改革后纷纷撤回县域分支机构,农信社成为服务"三农"的主力军,但因经营机制和内控制度不健全,大部分农信社已资不抵债,基本生存难以维持,改革势在必行。2003年,国务院印发《深化农村信用社改革试点方案》,要求"把信用社逐步办成由农民、农村工商户和各类经济组织入股,为农民、农业和农村经济发展服务的社区性地方金融机构。"明确农村信用社可自主选择股份制、股份合作制、合作制三种产权制度和农村商业银行、农村合作银行、县(市)统一法人和县、乡两级法人农村信用社四种组织形式。自此,农村信用合作社的官方名称中去掉了"合作"二字,意味着这次改革,国家不再按照合作金融原则重新规范发展农村信用社,标志着农村信用合作社性质的改变。

　　由于实践中采取合作制、股份合作制产权制度的农村信用社,事实上已经偏离了合作金融的目标而趋于商业化经营。2011年,银监会提出了将全国农村信用社逐步改制为农村商业银行的目标,明确其性质从合作制改为商业性,但其服务"三农"的定位,农村金融主力军的地位没有改变。目前,除北京、天津、上海、重庆、安徽、湖北、江苏、山东、江西和湖南10省(直辖市)已经全部完成农村信用社改制工作,其他省份正加快推进。截至2019年末,农村信用合作社改制而来的农村合作金融机构法人数量达2228家,其中,农村商业银行1478家,农村合作银行28家,农村信用社722家,农合机构法人数量在全国银行业金融机构中占比48.36%;涉农贷款余额在银行业金融机构中占比29.21%;小微企业贷款在银行业金融机构中占比25.26%。在服务"三农"、乡村振兴等重大战略的实施中发挥重要作用。

　　改革后的农村合作金融机构,在资产规模、资产质量和盈利能力等方面都显著提高,然而在央行金融机构风险评级中是高风险等级的主体,是银保监会处罚的主体,农信社改制农商行之后,公司治理仍然"形似而神不似",省联社问题也日益突出,这些都说明农合机构单纯追求高速商业化改制,对于促进机构服务回归本源、优化经营管理以及消解风险的作用是有限的。因此,人民银行和银保监会把继续深化农信社改革作为2020年的重点工作之一。

一、农村信用社发展历程

　　新中国成立后,随着"三大改造"的完成,中国逐步建立起大一统的计划经济体制。具体到金融业,金融机构主要是中国人民银行,由其统一动员、吸收、集中和分配资金,这一时期的金融业态单一,商业性金融几近消失。改革开放以来,农村信用社从成立之初的信用合作制金融机构到现今商业银行化的农商行,已历经近70年风雨,作为农村地区重要的金融机构,其管理

[①] 执笔人:于志慧;审稿人:李想。

主体也从专业银行到央行,再到地方政府。

(一)1949～1957年,农村信用合作社全面建立

1949年3月,毛泽东同志在中共七届二中全会的报告中指出:"必须组织生产的、消费的和信用的合作社,和中央、省、市、县、区的合作社的领导机关。"在1949年9月通过的《中国人民政治协商会议共同纲领》中规定:关于合作社,鼓励和扶助广大劳动人民根据自愿原则,发展合作事业。1951年5月,中国人民银行总行召开了第一次全国农村金融工作会议,决定全面开展农村金融工作,其中重点要试办农村信用合作组织,通过组织和调剂农民群众之间的资金余缺,帮助农民解决生产生活困难,避免遭受高利贷剥削,促进农业生产的尽快恢复和发展,试办期间,信用合作主要采取三种形式:一是信用社;二是供销社内附设的信用部;三是信用互助小组。1951年8月由中国人民银行总行,中华全国合作社联合总社下发的《关于农村信用合作工作注意要点的联合指示》指出,信用合作工作由人民银行负责组织领导。1953年,中共中央发出了《关于农业生产合作社的决议》,指出"农业生产互助合作、农村供销合作和农村信用合作是农村合作化的三种形式。这三种合作互相分工而又互相联系和互相促进,从而逐步把农村的经济活动与国家的经济建设计划联结起来,逐步在生产合作的基础上,改造小农经济"。由此,我国农村信用合作事业出现了一个大发展时期。

1956年,全国已在97.5%的乡建立了11万多个农村信用合作社,对当时农村经济发展起到了积极作用,但同时这一时期的信用合作工作出现了一些失误,违背了合作制原则,偏离了合作制道路,如违背自愿入社原则,以搞政治运动的方式强迫农民入社;违反平等互利原则,强迫中农多入股,在贷款上则偏向贫农;信用社业务经营方面普遍出现不计成本、不讲信用的倾向,使合作金融在后来的发展中失去了方向。

(二)1958～1980年,合作金融遭受严重挫折

在这一时期,受极左思想的干扰,农村信用社几次大起大落,丧失了合作金融性质,先后被移交给人民公社、生产大队、银行营业所管理,变成这些部门的附属机构,信用社管理体制逐渐演变成了政府的附属工具,信用合作事业遭到严重破坏,名存实亡。1958年12月,中共中央、国务院颁发了《关于适应人民公社化的形势改进农村财政贸易管理体制的决定》,根据决定,中国人民银行农村营业所下放给农村人民公社,和农村信用社合并组成人民公社信用部,由于权力下放后出现随意占用信贷资金、分散主义和本位主义等问题。1959年又将银行营业所从人民公社收回,而将信用社进一步下放给生产大队,成为信用分部,工作人员由生产大队管理,盈亏由生产大队统一核算,信用分部成了生产大队的一个部门。鉴于信用分部(即信用社)归生产大队管理后,不利于发挥组织和调配农村资金的问题,国务院于1962年11月批转了人民银行《关于农村信用社若干问题的规定》规定信用社业务和执行金融政策方面受中国人民银行领导,受其监督,贷款计划要经中国人民银行审查。

"文化大革命"时期,又对农村信用社实行"贫下中农管理",造成信用社组织上的严重混乱,规章制度被废除,业务停顿。为了扭转这一不良后果,国家从1970年开始采取措施,进行体制调整,使农村信用合作社由脱离银行的领导而逐渐变成实际上银行的基层机构。这一时期由于整个国民经济受到极左的错误思想和路线侵害,农村信用社的发展出现波折反复,农信社干部队伍、资金和业务都遭受了严重的破坏和损失,农信社发展萎缩,出现严重困难。1977年中国人民银行正式确定,农村信用社既是集体金融组织,又是国家银行在农村的基层机构,

进一步使农村信用社严重脱离了社员,合作金融组织的特点基本消失。

(三)1980~1996年,信用合作社"三性"恢复期

20世纪80年代初至80年代中后期,是由计划经济向商品经济过渡时期,这一时期对各种类型的合作社的认识是:合作社属于公有制性质的集体经济组织,已经开始认识到合作金融的民办合作性。1979年国家恢复了中国农业银行,农村信用合作社由中国农业银行管理,但不是农业银行的基层机构。1980年,中共中央对农村信用合作社的改革作出了明确指示,即既不能把农村信用社下放给公社,也不能官办,只能办成真正的合作金融组织。1982年,中国农业银行开始对农村信用社按照合作金融的方向进行改革,努力恢复农村信用社的"组织上的群众性、管理上的民主性、经营上的灵活性"。到1984年,有82%的农村信用社开展了恢复"三性"的改革。为建立农村信用社"自主经营、自负盈亏"的体制,农村信用社逐步组建了县级联社,有的地方还成立了市级联社。在此期间,随着经济的发展,农村信用社取得了长足发展,但同时"行社一体化"倾向越来越严重,农村信用社并未能改变事实上的农业银行基层机构的地位,仍然未能走上独立发展的道路,其合作制性质也在商业化经营倾向中进一步丧失。

至1996年,这一时期已明确中国实行社会主义市场经济体制,并开始按市场原则思考合作金融组织的性质问题,在理论来源上,已经开始系统地运用西方市场经济国家的合作经济思想。具体实践上,在第一阶段改革的基础上,继续强调农村信用社商业化改革的实施。国务院1994年颁布了《关于农村金融体制改革的决定》,计划在1994年基本完成县联社的组建工作,1995年大量组建农村信用合作银行。不过,实际进度大大落后于这一阶段所设计的目标。另外一个重要的政策变化就是规定农村信用合作社不再受中国农业银行管理,农村信用社的业务管理,改由县联社负责;对农村信用社的金融监督管理,由中国人民银行直接承担。

(四)1996~2002年,信用合作制规范时期

1996年下半年,根据国务院《关于农村金融体制改革的决定》,农村信用合作社与中国农业银行脱离行政和业务隶属关系,农村信用社的业务管理和金融监管分别由县级联社和中国人民银行承担。自1997年起,在全国范围内对农村信用社普遍进行了按合作制原则规范的改革。

1997年亚洲金融危机以后,四大商业银行为降低风险和提高收益率逐步退出农村市场,农业合作基金会全部撤并,与此同时,中国经济开始步入通货紧缩,国家在强调继续深化金融体制改革的同时,也开始重视对金融风险的控制,这一时期的政策客观上强化了农村信用合作社对农村金融市场的垄断。主要体现在:①开始在国有商业银行中推行贷款责任制。②收缩国有商业银行战线。1997年中央金融工作会议确定了"各国有商业银行收缩县(及以下)机构,发展中小金融机构,支持地方经济发展"的基本策略,包括农业银行在内的国有商业银行开始日渐收缩县及县以下机构。③打击各种非正规金融活动,对民间金融行为进行压制。1999年在全国范围内撤销农村信用合作基金会,并对其进行清算。④将农村金融体制改革的重点确定到对农村信用合作社的改革上。

1997年和1998年,国务院多次发文,要求坚定不移地把农村信用合作社办成合作金融组织,按合作制原则改革农村信用合作社管理体制,加强人民银行对其监督管理,防范和化解农村信用合作社风险,完善和加强其县(市)联社的建设,组建其县以上行业自律组织。根据"自愿入股、由社员民主管理、主要为入股社员服务"的合作制原则,开启了农村信用合作社改革。

各类改革措施出台后,农村信用合作社服务"三农"的方向进一步明确,服务水平不断提高,支农投入明显增加,资产质量和经营状况逐渐好转,金融风险得到初步控制,但农村信用合作社在自身机制和外部管理体制上的问题尚未解决。

由于经营机制和内控制度不健全以及监管不到位,农村信用合作社出现了资产质量差、历史包袱沉重、潜在风险较大等问题。部分农村信用合作社已资不抵债,基本生存难以维持。2002年末,农村信用合作社发放的农业贷款占同期全国金融机构农业贷款的81%。而按照贷款四级分类口径统计,全国农村信用合作社不良贷款比例高达37%、资本充足率为-9%[①],资不抵债额高达3400多亿元,从技术上已经达到破产标准。农村信用合作社的发展现状与日益旺盛且多元化的农村金融需求发生严重冲突,迫切需要加快改革。

(五)2003~2010年,农信社全面深化改革时期

2000年7月,江苏省率先进行农信社改革试点。2003年6月,国务院下发《深化农村信用社改革试点方案的通知》,在吉林、山东、江西、浙江、江苏、陕西、贵州、重庆等8省(直辖市)开展改革试点工作。2004年6月,国务院再次下发通知,决定进一步扩展试点范围至除海南和西藏以外的21个省(自治区、直辖市)。

本轮改革的重点集中在以下方面。一是明晰产权关系。自主选择股份制、股份合作制、合作制等多元化的产权制度和农村商业银行、农村合作银行、县(市)统一法人和两级法人等多样化的组织形式。二是改革管理权。将农信社的管理权由人民银行转交给省级政府。三是花钱买机制。国家出台了财政、税收、金融等一系列扶持政策,主要包括保值贴补息、减免营业税和所得税、专项中央银行票据和专项借款等政策措施,实现农信社产权制度建设和治理结构的完善,实现健康、可持续发展。截至2011年末共计安排资金支持2660亿元,占2002年实际资不抵债数额的比例超过80%。这轮改革,取得了重要的阶段性成果,不仅产权关系有所明晰,而且历史包袱得到有效化解、资产质量明显改善,金融支农能力显著提升。自2004年全国农信社首次轧差盈利后,2011年累计盈利5136亿元,共有2031个县(市)农信社消化历史挂账,亏损的农信社也由2002年的1088个降为2011年末的18个。全国农信社的资本充足率达到10.7%,不良贷款率为5.5%(贷款五级分类),农户贷款余额2.3万亿元,与2002年末相比,增长了4.6倍[②]。

(六)2011年至今,农信社完全商业化改革时期

为深入推进农信社产权改革和优化股权结构,2011年,银监会明确提出通过五年左右时间的努力达到高风险机构全面处置、历史亏损挂账全面消化、股份制改革全面完成、现代农村银行制度基本建立。继续推进农信社产权制度和管理体制改革;全面取消资格股,鼓励符合条件的农村信用社改制组建为农村商业银行;不再组建新的农村合作银行,现有农村合作银行要全部改制为农村商业银行。这表明,农信社放弃合作制,走上完全商业化的道路。2014年11月,银监会发布《关于鼓励和引导民间资本参与农村信用社产权改革工作的通知》,要求支持民间资本与其他资本按同等条件参与农村信用社产权改革,鼓励民间资本参与农村商业银行增资扩股,引导民间资本对农村信用社实施并购重组。在新政策推动下,各地纷纷通过股份制将

---

① 数据来源:2003年《中国金融年鉴》。
② 数据来源:2012年《中国银行业监督管理委员会年报》《中国金融年鉴》。

农信社改制为农商行。目前,除北京、天津、上海、重庆、安徽、湖北、江苏、山东、江西和湖南10省(直辖市)已经全部完成农村信用社改制工作,其他省份正加快推进。自重庆农商行2010年在香港H股率先上市后,农商行上市浪潮开启,农信社已进入由农商行主导的新阶段。

中国银保监会发布的数据显示,截至2019年底,有农村信用合作社改制而来的农村商业银行1478家,农村合作银行28家,农村信用社722家,原农村信用合作社改制而来的法人机构合计达2228家,占全国银行业金融机构的48.36%,占农村金融机构总数的近60%;这些法人机构资产总额35.51万亿元,占银行业金融机构比例为12.24%,规模超过中国工商银行;各项贷款余额18.72万亿元,占银行业金融机构的12.23%;其中涉农贷款余额10.28万亿元,占银行业金融机构的29.21%;小微企业贷款余额9.32万亿元,占银行业金融机构的25.26%。由此可见,其涉农贷款、小微企业贷款占比远远高于资产总额和贷款余额占比,服务"三农"、服务小微的普惠金融特性显著,其在服务"三农"、乡村振兴、脱贫攻坚、普惠金融、区域协调发展等重大战略的实施中发挥着重要作用。

农村信用社改革方面,省联社改革成为重点。2012年7月,原银监会出台了《关于规范农村信用社省(自治区)联合社法人治理的指导意见》,指导意见提出将省联社职能圈定为"对社员行的服务、指导、协调和行业管理",改革焦点是如何实现"淡出行政管理职能,强化服务职能"以及健全法人治理结构。当前省联社改革仍在进行当中,除了宁夏、陕西以及直辖市外,其他地区改革方案仍在探索中。

二、农村信用社改革取得的成就

2003年启动的改革,至今已经走过近20年历程,改革目标是否实现?取得了哪些阶段性成果?还存在哪些问题?依据本次农信社改革目标,本文借鉴了Yaron提出的农村金融机构评估指标,设计了农村信用合作社改革业绩评价体系(如表3-1所示):一是农民收入是否增加,通过农信社农户贷款与农民人均纯收入之间的关系来判定农信社在推动地方经济发展中的作用;二是金融服务覆盖面是否扩大,通过农信社存贷款余额和年增长率、存贷比、农户(业)贷款总额及比重、农信社法人机构数量和从业人员数量等指标来判断;三是农信社是否可持续发展,通过不良贷款率、资本充足率、盈利能力、总资产、总负债和所有者权益等来判断。

表3-1 农村信用合作社改革业绩评价体系

农信社改革绩效评价体系	农民收入增长指标	农户(业)贷款
		农民人均纯收入
	金融服务覆盖面指标	农信社存贷款余额和年增长率
		农信社存贷比
		农户(业)贷款总额及比重
		农信社法人机构数量
		从业人员数量
	农信社可持续发展指标	不良贷款率
		资本充足率
		盈利水平
		总资产和所有者权益

(一)农信社增加农民收入指标

McKinnon(1973)[①]和Shaw(1973)[②]的研究表明:适当的金融改革能有效地促进经济的增长和发展,使金融深化与经济发展形成良性循环。我国农信社改革是否促进了地方经济发展的问题,可通过农信社农户贷款额与农民人均纯收入之间的因果关系来分析判定,农民纯收入的增加可反映我国农信社改革的经济效应。在此选取1978~2018年间农信社对农户(业)贷款额[③]和农民年均纯收入水平两个指标,分析它们之间是否具有因果关系。

从图3-1直观地来看,发现农民年均纯收入(NS)和农信社的年农业贷款余额(ND)数据序列在2014年之前具有大致相同的趋势和变化规律,都是逐年递增的,说明二者之间可能存在协整关系。2014年后很多农信社改制为农商行,农信社从数量到规模大幅减少,所以其农业贷款额也开始大幅下降。为了深入挖掘农信社的贷款是不是农民纯收入增加的原因,本文进行如下计量分析。

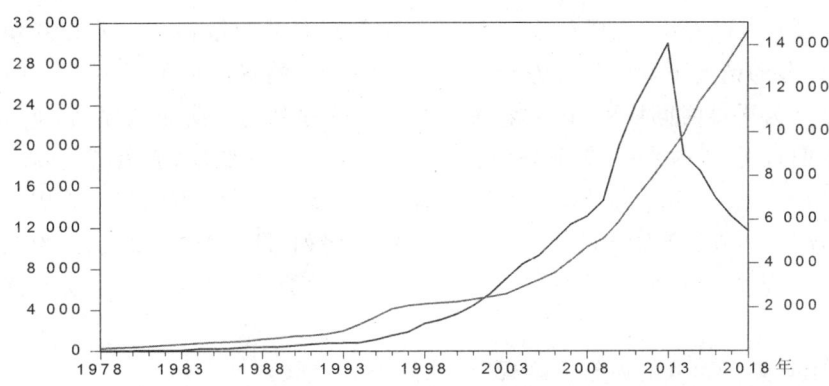

图3-1 1978~2018年农民年均纯收入和农信社对农户(业)贷款余额
数据来源:中国银监会,国家统计局。

本文建立了关于信用社的农业贷款余额和农民纯收入之间的误差修正模型(简称"ECM"模型),选取了1978年至2018年40年的农民纯收入水平(NS)为被解释变量,农信社农业贷款余额(ND)为解释变量,采用E-G两步法建立误差修正模型。结果表明两个时间序列数据不存在协整关系,因此重新选取数据时段,以1978年至2013年数据为样本,建立误差修正模型,步骤如下:

第一步:时间序列的平稳性检验(ADF检验)

为了确定NS和ND序列的非平稳性,通过观察其相关分析图发现,农民年均纯收入(NS)序列和农信社农户(业)贷款余额(ND)序列的自相关系数均出现随着滞后期K的增加而下降,但是二者第1~6期都没有落入置信区间,说明二者均为非平稳序列。NS和ND序列经过二次差分后变得平稳和近似平稳,但都存在多期自相关系数显著不为零的情况,反映出可能存

---

① McKinnon,R.I.,Money and Capital in Economic Development,Brookings Institution Press,1973.
② Shaw,E.S.,Financial Deepening in Economic Development,Oxford University Press,1973.
③ 根据银监会的统计,1993年以前为"农户贷款",之后为"农业贷款",农业贷款包括农户贷款、农业经济组织贷款、农户小额信用贷款、农户联保贷款。一般农户贷款是农业贷款数量的主要部分。

在高阶序列相关性。

接下来用更加准确的单位根检验方法,即 ADF 检验,对农民纯收入(NS)和农信社农户(业)贷款额(ND)序列的平稳性进行检验。二者的原序列、一次差分序列、二次差分序列的单位根检验 ADF 值汇总如表 3-2 所示。

表 3-2 农民人均纯收入和农信社农业贷款的 ADF 平稳性检验

置信区间	农户(业)贷款余额 ADF 值			农民纯收入 ADF 值		
	水平变量	一阶差分	二阶差分	水平变量	一阶差分	二阶差分
	5.030976	−1.421306	−6.989043	2.497571	0.148850	−5.376642
1%	−3.632900	−3.646342	−3.653730	−3.639407	−3.639407	−3.653730
5%	−2.948404	−2.954021	−2.957110	−2.951125	−2.951125	−2.957110
10%	−2.612874	−2.615817	−2.617434	−2.614300	−2.614300	−2.617434

从表 3-2 数据可以看出,农民纯收入时间序列在其水平变量和一阶差分变量上都是不平稳的,在二阶差分的情况下,ADF 值为−5.376642,在 1%的置信水平下小于−3.653730,可知其二阶差分序列为平稳时间序列,因此农民纯收入时间序列为二阶单整序列,即 NS~I(2);农户(业)贷款额时间序列的水平变量和一阶差分变量也是不平稳的,在二阶差分的情况下,ADF 值为−6.989043,小于 1%置信水平下的临界值−3.653730,可知其二阶差分序列为平稳时间序列,因此农户(业)贷款时间序列也是二阶单整序列,即 ND~I(2)。因为农民纯收入和农信社农户(业)贷款额两个时间序列具有相同阶数的平稳性,满足了构建误差修正模型的第一个基本条件。

第二步:建立关于二者的协整方程模型(长期关系检验)

以农民纯收入(NS)为因变量,农信社农户(业)贷款额(ND)为自变量,用 OLS 估计,估计方程如下:

$$NS = 712.8 + 0.26ND \tag{1}$$
$$t = (6.441880)(24.52868)$$
$$R^2 = 0.946512 \quad F = 601.6561$$

从 t、F 和 R^2 统计量来看,方程的拟合度较好。

第三步:检验由协整方程所生成的残差序列是否平稳

如果残差序列平稳,表明二者具有长期均衡的关系,否则,二者不存在长期均衡关系。用前面类似的方法对残差序列进行 ADF 检验(由于残差的均值为 0,故检验时选择既无趋势项又无漂移项),其 ADF 值为−1.902759,1%、5%、10%的置信水平下临界值分别为−2.632688、−1.950687、−1.611059。由此可见,残差序列的 ADF 值比 5%显著性水平的临界值大,比 10%的置信水平临界值小,因此在 10%显著性水平下拒绝原假设,说明残差序列 u 不存在单位根,是平稳的序列,即 u~I(0);序列 u 为 0 阶单整序列。残差序列的平稳性表明了农户(业)贷款和农民纯收入之间存在协整关系,有着长期稳定均衡的关系,方程(1)即协整方程,从经济学含义上讲,可以认为信用社的农户(业)贷款促进了农民收入的增加。

第四步:建立二者的误差修正模型(短期关系)

以农民纯收入的一阶差分序列为因变量,以农户(业)贷款的一阶差分和残差序列(用 c 表示)为自变量,用 OLS 估计,估计方程如下:

$$\Delta NS = 136.52 + 0.13\Delta ND - 0.19c \qquad (2)$$
$$t = 2.86 \qquad -1.22 \qquad 4.5$$
$$R^2 = 0.39$$

从式(2)来看,模型的拟合优度一般。考虑到贷款增量对农户收入影响的跨期效应,故加入农户(业)贷款一阶差分(即贷款增量)的滞后一期作为因变量,再次进行估计,得方程如下:

$$\Delta NS = 109.96 + 0.1\Delta ND + 0.07\Delta ND(-1) - 0.05c \qquad (3)$$
$$t = 2.29 \qquad 3.42 \qquad 2.28 \qquad -0.7$$
$$R^2 = 0.48$$

从式(3)来看,加入贷款增量的滞后一期作为因变量后,模型拟合系数得到了提高,拟合优度良好。贷款增量滞后一期的系数要小于贷款增量的系数,表明当期的贷款增量对于当期农民收入的增加发挥了主要作用,投入产出效果明显,这符合一般的经济现象。

综上分析,可得基本判断:2014年之前,我国农信社在增加农民收入方面起到了积极作用;2014年之后,由于达到转制条件的农信社都转变为农商行,所以农信社在法人数量、资产规模等方面大幅降低,导致其农业贷款额度也大幅降低,在增加农民收入方面贡献不显著。

(二)农信社发展的金融覆盖面指标

覆盖面是衡量农村信用社在多大程度上满足目标客户的要求,这里的目标客户可以认为是具有贷款意愿和还款能力并且能为机构带来经济利益的农户或农民。覆盖面指标可以用市场广度和市场深度来衡量。市场广度衡量农村金融机构的产品是否丰富、服务是否多样化;市场深度衡量了农村金融机构是否触及到了不同层次、不同类型的客户。具有较高的市场广度和市场深度的农村金融机构一般会具有较好的业绩。它是一个混合指标,主要由以下三个指标构成:

对于农信社的覆盖面评价,我们选取了以下几个指标:存贷款额及其年增长率、农户(业)贷款及其比重、农信社法人机构数量和从业人员等。

1.农信社存贷款余额和年增长率

1996年农村信用合作社与中国农业银行脱钩,受人民银行代管,并开始按合作性原则运作,1997年以来农村信用合作社的各项存款,各项贷款均大幅上涨,存贷款余额也呈明显的上升态势(见图3-2的柱状线)。存贷款余额从1997年的1万亿元、0.7万亿元分别增加到2015年的6.8万亿元和4.3万亿元峰值,2018年降到4.6万亿元和3万亿元。说明2015年以前,农信社的存贷款余额呈现出明显的增长趋势,信贷供给增长空间增加,供给能力越来越强;2016年存贷款额开始下降。农信社的存、贷款余额年增长率呈现出一定的波动情形,最高增长率曾达到20%多,近几年明显下降(见图3-2),与2003年以来农信社多转变为农商行的趋势完全一致,是本轮改革"去合作化"向"商业化"转型的一种反映。

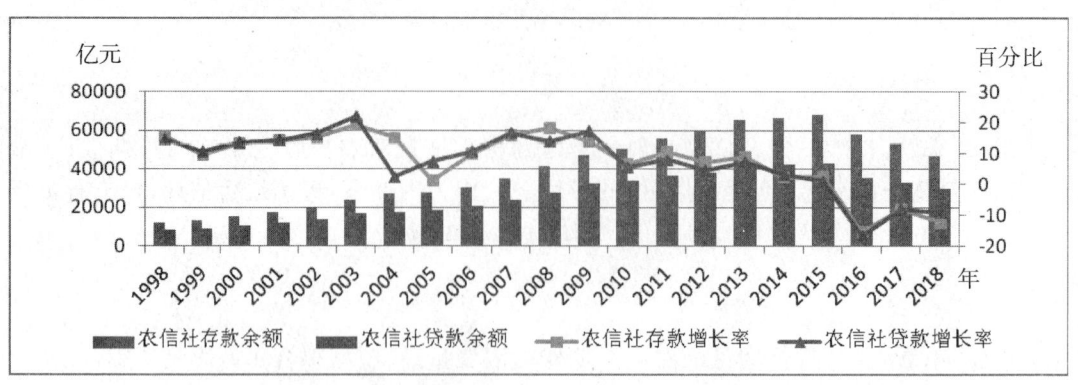

图 3-2 1998~2018 年农村信用社存贷款额及其增长率
数据来源：中国金融年鉴 1998~2019，中国银保监会。

2.农信社农业贷款余额及其比重

我国农信社的贷款主要包括农业（含农户）贷款、乡镇企业贷款和集体农业贷款。和集体农业或乡镇企业的贷款相比，农业贷款对农民收入的增加具有更加直接的意义，而且也是信用社应该为其社员提供服务的应有之意，而集体农业或乡镇企业的贷款只能间接地促进农民收入的增加。2003 年农信社改革以来，我国农村信用社涉农信贷供给总体增加，贷款结构向微观农户层面倾斜（见图 3-3），农信社发放的农业贷款占农信社总贷款的比重逐步上升，2006 年达到最大值 52.48%，之后农业贷款占农信社总贷款的比值逐渐下降，2018 年底，农信社农业贷款约 8029 亿元，占农信社总贷款的比值为 26.81%。农业贷款比重的下降，反映了农信社确立商业化转型目标后，其贷款投向有偏离农业的倾向，说明其支农意愿降低。

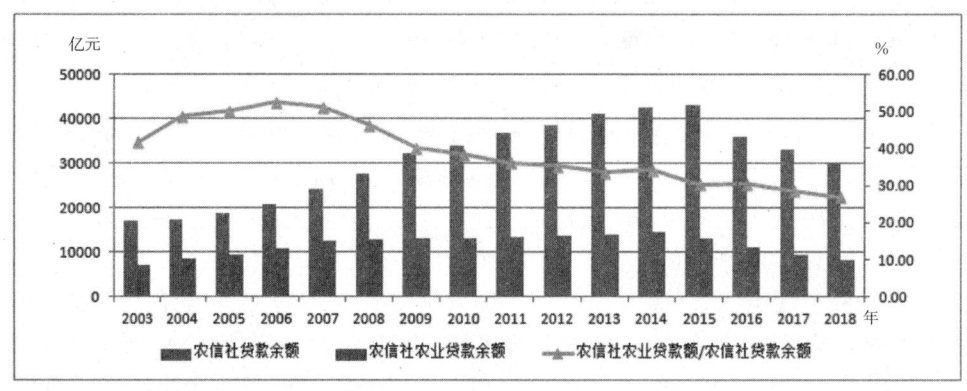

图 3-3 2004~2018 年中国农村信用社农业贷款余额及其比重
数据来源：中国银监会，中国金融年鉴 2005~2019。

3.农信社法人数量和从业人员数量

农村信用社自 2003 年以明晰产权关系、完善法人治理结构为目标进行改革以来，产权制度和法人治理架构初步建立，商业化转型初步形成。截至 2019 年末，全国共有原农村信用合作社改制后的法人机构 2228 家（其中包括农村商业银行 1478 家，农村合作银行 28 家，以县

(市)为单位的统一法人信用社722家)。部分农村信用社按照现代金融企业制度的要求,逐步完善"三会"议事规则,初步形成了决策、执行、监督相互制衡的法人治理体系。

从机构法人数量看,农村信用社法人机构数量从改革初2004年的32869家,下降到了2019年底的722家,降幅达到97.8%(见图3-4)。同期,农村商业银行法人机构数量从2004年的7家,增加到了2019年底的1478家,增长幅度超过210倍。2004年末农村合作银行法人机构数量是12家,2019年底为28家(见图3-5)。总体上看,我国的农信社和农村合作银行法人机构总数呈下降趋势,农村商业银行法人机构数量剧增,说明经过十几年的改革,清理、整顿、关闭、合并了不少农信社和农村合作银行,使其法人机构总数大幅下降;也说明农信社系统在产权制度和组织形式上"去合作化"、向"商业化"转型趋势已经形成。

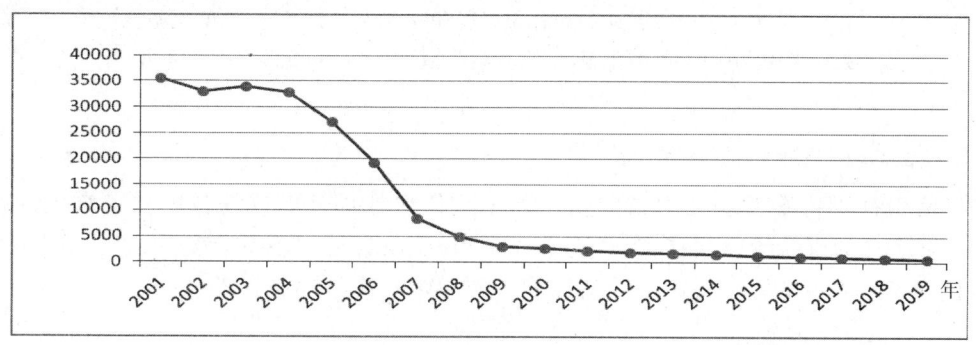

图3-4 2001～2019年农村信用社县域法人机构数量变化(单位:家)
数据来源:中国人民银行货币政策司,中国金融年鉴,中国银监会年报。

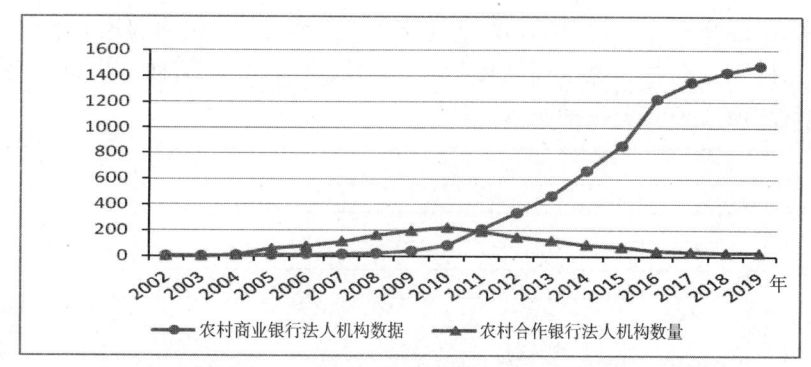

图3-5 2002～2019年农村合作银行和农村商业银行法人机构数量变化(单位:家)
数据来源:中国人民银行货币政策司,中国金融年鉴,中国银监会年报。

就从业人员数量变化看,农村信用社从业人员数量从2004年的65.12万人下降到了2018年末的21.04万人,减少了44.08万人,降幅达到67.7%(见图3-6)。截至2018年末,农商行(64.55万人)与农合行(0.94万人)从业人员数量均有大幅增减。2009年起,农商行从业人员数量超过了农村合作银行,并继续保持快速增长趋势,农合行人数逐渐减少,这与二者机构法人数量变化趋势相一致。出现上述趋势的主要原因在于农信社、农合行加快推进股权改造和经营机制转换,符合农村商业银行准入条件的机构改制为农村商业银行。

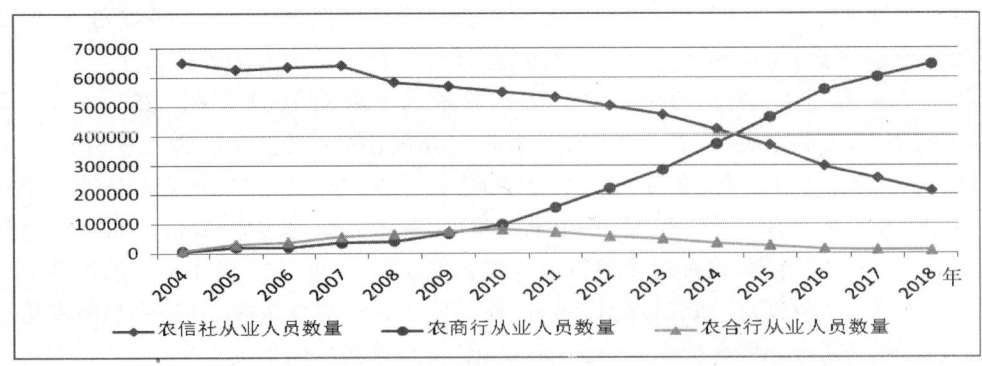

图 3-6　2004~2018 年农村合作金融机构从业人员数量变化（单位：人）
数据来源：中国银监会年报、中国金融年鉴、中国人民银行货币政策司。

（三）农信社可持续发展指标

农村信用社可持续发展能力指的是一种无须任何外部补贴或扶持的独立自主的发展能力。评价农信社的可持续发展能力，可选取以下指标：农信社的不良贷款率、资本充足率、总资产、盈利水平等，这些指标也是衡量农信社能否转制为农商行的必备条件。

1. 农信社的不良贷款率

2003 年我国农村信用社改革之前，不良贷款率很高，2002 年，其不良贷款率高达 36.9%。经过新一轮的农信社改革，其不良贷款率迅速下降（见图 3-7）。到 2017 年末，农信社的不良贷款率为 4.2%，较改革初降幅达到 32.7 个百分点。农信社不良贷款率的下降表明了我国农信社的经营管理水平逐步提高，可持续发展能力进一步增强，资金实力显著增强，支农服务能力明显提高。但与同期农商行和整个商业银行不良贷款率相比，农信社不良贷款率依然偏高，说明农信社经验管理能力还有一定的提高空间。

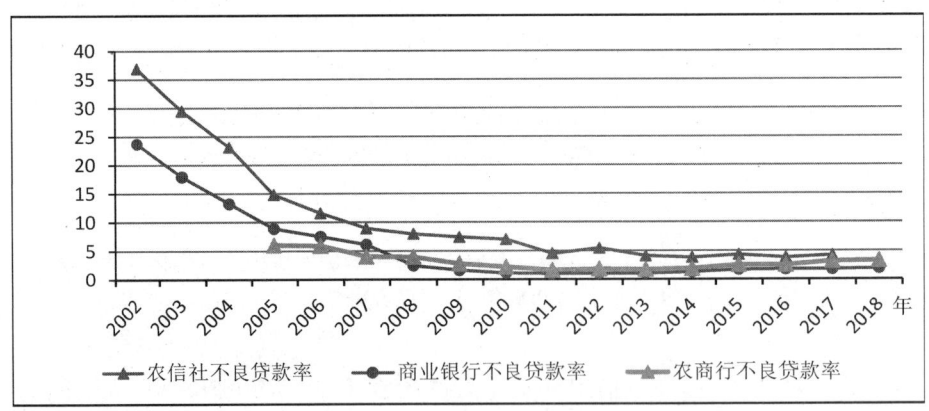

图 3-7　2002~2018 年农信社、农商行和商业银行不良贷款率（单位：百分比）
数据来源：银监会、2002~2018 年各年第四季度中国货币政策执行报告。

2.农信社资本充足率

资本充足率是保证银行等金融机构正常运营和发展所必需的资本比率,是衡量一个金融企业资本实力的综合指标,也是衡量该金融机构的风险抵御能力及实行风险管理的核心所在。2003年改革以前,农信社的资本充足率连续多年为负值,2003年农信社改革以来,其资本充足率逐步由负值转变为正值(见图3-8),较改革前大有提升,较高的资本充足率一方面反映了农信社管理体制的改善,管理能力的提高,资金使用效率显著提升,可持续发展能力的增强,另一方面也反映了农信社经营稳健的程度逐步提高,对存款人和债权人的资产保障能力增强。但是,与商业银行资本充足率相比,农信社的资本充足率较低,说明其经营的稳健程度低于商业银行。

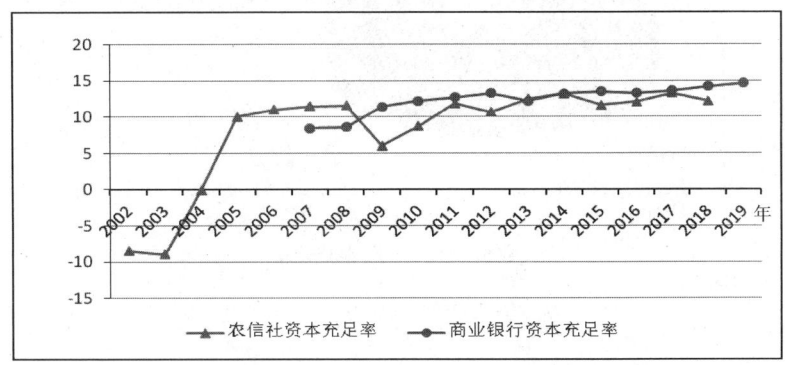

图3-8 2002~2019年农信社、商业银行资本充足率(单位:%)

数据来源:中国金融年鉴,中国银监会。

3.总资产及其增长率

自2003年新一轮农村信用社改革以来,农信社总资产规模在改革之初呈现逐步增长态势,但近两年来,随着改制为农商行的农信社越来越多,未改制的农信社,其总资产规模出现逐步下降趋势,增长率从2015年以来为负,出现了负增长(见图3-9),截至2018年底,农信社资产总额6.5万亿元,比年初减少0.89万亿元,总资产增长率为-12.1%。农合行总资产增长率从2011年以来即为负增长,且负增长程度日益加剧;2014年起,农商行的总资产赶超过了农信社,并以30%多的增长速度增长,最近两年增速明显下降。

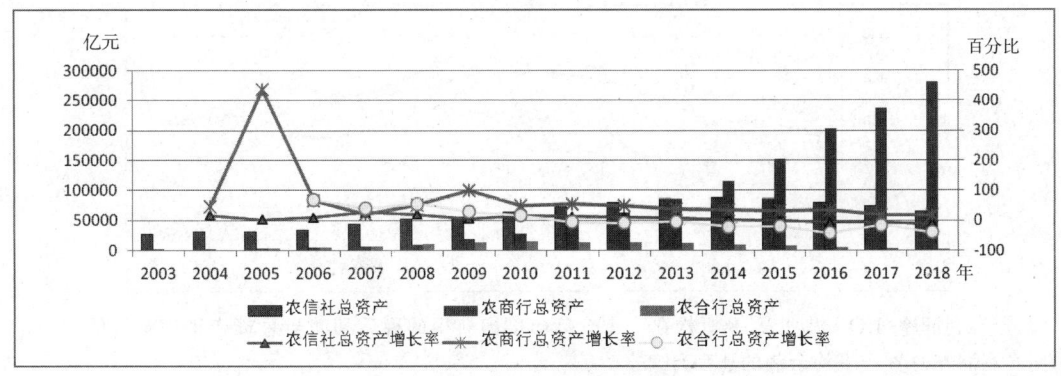

图3-9 2003~2018年农村合作金融机构总资产规模及其变化

数据来源:中国银监会。

从总资产规模看,截至2018年底,农村信用社、农村商业银行、农村合作银行,各自占三者资产总和的份额分别为80.79%、18.58%和0.63%(见图3-10)。三类金融机构中,总资产规模占比最大且同比增长最快的是农村商业银行,主要原因是部分农村信用社与农村合作银行改制为农村商业银行,且改制后,农村商业银行焕发出了旺盛的生命力,是二类改制后金融机构中唯一一类在总资产规模上保持高速增长的机构。

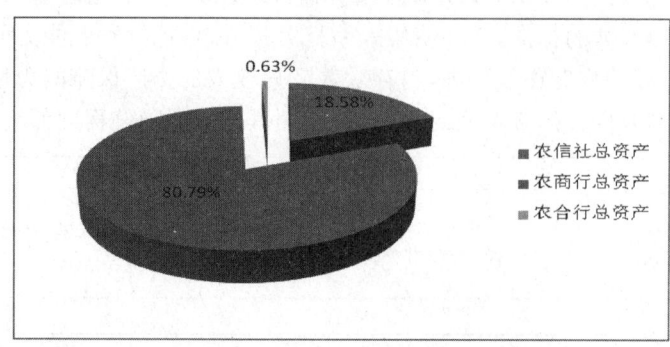

图3-10 2018年农信社、农商行、农合行总资产比例
数据来源:中国银监会。

4.盈利水平

2003年改革以来,按照建立现代农村金融制度的要求,坚持服务"三农"的市场定位,不断推进涉农金融机构改革和创新。原农村信用合作社改制后的三类金融机构,总体来看资产质量明显改善,盈利能力显著增强。继续发挥着金融支持"三农"的主力军作用,盈利水平逐年上升,可持续发展能力稳步提高。

2007年以来,原农村信用合作社改制后的三类金融机构税后利润稳步增长,但资本资产盈利能力有所下降。截至2018年末,三类金融机构共实现税后利润2278亿元;资产利润率和资本利润率保持正增长。农商行资本利润率10.59%,同比下降0.44%;资产利润率0.84%,同比下降0.06%。农合行资本利润率5.97%,同比下降2.38%;资产利润率0.48%,同比下降0.19%。农信社资产利润率0.61%,同比下降0.06%。资本利润率10.17%,同比下降0.96%(见图3-11、图3-12)。

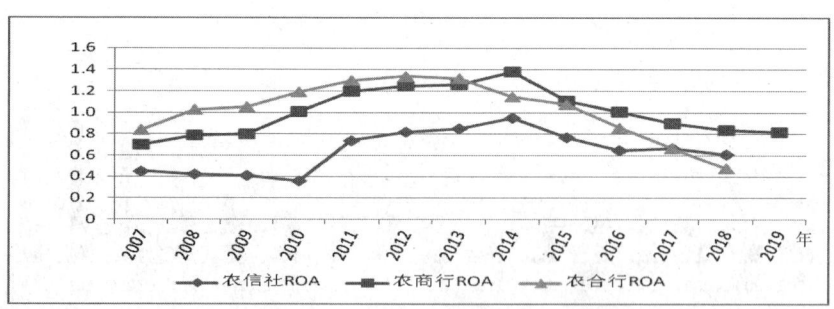

注:资产利润率(ROA)是指金融机构在一个会计年度内获得的税后利润与总资产平均余额的比率,本报告采用净利润与总资产平均余额的比率计算。

图3-11 2007~2019年农信社、农商行、农合行资产利润率(单位:%)
数据来源:中国银监会。

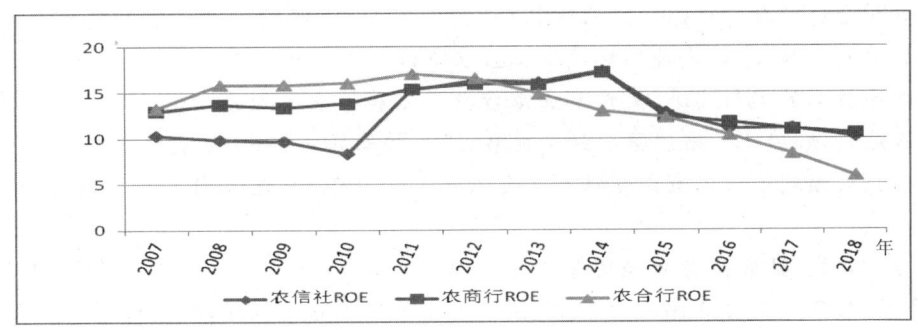

注:资本利润率(ROE)是指金融机构在一个会计年度内获得的税后利润与资本平均余额的比率,本报告采用净利润与所有者权益平均余额的比率计算。

图3-12 2007~2018年农信社、农商行、农合行资本利润率(单位:%)

数据来源:中国银监会。

综上分析,农信社经过新一轮改革后,在增加农民收入上,本文通过ECM模型实证结果表明:2014年前农信社改革增加了农民收入,改革经济效应显著,2014年后,由于农信社大量改制为农商行,农信社资产规模和农业贷款发放量急剧缩减,使其为农民增收的经济效应不显著。从金融覆盖面指标看,改革后的农村信用合作社存、贷款余额明显上升,信贷供给能力越来越强,但近几年下降明显;2003~2014年间,涉农信贷供给总体增加,反映了农信社支农力度强大,依然发挥支农主力军作用,2015年至今,涉农贷款逐年下降;县(市)法人机构、从业人员等指标均呈现大幅下降趋势,同期的农村商业银行相应指标数量剧增,说明农信社系统在产权制度和组织形式上"去合作化"向"商业化"转型趋势已经形成。从可持续发展指标看,农信社不良贷款率持续下降,资本充足率提高,经营管理水平逐步提高,可持续发展能力增强;总资产、税后利润和资产、资本利润率均都呈现先升后降态势,且盈利能力一直低于银行业金融机构平均水平,说明农信社虽然在改革后经营管理能力有所提升,但是还存在改善和上升空间。

案例分析:从网格化"扎根"到平台化"上云"

——安徽农信引领安徽农商行的"数字化"转型之道

技术的飞速发展深刻改变了人们的生活习惯,一场疫情改变了全球经济形势,也使银行服务形态产生了巨大变革。如何打好数字化转型攻坚战,已成为各家商业银行共同面对的重要课题。

作为83家农村商业银行的引领者,安徽省农村信用社联合社聚焦数字经济时代下中小银行面临的挑战和机遇,以及疫情给银行带来的改变,紧抓数字化变革主线,加速金融与科技的深度融合,以开放的姿态"跨界"合作,广开渠道挖掘技术人才,进行全面的数字化转型。

一、数字化转型是安徽农信发展的必由之路

党的十八大以来,中国进入经济发展的"新常态"。新常态之下,受经济放缓、金融脱媒、利率市场化等多重因素的冲击,商业银行面临着负债成本上升、经营包袱加重、经营绩效降低、不良资产反弹等问题和挑战,业务增速显著下降,盈利增长开始放缓,尤其是各银行纷纷开始布

局和抢占农村金融市场,农商银行(农信社)网点多、分布广、地缘关系密切的优势在逐步削弱,市场竞争压力明显加大,这是外部环境给安徽农商银行带来的挑战。

随着数字技术的不断演进,大型商业银行数字化转型也逐渐走向深入。而农商行系统长期深耕于本地金融,受限于当地区县经济发展、服务对象的数字化、智能化设备普及程度等,开放程度和数据规模远不及国有大型银行与全国性股份制银行,这是内部环境给农商行带来的挑战。

正是这些挑战,让农商行更坚定了数字化转型的决心。农商行坚持服务"三农"、服务社区、服务县域、服务中小的宗旨,充分发挥农商行线下人缘地缘优势,坚持线上线下融合发展,开启数字化战略转型。

二、安徽农信数字化转型措施

一是搭建了平台,夯实了数字化转型基础。2018年上线了大数据平台,在充分挖掘内部金融数据的基础上,通过引入外部数据进一步丰富数据维度和覆盖面,为数据采集、数据加工、数据服务奠定了平台基础。同时还大力推进大数据在产品设计、精准营销、风险防控及农商银行的个性化需求等方面的创新应用,为数字化转型奠定了良好的基础。

二是完善了机制,强化了数字化转型保障。全面的数字化转型,不只是新金融科技在金融业务上的应用,更重要的还是体制和机制的变革。近年来,各大银行开始探索成立金融科技公司,安徽省联社受牌照、机制、体制等因素制约,难以在市场化、公司化等方面取得突破,但在组织、人才等方面倾注了大量心血,为数字化转型提供了强大保障。具体包括:

1.构建与数字化业务相匹配的数字化组织和管理方式

为了进一步顺应当前数字化发展趋势,安徽农信把金融科技发展和数字化转型放到更加重要的位置,在理事会下设金融科技委员会,负责全系统金融科技发展方向和重点规划,统筹前沿金融科技的研究,协调推进重大金融科技项目和工作的落地。同时加快推动部门架构优化步伐,目前电子银行业务已实现了从单纯的渠道到平台到生态的转变,服务内容从结算类向生活类、数字类、资产类等方面渗透。

组织架构应该适应未来发展的需要,而不是按部就班,一成不变的。这对敏捷化组织提出最基本的要求:实现经营降本增效,对新兴业务快速反应。因此,在组织架构调整上,明确了部门职责边界,承担和负责个人、社区及小微的"创新引领、数字驱动、运维服务、业务推动"等职责;下一步将逐步探索按照大部门、事业部制、公司化的改革方向,把电子银行部建立成一个架构清晰、协调有力、运转高效的部门机构。

2.组建金融科技人才队伍

金融科技的发展,离不开科技人才的支撑。随着近几年大数据、人工智能等技术的发展,BATJ等公司依托科技优势,开始参与传统上属于银行的金融业务,开展了一系列借贷、理财、支付、保险、众筹、征信等传统业务。金融科技倒逼传统金融机构改革,特别是对区域性中小银行来说,金融科技能否持续良好发展,关键在于建立一支高素质的科技金融人才队伍。

在当前金融科技快速发展形势下,金融科技从业人员需要有多向思维的综合能力,需要用跨界的眼光、跨界的思维和跨界的方法。特别是当前金融科技产品创新层出不穷、技术创新日新月异,这要求银行改变传统的人才培养思维,那就必须要在"造血、输血、活血"方面下功夫,锻炼和培养一批真正在金融业务知识、网络信息技术、市场营销技能、风险管理水平等方面知识复合、技能交叉的复合型、高素质金融科技人才。

安徽农信注重推荐优秀骨干去农商银行挂职锻炼，参与重点项目建设，到先进银行、国内高校学习深造，参加多层级培训等，让现有人员潜能得到最大发挥，通过系统性的培养，其中部分人员已成为金融科技重要项目的负责人或重要参与者，这是"造血"。

制定了引进人才标准，建立了人才引进常态化机制，面向国内同业、互联网等行业招才引智，不断补充新鲜血液，努力形成优秀人才脱颖而出和持续流入的良好局面。近年来，安徽农信从国有银行、股份制银行、银联、大型互联网公司等外部机构陆续引进数十名高端专业人才，这是"输血"。

充分调动员工的积极性、主动性，最重要的就是要破除体制机制障碍，建立使各方面人才各得其所、尽展其长的长效机制，才能留住人才，激发组织活力。在推动晋升和激励机制的优化改革，力争为金融科技人才的发展和成长创造更大的空间，努力形成优秀人才脱颖而出的良好局面，充分调动各个岗位人员的工作积极性和工作热情，这就是"活血"。

三、重视与金融科技企业之间的合作

区域性银行与金融科技企业的合作是二者在资源配置、资源利用等方面的一次重要尝试，它打破了曾经行业间、企业间"老死不相往来"的壁垒。近几年来，双方合作的成功案例比比皆是，说明了这种互利共赢、优势互补的合作模式是大势所趋。只有紧跟监管政策的导向，保证业务风险可控才能真正地实现技术创新、服务开放。因此，合作伙伴对银行风险防控水平提升能力是重中之重。

从业务操作层面来讲，安徽农信线上贷款产品"金农信e贷"，从申请到放款需要经过多数据源的交叉验证，合作伙伴的"生物识别"技术是否成熟，可疑交易是否能够记录、欺诈行为是否能够辨别就是对其技术能力评价的关注点；从业务管理层面来讲，合作伙伴是否拥有信息重组、科技输出、策略设计等能力，帮助银行降低信息不对称，提升业务处理准确性，更是一个金融科技企业应该具备的"硬核"能力。

四、"科技抗疫"成效显著

突如其来的疫情是2020年最大的"黑天鹅"，但疫情也在一定程度上加速了银行的数字化进程，安徽农信用金融科技手段"科技抗疫"成效显著。

2020年安徽农信提出了"3325"（推出三个创新产品、搭建三大智慧平台、做好两类资产业务、推动五项场景建设）工作思路，由于疫情原因给3.0版手机银行、企业手机银行、小微企业在线贷款三个创新产品，及"金农云数""金农云享""金农云智"三大智慧平台建设进度造成了一定的影响。

疫情期间，安徽农信手机银行、网上银行、社区e银行、金农信e付、金农信e贷等电子银行产品在疫情期间为客户提供了全时空、全覆盖、全方位的便捷服务，实现了零接触金融服务不掉线的愿景。2020年除夕至正月，全系统柜面交易量不足2019年同期二分之一，但电子银行渠道交易量较去年同期翻倍，纯线上贷款产品"金农信e贷"申请达到5.66万人次，签约客户1.5万户，授信金额达到15.7亿元，通过手机银行自主操作的放还款65万笔、224亿元；手机银行定活互转金额超过6亿元，大额存单购买和赎回的规模达到了1.5亿元，理财产品交易规模15亿元；基本涵盖全省水电气、学费、党团费等的"云缴费"服务缴费数超过4.3万笔、1亿多元；手机银行交易量达350万笔、615亿元，是网点柜面个人转账汇款交易量的60倍，社区e银行特别开辟出了"防疫专区"，上半年防疫类商品交易超过7300件、交易金额27.71万元，助农类商品交易达到15.58万件、430.22万元，极大地满足了疫情期间老百姓日常金融、生活服

务的需求。

五、积极布局"新基建"

疫情过后,新型基础设施建设已经上升为国家战略,并将成为驱动经济和社会发展的重要引擎。安徽农信为"新基建"积极规划和布局。

安徽农信着重推动信息化建设,以新产品、新服务为广大客户提供多元化服务为出发点,以不断提高金融服务的覆盖率、可得性和满意度为落脚点,以运用大数据、云计算、人工智能等新技术作为实现手段,将"新基建"真正落到实处。

用产品和服务说话,"金农云数"平台在加强与安徽省数字资源局、地方政府、外部专业机构的合作,引入政务或外部数据,进一步丰富数据平台的数据维度和覆盖面的同时,还发挥了自身本土优势,结合乡风文明和信用村建设,通过"扫村扫户"的网格化手段,线下采集了更多更详尽的非标准化客户信息数据,持续丰富数据指标和标签体系,并推出安徽农金"信用分"产品,打造出了极具安徽农金特色的信用体系。基于"金农云数"大数据平台支撑的"金农云智"营销管理平台,可以实现包括客户画像展示、客户群体分层、营销活动配置、营销结果评价、营销渠道和营销方式管理等功能;运用商业智能技术,搭建"金农云享"平台,通过对行内金融数据的深入分析、整合和挖掘,构建多维度的经营、考核指标体系,具有集交易数据展现、经营数据分析、考核评价管理、业务异常预警等功能于一体的决策支持系统。

这些只是安徽农信"新基建"布局的一个缩影,但是由小见大,每一个细节都是组成"新基建"目标的基础,未来安徽农信仍将不断前行,用实实在在的产品和服务扮演好"建设者"的角色。

六、推动普惠金融服务升级

普惠金融作为推进乡村振兴的重要路径之一,目前还存在很多困难和问题,安徽农信积极推动普惠金融服务升级,打通普惠金融服务"最后一公里"。

近年来,安徽省联社认真贯彻落实党的十九大精神,扎实推进乡村振兴战略,对安徽农商银行系统服务乡村振兴做出阶段性部署,明确了十大举措和五大目标。

普惠金融服务升级措施和打通普惠金融服务最后一公里其实是相辅相成的,普惠金融服务升级的终极目标就是要完成这最后一公里,而最后一公里就势必需要推动普惠金融服务升级,这也是安徽农信正在做的。

一是坚持走数字普惠金融发展路径。特别是新冠肺炎疫情使得数字化、线上化金融服务能力和优势进一步凸显,坚持走数字普惠金融发展道路是农商行的成功之路、必由之路。为此,安徽省联社《2020年理事会工作报告》中提出了向"四个银行"(线上银行、数字银行、智慧银行、普惠银行)转型的目标,制定了"3325"的数字普惠金融发展工作思路,持续、坚定推动数字普惠金融发展。

二是加大了数字普惠金融产品创新。把手机银行作为便民、惠民服务的重要载体,并持续完善这一线上服务渠道,目前可为居民提供转账、查询、贷款、信用卡、缴费、购物、电子证件等7大类47项在线服务,且所有服务均免费,真正做到安全、快捷、惠民。截至2020年9月,安徽农信全省手机银行客户已突破1254.6万户,基本实现了"户户通"。"金农信e付"聚合扫码支付产品,实现了一码多用,既可实现客户通过不同支付工具完成扫码支付,又支持商户完成多渠道的收单业务,实现其资金的统一归集和清算。

为给农村地区行业类MIS商户、中小微商户提供更优质的收单结算服务,安徽农信建设了"云收单"平台,方便农村地区用户缴纳水费、电费、学费等费用。目前,各类收单商户近140万户,基本上涵盖了全省衣食住行文教娱各个行业,遍布了全省城乡的各个角落。

乡村振兴带来的政策机遇前所未有,金融科技为做好数字普惠金融提供了更大可能,未来安徽农信将继续发挥好农村金融主力军作用,不断拓展普惠金融服务的广度与深度,持续支持乡村振兴发展。

——资料来源:根据《中国电子银行网》相关资料整理

三、农村信用社发展存在的问题

2003年开始的农村信用社改革取得了阶段性成果:卸掉了历史包袱,资产质量和业务经营有所好转,不良贷款率降低,资本、资产利润率提高,行业中长期存在的系统性、区域性支付风险得到有效控制,商业化可持续发展能力显著增强。但改革并未完全实现预期目标,实际运行中还存在很多问题:产权制度改革缺乏实际内容,没有实质改变;法人治理结构未发生根本变化,内部人控制依然严重;省联社股权关系与管理关系出现"倒挂",地方政府通过省联社加大了对农村信用社系统的干预,监管机制受到侵害,官办色彩依旧,引发新一轮政府主导行为;一些改革的成效是表面性的,缺乏实际价值。具体包括:

(一)产权制度与法人治理问题

2019年人民银行等五部门联合发布的《关于金融服务乡村振兴的指导意见》指出,农村信用社改革的方向是股份制,改革的关键是理顺农村信用社的产权关系。虽然社员或者股东是农村信用社名义上的"主人",但实际上产权关系是模糊的,地方政府才是实际控制人,这使得农村信用社希望地方政府对一切不良贷款负责,道德风险由此而产生,也使得农信社"三会"治理结构依然"形似而神不似"。因此,理顺农村信用社的产权关系至关重要。

一方面,农村合作金融机构产权结构复杂。合作制、股份合作制、股份制等多种产权组织形式吸引了民间资本入股,不同程度地增加了农村合作金融机构资产数量、优化了资产质量,有利于明晰产权。另一方面,多种产权组织形式加大了商业化经营倾向。农村信用社偏好撤并基层经营网点、扩大单体规模,以便为利润较高、风险也较高的工商企业加大资金投放。同时,法人团体股控制、联社控制与内部人控制并行,农户社员总体上处于不利地位。入社农户基本上对农村信用社没有表决权,对农信社状况常常一无所知,一般农信社的领导也不是由社员大会全权决定,缺乏完整的社员大会实质,根据需要召开的社员大会并不主要是社员代表,而是职工代表,在性质上更像是职工大会,造成所有权虚置。这些由于多元参与主体行为带来的农村合作金融机构产权复杂化问题有待解决。

农村信用社经过一系列改革,通过厘清股权,清理、扩充股金,健全社员大会、理事会和监事会,确立"三会"职责等方式,逐渐形成了较完整的决策、执行和监督分立的现代企业治理制度,法人治理结构逐步建立。由于改革并未实质性触及农村信用社治理结构虚置问题,尽管农信社不断营造商业化经营环境,却仍受到较强的制度性约束,农村信用社法人治理结构形式化。

农村信用社长期置于国家银行和政府的管理之下,"三会"形同虚设、民主管理流于形式,股东参与意愿低、控制权缺失。2003年改革试点方案将农村信用社交给地方政府管理之后,大多数省政府沿袭自上而下的制度供给路径,通过省联社强化了对农信社的管控;基层政府部门也有机会参与地区农村金融资源配置,干预农村信用社自主经营;省联社则不同程度地掌握了辖区农村信用社高级管理人员的人事权,农信社在省联社领导下,缺乏独立的高管任命权利,因此由高管制定的经营策略中体现出明显的地方政府意志,非市场化经营风险凸显。这些变化使农村信用社法人治理结构更难有效运行,形式化日趋严重,主要表现在:理事会容易被内部人控制,监事会大多流于形式,社员大会职责难以有效发挥。按照合作制原则,社员大会是社员行使民主管理权利的场所,也是"三会"中的最高权力机构。然而,改革后的社员大会依然形同虚设,是当前农村信用社中最无责无权的机构。

(二)风险控制问题

农村信用社改革后,虽然其不良贷款率大幅下降,盈利能力显著提高,但是其风险与商业银行相比依然较大。

从央行发布的2018年和2019年《中国金融稳定报告》可知:

2018年第一季度,央行完成了对4327家金融机构的首次央行金融机构评级,评级结果分为1级至10级,级别越高表示机构的风险越大。评级结果显示,8级至10级的420家,占比10.58%,其中235家为农村信用社(占比56%)、109家为村镇银行(占比26%)、67家为农村商业银行(占比16%),其中有58家被评为最高风险级别10级。

2018年第四季度的央行金融机构评级覆盖了4379家银行业金融机构,包括24家大型银行、4355家中小机构(含3990家中小银行和365家非银行机构)。8~10级的586家,D级的1家,占比13.5%,主要集中在农村中小金融机构。农村商业银行有73.2%分布于4~7级;农村信用社和农村合作银行的结果较差,分别有43.3%和32.7%的机构分布于8~10级。

农信社主要服务对象是"三农",这使其业务成本高、风险大、信息不对称、收益和风险不匹配;部分农信社治理机制不健全,容易引发道德风险,在过度竞争和考核压力下,部分机构经营行为可能出现短期化倾向,从而加大潜在风险;农村金融生态环境较差,包括农村较为落后的信用信息环境,农民较低的金融意识和风险意识等;农信社法人规模比较小,历史负担比较重,抗风险能力差;2020年受新冠肺炎疫情影响,经济整体下滑。以上因素导致农信社金融风险偏高,因此需要通过进一步推进农信社改革,逐渐化解其面临的风险,避免其风险扩散蔓延为区域性、系统性金融风险。

(三)支农与发展问题

"三农"资金需求特点是投资规模较小、成本较高、盈利能力较差、资金回收周期较长,商业银行为"三农"提供金融支持的动力不足。因此,农村信用社等农村金融机构在政策引导下,承担起支持农业发展的政策性任务,而农信社经营与其他商业银行具有相同的盈利性、流动性和安全性标准,只在程度上有差异,这"三性"是自主经营的保证,用于谋求经济利益。而支农重任是国家制度性强加给农信社,并对支农业务作了比较具体的规定。农信社由此具有政策性业务和商业性业务交叉的特殊属性。在这种双重属性下,在现有条件下,农信社既要避免风险,又要支持农村经济和县域经济发展,在现行制度安排下是一个两难问题,难以实现市场化的商业运营,导致其成本收益不匹配,信贷风险防控机制难以落实,即使在商业化改制中仍缺乏有效的市场化竞争能力,经营能力与承担责任不相称的矛盾凸显,造成农信社信贷支农政策目标和可持续发展效益目标的冲突。由于政府对农信社支农无法提供足够的保障和补偿,结果政策性支农往往损伤了农信社的经济利益,农信社产生逃避或转嫁支农风险的自保动机,损害了支农的成效。

（四）与新型金融机构关系问题

2006年中央决策部门降低了农村金融机构准入门槛，批准设立新型农村金融机构。截至2019年底，新型农村金融机构共1765家，其中，村镇银行1630家，贷款公司13家，民营银行18家，农村资金互助社44家[1]，一些农民专业合作社也办起了金融互助业务，开放式竞争格局在农村金融市场初步确立。同时，农村信用社作为农村金融主力军的地位未因此而改变，仍然具备基层网点多、贴近农户、信息沟通便捷等有利条件，使更多的农户和其他信贷需求主体获得金融支持，带动农村社会经济水平的整体性提高，形成农村金融与农村经济发展的相互促进。

欠发达农村金融市场上正规金融机构单方面定价现象比较普遍，农户为获得贷款与正规农村金融机构展开非合作性博弈，不得不以各种形式追加贷款成本，结果正规农村金融机构决定贷款投放额度和利率水平，并对农村非正规金融产生挤出效应，抑制了新型农村金融机构的发展。随着城镇化建设的推进，由于缺乏多元化的金融供给主体，无法全面满足不同层次的农村金融需求。而农村二元经济结构决定了正规金融机构只能满足部分农村金融需求。农村信用社信贷对象主要是农户、农村经济组织、个体商户企业及小型企业，以满足他们的基本融资需求。有效的金融市场应能满足弱势群体的信贷需求，防止市场失灵和信贷歧视。农户作为弱势信贷需求者，信贷抑制更加严重。又因为农村金融市场缺乏竞争性，农村信用社处于主导地位，导致农村金融市场活动主体支农意愿不强、服务"三农"功能受限。

（五）互联网金融带来的挑战

面对金融科技快速变化，互联网金融蓬勃兴起，农信机构观念、技术、人才等存在短板，部分农信社难以适应。2013年以来，随着计算机应用技术和移动通信技术的不断发展，互联网金融异军突起，在快速蚕食传统金融的市场。2020年4月中国互联网络信息中心（CNNIC）发布的报告显示：截至2020年3月，我国网民规模达9.04亿，普及率达到64.5%，农村网民占比28.2%。手机网民规模达8.97亿，使用手机上网的比例由2018年底的98.6%提升至99.3%。我国手机网上支付用户规模增长迅速，达到7.68亿，占网民的85.3%。[2]农村地区网上银行开通数累计6.12亿户，增长15.29%；2018年发生网银支付业务笔数102.08亿笔，小幅增长，金额147.46万亿元，小幅下降。非银行支付机构为农村地区提供网络支付业务共计2898.02亿笔、金额76.99万亿元；分别增长104.4%、71.11%。其中，互联网支付149.18亿笔、金额2.57万亿元，分别增长21.56%、22.57%；移动支付2748.83亿笔、金额74.42万亿元，分别增长112.25%、73.48%，占网络支付份额分别为94.85%、96.66%。非银行支付机构为农村地区网络商户提供收款5.32亿笔、金额2626.31亿元，分别增长92.53%、46.58%。[3]

互联网金融不仅改变我们每一个人的生活，还在全面改变中国传统金融生态。目前互联网金融已经出现几种模式——第三方支付、大数据金融、众筹、信息化金融机构、互联网金融门户等，应用在融资、理财、交易、支付、营销等多个细分金融领域。互联网金融以其直接面向所

---

[1] 数据来源：2020年3月24日，中国银保监会网站发布银行业金融机构法人名单。
[2] 数据来源：2020年4月，互联网络信息中心（CNNIC）发布第45次《中国互联网络发展状况统计报告》。
[3] 数据来源：2019年4月2日，中国人民银行发布《2018年农村地区支付业务发展总体情况》。

有人,随时接受业务请求,服务门槛低至百元级,更强调普惠等优势,而在地域、时间、人群等方面超越了传统金融边界,其终级目标是任何人、任何时间、任何地点、任何联网设备均可以享受最及时、最优质的金融服务。

随着农村互联网的普及,农村网民人数的增长,互联网金融对农村信用社在资金、客户、业务、利润等各领域的分流和蚕食效应将逐步显现。这就要求农信社早做筹谋,在防范金融风险的前提下,采取积极有效的措施迎接互联网金融的挑战。

(六)省联社重新定位问题

随着农信社产权改革的不断推进,省联社管理体制弊端越发凸显。省联社与已经改制完成的农商行以及农信社之间的冲突也在升级和深化。从产权归属看,农村合作金融机构是省联社的股东。从理论上说,省联社应该接受其股东的管理,但现实中却是农村合作金融机构要接受省联社的管理,股权关系与管理关系出现"倒挂"。随着越来越多的农村信用社改制为农村商业银行,以及部分农村商业银行上市,这种矛盾会越来越尖锐。根据现代公司治理制度,股东大会选举产生的董事组成董事会,通过董事会来任命高管。省联社目前实行的行政管理方式与现代公司治理理念背道而驰。因此,省联社改革的核心是理顺管理体制,在保持农村信用社县域法人数量总体稳定的前提下,选择适宜的管理模式,如金融控股集团或者"银行+金融控股"的模式。

由于顶层设计的缺陷,省联社存在多重属性,既是省政府对农信社系统的行业管理机构,又是接受银监部门监管的金融企业,还是下级法人单位出资的股权式联合体,导致法理关系模糊,履职边界不清,政府强化监管责任与干预经营管理的矛盾。农信社银行化后,省政府的监管责任重大,但如何监管、如何监管到位又不干预经营管理成为省政府的一大难题。省联社代表省政府管理农信社,下设了办事处(审计中心)。有的地方将辖内部分农村信用联社、办事处整合,组建了地市级农商行,一套班子两块牌子,既负责农商行的经营管理,又对农商行和其他信用联社进行监管,致使办事处(审计中心)出现了权责不清、管理越位、管理不到位的现象。同时,有的省联社掌握着农信社员工的录用权、干部的任命权处分权,在一定程度上控制了辖内农信社具体的经营管理活动。农商行是独立的企业法人,客观上要求自主经营、自主管理。农信社、农商行仍然由省联社统一管理,没有真正实现"谁出资,谁管理,出了问题谁负责"的现代公司治理模式。

四、农村信用社发展对策

鉴于农信社改革后依然存在的上述问题,应进一步深化农信社改革,厘清产权关系,理顺公司治理体系;建立市场化机制,充分发挥省联社服务和统筹职能,强化农信社独立法人地位,更好地服务乡村振兴战略;通过加强金融科技建设解决支农与发展目标矛盾和外部竞争带来的挑战。

(一)产权制度多元化,法人治理规范化

2003年开始的农村信用社改革目标之一是明晰产权关系,但在具体的改革措施中却缺乏对产权的相关规定。作为一级法人的县联社仍然是对省联社负责而不是对股东和社员负责,社员的民主权利并未真正得到保障。特别是我国的农信社长期属于"官办"金融机构,本身缺乏群众参与的基础,而在产权没有明确界定和获得保护的情况下,农户和农村企业很难有积极性入股农信社并参与其民主管理,法人治理形同虚设。

由此农村信用社产权改革措施是:明确资产归属、甄别股东、维护股东权益,进一步使产权结构多元化,从现实出发,在农村地区稳步向私人资本开放入股、控股农信社,是顺应市场经济规律、重建社会商业信用的基本要求。产权结构的多元化既有利于增强农信社的资金实力,又有利于规范法人治理,有利于未来农信社改造为股份制商业性的社区银行。实践中引入了股份制产权改革的农村信用社经营绩效和支农力度基本上都有所提高,双重改革目标在一定程度上实现了统一。很多研究表明:金融机构是否稳健经营,与其控股股东是否属于国有股东关系不大。相反,私人股东可能在农村地区还更加具有优势,即信息优势和激励相容优势。由此可见,农信社改革应做到真正放权于民,变"官办"为"民办",是农信社产权改革成功的必要条件。

2011年以来,银监会明确提出达到条件的农村信用社改组为商业银行。改组后的农信社产权将逐步理顺,并起到示范效应。这种改组实质上是引入新的产权主体替代原有的所有者虚置,将产权量化到具体的自然人和法人。股份制产权制度具有更大的优势和现实性。在制度安排上,合作制向股份制进化,符合现代商业金融的发展路径。因此,有必要规范法人治理,鼓励职工共同参股,形成机构内部的风险共担机制,防范个别人利用职权谋取私利;同时接受社会监督,定期向社会公布经过中介机构审计确认的经营状况,以及监管机构出具的监管意见。

(二)风险控制制度化

在改革过程中,应采取切实有效的措施,建立长效机制,防范和化解农信机构各类风险。一是落实省级政府属地风险处置责任,建立多级风险防控与处置机制,探索风险准备金制度;二是由省联社(农商联合银行)牵头,在全省建立风险互助和流动性互助机制,提升法人行社风险防控能力;三是实施全面风险管理,健全农信机构事前、事中、事后全流程风险管理机制,降低增量风险;四是拓宽不良资产处置渠道和方式,综合运用批量转让、证券化、债转股等手段消化存量不良。央行和监管部门应适当降低相应要求,支持农信机构通过发行永续债等多种资本工具补充资本,符合条件的农商行应优先支持上市;通过定向降准、再贷款、再贴现等措施,进一步加大对农信机构的精准支持,从根本上提升农信机构稳健发展能力。

为增强农商行规模效应和抗风险能力,对东北和中西部地区规模较小的农信社(农商行、农合行),应鼓励在市场化的基础上进行重组合并,适当组建市级农商行。近年来,四川、广东等省份在重组合并农信社方面进行了积极尝试,取得较好效果。这与坚持县域法人地位的原则并不矛盾。

(三)支农与发展兼顾

为强化农村信用社信贷支农目标,建议做好优化信贷支农投入主体结构、信贷支农目标政策性和盈利性并重、强化对信贷支农的管理等工作。主要措施有:

1.信贷支农目标和可持续发展目标同时兼顾。农村信用合作社本质上是服务社员、服务农村金融的组织。对于中国这样一个农业比重较大的国家,其在农村金融中的支柱地位是商业银行难以替代的。维持农户金融需求和农村金融供给的稳定是一项重要的国家政策,因此信贷支农目标是其立足农村、服务农村金融的重要表现。但信贷支农不同于财政支农和农业补贴,盈利性应在信贷支农业务上得到充分的体现,否则只能导致信贷支农主体一次又一次地积累不良资产。农信社只有在实现了可持续发展目标的前提下,才能有效地实现信贷支农目标。深化改革过程中需在农信社双重改革目标的基础上,以市场规则为导向,着力化解其不良资产,推进商业化运作方式,促进其自主经营、自负盈亏地服务"三农"经济,更好地实现信贷支农目标。

2.通过金融科技使用,降低信贷支农成本,增强信贷支农功能。主要措施有:(1)建立支农贷款的风险体系,例如支农贷款风险保障基金、支农贷款保险等;(2)构建支农贷款担保体系,例如农业贷款担保机制、农户贷款政府担保机制、农村信贷机构担保等;(3)推进支农贷款贴息、免息政策、拓展联保贷款业务等。(4)运用金融科技手段改善农村金融服务。金融科技不需要新增物理网点,与其他服务渠道相比,具有交易成本低的优势,有助于实现低成本和高密度的"可口可乐销售模式"。利用金融科技来改善农信社金融服务(包括现金存取、支付结算、信贷、征信等服务),解决多目标冲突的问题,降低交易成本、提高风险识别能力。

(四)与新型金融机构关系协调化

目前对农村金融的改革设想大多局限于短期目标的实现,如果农村金融市场不健全,则农村信用社经营状况难以发生根本性转变。政府一般通过支持和规范农村金融机构、协调正规金融与非正规金融的结构等形式建设多元化农村金融市场、推进合作金融法规建设,适时出台《合作金融法》等合作金融法规。具体可以从以下几个方面着手:

1.适度降低农村金融进入门槛,鼓励多种所有制的社区性或互助性中小农村金融机构的发展,以弥补农信社支农的不足,满足农村日益旺盛的资金需求,促进农村金融市场多元化。

2.允许有条件的地方在充分防范金融风险的前提下发展新型农村金融机构,其中 2007 年以来所创办的村镇银行、小额贷款公司、农村资金互助社等金融机构运行状况良好。从总体上看,广大农村地区金融产品仍然供给不足,难以满足多元化金融服务需求,有必要加大新型农村金融机构的发展数量。

3.整合农村金融资源,协调正规和非正规农村金融供给主体的经营活动,规定基层农村商业性金融、政策性金融、合作性金融的经营范围,允许农信社系统内跨区域的协作,强化农村金融市场的竞争性,以弥补农信社资金不足,促使资金回流农村,更好地保证对农村金融的支持。通过构建多元化农村金融市场,可以充分利用金融机构的现有资源,大大降低农信社管理体系改革风险。

(五)金融科技带来的机遇

虽然互联网金融以其便捷、高效、普惠等特色快速占据了传统金融的部分领土,但是这些特点也为传统金融尤其是农信社在产品、技术、制度、管理等方面创新提供了条件和可能。农信社加快数字化转型已经是生存问题,而非发展问题。金融科技是金融业转型发展的关键变量,农信社应积极适应并全方位应用金融科技,在改革中加快数字化转型步伐,积极培育和提升数字化意识,塑造和实施数字化战略、机制、文化,既要以开放包容的姿态积极拥抱跨界合作者,又要着眼长远下大力气培养数字化人才,提升内生的数字化能力。

在产品和技术上,以农户为主要客户的农信社,其产品以小额贷款为主,贷款发放技术以信用和联保为主,比较传统;而互联网金融具有为未被传统金融体系所覆盖的人群提供金融服务,使金融的大门向所有人敞开,是小额信贷、普惠金融的价值所向,也是其生存之本和发展之源。农信社可以借鉴比较成功的互联网金融小贷模式,如贷款人群选择、单笔贷款规模、贷款周期、审核和跟踪等方面的机制与办法,降低客户道德风险发生概率,提高风险管控能力;通过与互联网金融机构合作,引入数字化技术,扎实推进服务模式创新,借助互联网金融在大数据关联性分析判断的优势,深度挖掘"三农"贷款风险发生规律,使小额信贷、普惠金融业务得以进一步提高效率、防范风险。

在制度和管理上,农信社可以借鉴互联网金融发展模式,或者通过与其合作,拓展业务范围,利用自身长期位于农村金融市场第一线的资源优势,积极开拓新的市场,比如开展农村理财、保险、证券、信托等方面的代理或自营业务,增加利润来源。同时可以通过互联网技术,加强内部管理,实现管理扁平化,减少管理层次,节省管理费用,提高管理效率。

(六)增强省联社服务功能

2012年7月,中国银监会发布《关于规范农村信用社省(自治区)联合社法人治理的指导意见》,对省联社进行改革。省联社功能上,要在信息化、智能化、平台化、生态化方面发挥重大作用,指导基层行社在科技、资源、市场等方面走"联合与合作"的道路,拥抱数字经济,走数字金融之路,这既符合监管要求,也是未来发展方向。组织模式上,金融监管部门对省联社改革不搞"一刀切",要求省联社改革要实事求是、因地制宜,根据各省经济发展情况、金融体系、资产质量、风险管控能力、地方政府意图等因素来决定选择哪一种改革方案。中国幅员辽阔,东、中、西部地域特色、经济发展水平各不相同,各地农信社的发展程度不等,省联社具体采取哪种模式,没有完美之选,只有适合的模式。

实践中,省联社有五种主要模式:联合银行、金融服务公司、金融持股公司、统一法人和完善省联社。无论采取哪种模式,淡化管理职能,增强服务职能是省联社的未来发展方向。据"十三五"规划中关于农信社改革的表述"推进农村信用社改革,增强省级联社服务功能",由此可知,省联社不可能取消,对于其职能转化,也要一分为二地看待。

大型的农商行基本都出现在经济发达地区,一些经济欠发达省份的农信社还是零散的,经营管理仍然落后,需要省联社对其经营进行指导、帮助。对于地方大型农商行,随着资本扩张、跨省经营,省联社已经很难对其经营进行实质性的干预,未来省联社必然只能"重服务轻管理",其行政管理职能将逐渐淡化,进而转型成为类似于行业协会的机构,侧重于服务功能。

数据显示,随着改制不断提速,已有部分省份完成了整体改制。其中,北京、天津、上海、重庆、安徽、湖北、江苏、山东、江西和湖南10省(直辖市)已全面完成农村商业银行组建工作,相对明晰的产权制度有利于试点改革,省联社改革试点,宜从已经全部完成改制的省份开始。

附录:国家有关农村金融重大文件和法规演变

1951年,中国人民银行:《农村信用合作社章程准则》《农村信用互助小组公约》。

1979年,国务院:《关于恢复农业银行的通知》。

1981年,国务院:《中国农业银行关于农村借贷问题的报告》。

1982年,中共中央一号文件:《全国农村工作会议纪要》。

1983年,中共中央一号文件:《当前农村经济政策的若干问题》。

1984年,国务院:《中国农业银行关于改革信用社管理体制的报告》。

1984年,中共中央一号文件:《关于1984年农村工作的通知》。

1985年,中共中央一号文件:《关于进一步活跃农村经济的十项政策》。

1986年,中共中央一号文件:《中共中央、国务院关于一九八六年农村工作的部署》。

1990年,中国共产党第十三届中央委员会第八次全体会议:《中共中央关于进一步加强农业和农村工作的决定》。

1996年,国务院:《关于农村金融体制改革的决定》。

1997年,国务院:《关于金融体制改革的决定》。

1997年,国务院:《关于农村金融体制改革的决定》。

2003年,中共中央一号文件:《关于全面推进农村税费改革试点的意见》。

2003年,国务院:《深化农村信用社改革试点方案》(国发〔2003〕15号文件)。

2004年,中共中央一号文件:《中共中央 国务院关于促进农民增加收入若干政策的意见》。

2005年,中共中央一号文件:《中共中央 国务院关于进一步加强农村工作提高农业综合生产能力若干政策的意见》。

2005年,国务院:《关于2005年经济体制改革意见》。

2006年,中共中央一号文件:《关于推进社会主义新农村建设的若干意见》。引导农户发展资金互助组织。

2006年,银监会:《调整放宽农村地区银行业金融机构准入政策的若干意见》。

2007年,《关于积极发展现代农业扎实推进社会主义新农村建设的若干意见》。

2008年,《关于切实加强农业基础建设进一步促进农业发展农民增收的若干意见》。

2009年,中共中央一号文件:《关于2009年促进农业稳定发展农民持续增收的若干意见》。加快发展多种形式的新型农村金融组织。

2010年,中共中央一号文件:《关于加大统筹城乡发展力度进一步夯实农业农村发展基础的若干意见》。加快培育农村资金互助社,有序发展小额贷款组织,设立适应"三农"需要的各类新型金融组织。

2011年,中共中央一号文件:《关于加快水利改革发展的决定》。

2012年,银监会:《关于农村中小金融机构实施富民惠农金融创新工程的指导意见》(银监办发〔2012〕189号)。

2012年,银监会:《关于农村中小金融机构实施金融服务进村入社区工程的指导意见》(银监办发〔2012〕190号)。

2012 年,银监会:《关于农村中小金融机构实施阳光信贷工程的指导意见》(银监办发〔2012〕191 号)。

2012 年,银监会:《农户贷款管理办法》(银监发〔2012〕50 号)。

2012 年,银监会:《关于做好老少边穷地区农村金融服务工作有关事项的通知》(银监办发〔2012〕330 号)。

2012 年,中共中央 国务院:《关于加快发展现代农业 进一步增强农村发展活力的若干意见》。

2012 年,中共中央一号文件:《关于加快推进农业科技创新,持续增强农产品供给保障能力的若干意见》。

2013 年,中共中央一号文件:《关于加快发展现代农业 进一步增强农村发展活力的若干意见》。

2013 年,国务院办公厅:《关于落实中共中央 国务院关于加快发展现代农业进一步增强农村发展活力若干意见有关政策措施分工的通知》(国办函〔2013〕34 号)。

2013 年,银监会:《关于做好 2013 年农村金融服务工作的通知》(银监办发〔2013〕51 号)。

2013 年,银监会:《关于中小商业银行设立社区支行、小微支行有关事项的通知》。

2013 年,银监会:《关于持续深入推进支农服务"三大工程"的通知》(银监办发〔2013〕81 号)。

2014 年,中共中央一号文件:《关于全面深化农村改革加快推进农业现代化的若干意见》。

2014 年,银监会:修订完善《农村中小金融机构行政许可事项实施办法》。

2014 年,银监会:《关于做好 2014 年农村金融服务工作的通知》(银监办发〔2014〕42 号)。

2014 年,国务院:《关于金融服务"三农"发展的若干意见》(国办发〔2014〕17 号)。

2014 年,银监会:《关于推进基础金融服务"村村通"的指导意见》(银监办发〔2014〕222 号)。

2014 年,银监会:《关于进一步促进村镇银行健康发展的指导意见》(银监发〔2014〕46 号)。

2014 年,银监会:《关于鼓励和引导民间资本参与农村信用社产权改革工作的通知》(银监发〔2014〕45 号)。

2014 年,银监会:《加强农村商业银行"三农"金融服务机制建设监管指引的通知》(银监办发〔2014〕287 号)。

2015 年,中共中央一号文件:《关于加大改革创新力度加快农业现代化建设的若干意见》。

2015 年,国务院:《关于深化供销合作社综合改革的决定》。

2015 年,银监会:《关于做好 2015 年农村金融服务工作的通知》(银监办发〔2015〕30 号)。

2015 年,国务院:《推进普惠金融发展规划(2016~2020 年)》。

2016 年,中共中央一号文件:《关于落实发展新理念 加快农业现代化 实现全面小康目标的若干意见》。

2016 年,银监会:《关于做好 2016 年农村金融服务工作的通知》。

2016 年,全国"两会":《第十三个五年规划纲要》。

2016 年 12 月,中共中央、国务院《关于深入推进农业供给侧结构性改革 加快培育农业农村发展新动能的若干意见》(2017 年中央一号文件):抓紧研究制定农村信用社省联社改革方案。

2017 年 7 月,第五次全国金融工作会议。

2017 年 10 月,中国共产党第十九次全国代表大会。

2018年1月,《中共中央　国务院关于实施乡村振兴战略的意见》(2018年中央一号文件):推动农村信用社省联社改革,保持农村信用社县域法人地位和数量总体稳定。

2018年3月,两会《政府工作报告》:推动重大风险防范化解取得明显进展。

2019年1月,《中共中央　国务院关于坚持农业农村优先发展,做好"三农"工作的若干意见》(2019年中央一号文件):推动农商行、农合行、农村信用社逐步回归本源,为本地"三农"服务。

2020年1月2日,《中共中央　国务院关于抓好"三农"领域重点工作　确保如期实现全面小康的意见》(2020年中央一号文件):深化农村信用社改革,坚持县域法人地位。加强考核引导,合理提升资金外流严重县的存贷比。

2020年1月2日至3日,中国人民银行工作会议在北京召开,会议部署2020年重点工作之一:深化中小银行和农信社改革。

2020年7月20日,中国银保监会召开2020年年中工作座谈会暨纪检监察工作(电视电话)会议,总结上半年工作,研究分析当前形势,安排下半年重点任务:加快推进中小银行改革,稳步推进农村信用社改革,因地制宜、分类施策,保持地方金融组织体系完整性,尤其要保持农信社或农商行县域法人地位总体稳定。

参考文献

[1] 中国人民银行 http://www.pbc.gov.cn/
[2] 中国银行保险监督管理委员会 http://www.cbirc.gov.cn/
[3] 中华供销合作总社 http://www.chinacoop.gov.cn/
[4] 中华合作时报 http://www.zh-hz.com/
[5] 中华人民共和国国家统计局 http://www.stats.gov.cn/
[6] 中华人民共和国农业部 http://www.moa.gov.cn/
[7] 中华人民共和国国家工商行政管理总局 http://www.saic.gov.cn/
[8] 中华人民共和国国务院 http://www.gov.cn/guowuyuan/

第四部分 农村资金互助社发展研究报告[①]

一、我国农村资金互助社的发展现状

(一)农村资金互助社的起源

农村资金互助社是指经银行业监督管理机构批准,由乡(镇)、行政村农民和农村小企业自愿入股组成,为社员提供存款、贷款、结算等业务的社区互助性银行业金融机构。《中共中央、国务院关于进一步加强农村工作提高农业综合生产能力若干政策的意见》(中发〔2005〕1号)和《中共中央、国务院关于推进社会主义新农村建设的若干意见》(中发〔2006〕1号)文件中提出鼓励在县域内设立多种所有制的社区金融机构,培育小额贷款组织的要求。为解决农村地区金融供给不足、竞争不充分等现实问题,银监会2007年前后发布了《农村资金互助社管理暂行规定》等一系列文件,并于2007年3月批准设立第一家村级农村资金互助社,农村资金互助社在全国各地农村不断涌现。作为草根金融的代表之一,农村资金互助社拥有众多吸人眼球的草根特色:设立门槛相对较低、手续相对简单、单笔贷款数额较小等,可以引导资金流回农村,服务"三农"领域。

(二)农村资金互助社的分类

目前,我国农村资金互助社按性质大致可分为两类。一类是经银监会批准,获得金融业务许可证的正规农村资金互助社。这类互助社的形成途径主要包括新设成立、由原农民专业合作社组建成立、原自发组织的农村资金互助社获得许可证成立三种。我国首家被银监会认可的农村资金互助社——吉林闫家百信农村资金互助社就是在农民自发组织成立的基础上由银监会发放的金融业务许可证。截至2019年底,全国取得金融许可证的农村资金互助组织已从49家降至44家。

另一类则是没有经过中国银监会正式批准并在工商部门注册登记,获得金融营业牌照的农村资金互助社,可以将其归类为非正规农村资金互助社。这些非正规农村资金互助社是各地政府金融办、农工委为了响应中央的"支农"政策,积极推动和引导成立的新型农村资金互助合作社。根据监管部门和运行方式,非正规农村资金互助社中主要有两种形式:一是农民专业合作社内部开展资金互助,虽然没有在任何部门登记注册,但由于依托产业发展开展资金互助,发展空间巨大,成为政策支持的重点和未来合作金融的发展方向。2009年2月,银监会发布《关于做好农民专业合作社金融服务工作的意见》,指出"鼓励有条件的农民专业合作社发展信用合作",为专业合作社开展信用合作创造了良好的外部环境。二是贫困村村级发展互助资金,是由政府安排一定数量的财政扶贫资金,由贫困村村民自愿参与成立的负责贫困互助资金管理的互助合作组织。

[①] 执笔人:王刚贞;审稿人:李想。

表 4-1　我国资金互助社的类型

类型	名称	许可和登记	监管或主管部门
正规组织	农村资金互助社	银监会颁发金融许可证,工商部门登记	银监会
非正规组织	合作社内的资金互助部	无金融许可证,无登记	农业部门;供销合作社
	贫困村村级发展互助资金	无金融许可证,民政部门登记	扶贫办、地方财政、行政村委员会

(三)农村资金互助社的制度优势

农村金融作为我国现代农村经济的核心,在提供资金支持、提高农村经济运行效率、推进传统农业转型升级和提高农民收入等方面发挥了重要作用。长期以来,我国农村金融市场存在供给不足、市场失灵等问题,农行和农信社的商业化进程使其支农力度不断减弱,逐渐远离农村市场,农业发展银行并不直接提供信贷服务,广大农村地区特别是欠发达地区出现金融真空,面对"三农"的融资困局和供给领先型金融政策的失效,不得不寻求新的制度安排。

农村资金互助社实际是"弱势群体"在农村正规金融无法满足金融需求情况下的一种自发制度创新,是一种"自救行为",是对现有农村信贷市场的必要补充,其自身所独具的制度优势,使其在发展农村信贷、满足广大农户和小微企业需求、帮助农业发展、提高农民收入等方面作出了巨大贡献。

1.农户的信息优势显著

农村资金互助社植根于社区和村庄,是同类农产品的生产者以及经营者自愿成立的互助性经济组织,因此,资金互助社对社员的信用状况、资金的用途以及还款能力了如指掌,可以将信用不好的社员排除在外,从而能有效地降低资金供需双方因信息不对称而产生的逆向选择及道德风险,减少不良资产的产生。

2.农户的贷款可得性提高

相比之下,传统的金融机构由于服务对象广,面对众多分散的农户,难以了解其信用状况,因此,在给农户提供贷款时,为控制风险,必须按照贷前调查、贷时审查、贷后检查等规范的流程运作,致使小额分散的农户贷款所获得的利息收入难以覆盖金融机构的贷款成本,使得金融机构不愿意向农户提供贷款。同时,金融机构要求农户提供抵押、质押等担保物才能获得贷款。这对于抵押物缺乏的农户而言,获得贷款极其困难,即使满足贷款条件,通常审核期限长、效率低,难以满足农户生产的季节性需求。可见,农村资金互助社在很大程度上弥补了传统的农村金融机构对农户资金支持不足的问题,尤其是在一些贫困边远地区,这种自发、自治、自保的资金运转机构能推进当地脱贫步伐。

3.符合农户的信贷需求特征

以血缘、地缘、业缘为基础的农村资金互助社,对社员知根知底,互相信任,可以满足农户小额、比较频繁、分散的信贷需求。以此简化贷款审办手续、创新担保方式、推行农民联保贷款、并根据农户贷款用途提供不同期限、不同利率的金融产品,以较低的成本延伸金融服务,建立有效的还款激励机制。因此,农村资金互助社这种合作金融模式是解决农村地区信贷难的很好思路。

4.合作资金取之于民、用之于民

农村资金互助社集中闲散资金,在社员之间调剂资金余缺,提高了农村储蓄向投资转化的效率,从而增加农业金融资源配给。专业合作社通过生产、销售的联合,提高农民的市场谈判地位,降低生产成本与交易费用,从而提高市场竞争力。农村资金互助社以资金为纽带,在组织内部发展优势企业,或依托自身的组织优势,在银行和农民与小微企业之间发挥中介作用,以推进农业的产业化经营。

5.具有强大的社区规范软约束力

此种优势是其他金融机构所不具有的,其他金融机构主要是依靠外部监管或组织制度进行约束,而在农村资金互助社的约束中发挥重要作用的是其不成文的软约束力。互助社是在一定经济区域的基础上产生的,具有较强的社区区域性。社区规范的最主要特征是,在社区内部合作的基础上进行重复交易,这就会产生和维持此种理念即违约将受到惩罚。此种理念会支持人们的诚信交易,此种惩罚不必要外在于某种制度,而是在每个人的头脑中都有内化为道德标准的判断,使得在合作社中的每一成员都能依据此种理念进行交易。当然,这并不代表外部监管可以随意放松。

农村资金互助社具备社区性、互助性、民主性、群众性等基本原则。在经营发展过程中为防止资金外流,一般以互助社成员内部范围为限,并且以服务社员、谋求共同利益为宗旨,防止片面追求盈利的商业化模式。社员管理方面一般要求入社自愿、退社自由、民主决策、一人一票,并坚持民办、民管、民用、民受益,防止"官办"现象。农村资金互助社的设立是我国发展农村金融的一种制度创新,一方面将之前一部分非正规金融组织正规化,实现阳光化的运营,另一方面与其他金融机构相比,资金互助社还充分发挥了信息成本和监督成本等方面的优势。与传统金融机构在农村开展金融业务相比,依托农民专业合作社开展信用合作的方式同样可以更加充分地融入和形成农村的熟人社会,减少信息不对称的现象,降低监督成本和交易成本。此外,信贷交易与农产品生产、加工和销售等一系列流程进行挂钩,通过利用这种互联交易的特征,使得社员、合作社之间形成生产经营的业务合作关系,进一步促进了资金的循环流动。近年来政府多次在政策层面对相关组织机构的发展和管理进行引导和规范。

(四)农村资金互助社的发展现状

1.农民合作社规模不断发展壮大

自2008年10月党的十七届三中全会文件指出"鼓励发展适应农村特点和需要的各种小型金融服务组织,允许有条件的农民合作组织开展信用合作"以来,全国各地的农民合作社积极探索,大力兴办资金互助社。据工商总局最新统计,2019年全国依法登记的农民合作社达218.6万家,成立联合社1万多家。绝大部分农民合作社依托生产开展了资金互助业务,截至2018年2月底,农民合作社成员出资总额46768亿元,是2012年底的4.2倍,农民合作社已成为重要的新型农业经营主体和现代农业建设的中坚力量。目前专业合作社的主要管理部门是供销社和农业部门,随着供销社在农村经济中的重要性不断提高,供销社领办的专业合作社不断增加。

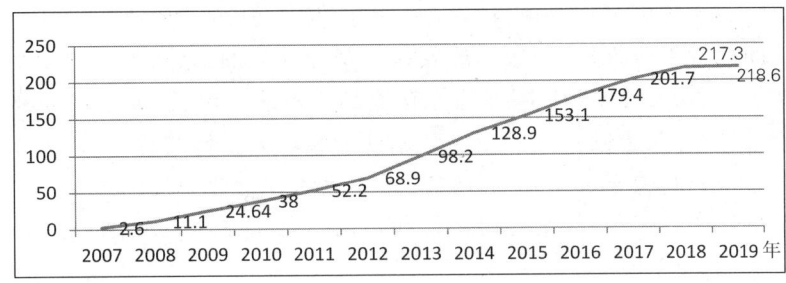

图 4-1 我国农民合作社发展状况(单位:万)

2.服务"三农"能力持续增强

我国农村地区金融抑制效应比较突出,农户融资渠道狭窄,资金需求得不到有效满足,这为农户自发创立农村资金互助社提供了潜在的空间。作为适合农村特点的"草根金融",农村资金互助社扎根于本乡本土,吸收和投放的对象均为本村居民,互相之间较为了解,信息较为对称,其所需的调查和担保成本也较低,能够为有需求的农户及时办理小额借款,使其在发展生产时能方便快捷地获得资金,是现有农村信贷体系的重要补充。

3.监管更趋严格规范

2009 年,银监会公布了《新型农村金融机构 2009～2011 年总体工作安排》,计划三年内在全国增设 161 家农村资金互助社。2014 年中央一号文件提出"发展农村资金互助组织要在管理民主、运行规范、带动力强的农民合作社和供销合作社基础上,培育发展农村资金互助社,不断丰富农村地区金融机构类型"。2017 年中央一号文件再次提出"规范发展农村资金互助组织,严格落实监管主体和责任。开展农民合作社内部信用合作试点",我国农村资金互助社在政府的推动下快速发展,以合作社为基础成立的资金互助组织形式也开始多元化,成为新型农村金融机构的新生力量。2017 年 9 月,江苏省印发了《农村资金互助社监管工作指引》,要求农村资金互助社开展"转籍"工作,登记注册从民政部门转到工商部门,并接入全省信息管理系统,动态监测资金流向,实施全流程监管。目前,部分地区已完成"转籍"工作,监管更趋整体性和严密性。

二、正规农村资金互助社

(一)正规农村资金互助社的发展现状

1.正规农村资金互助社前期业务发展缓慢

正规农村资金互助社的发展并不尽如人意。2008 年银监会发布的《新型农村金融机构 2009～2011 年总体工作安排》计划,全国 35 个省市要设立 1294 家新型农村金融机构(村镇银行 1027 家,贷款公司 106 家,农村资金互助社 161 家)。然而至 2012 年底,也仅有 49 家获得了金融许可证。之后,银监会基于控制金融风险的考虑,开始暂缓审批农村资金互助社牌照,因此至今未有新的正规资金互助社成立,仍旧尚未完成原计划的三分之一。这一类农村资金互助社成立的门槛要求比较高,而且银监会对其监管也比较严格,所以农村资金互助社的发展势头不是很快。

从2007年到2008年中国人民银行、银监会先后发布了《农村资金互助社组建审批工作指引》《农村资金互助社管理暂行规定》来明确农村资金互助社的组建、开业程序和信贷核算业务以及风险管理规定。2009~2011年国务院等有关部门相继出台了《关于鼓励和引导民间投资健康发展的若干意见》、《关于做好农民专业合作社金融服务工作的意见》、《关于全面做好农村金融服务工作的通知》和《关于鼓励和引导民间资本进入银行业的实施意见》，对互助社的资金使用规范性进行了具体约定，并鼓励村镇银行和城商行等金融机构吸纳民间资金以改善金融支持能力。

2007年全国成立的农村资金互助社只有8家，而2008年更是创造了新低，只有两家获得银监会的审批。这主要是因为农村资金互助社是刚作为银监会监管对象，新型的农村资金互助社刚投入运营，经营前景并不明朗，因此各地银监会对于农村资金互助社的成立保持着一个谨慎的态度，所以批准的数量比较少。但在经过了前期的试点之后，从2009年开始农村资金互助社的数量开始增加，并在2010年达到了峰值，数量为22家。从2011年以后银监会逐渐放缓了对农村资金互助社的审批工作，从2013年到2019年更是没有批准一家农村资金互助社。

表4-2 正规农村资金互助社的新增数量

年份	2007	2008	2009	2010	2011	2012	2013	2014	2015	2016	2017	2018	2019	合计
新增数量	8	2	6	22	8	3	0	0	−1	0	0	−3	−1	44

百信农村资金互助社是我国首家获得银监会牌照而成立的农村资金互助社，定于2007年3月9日对外经营。2013年前，农村资金互助社经营规模和社员人数小幅增加，并逐渐成为全国农村资金互助社发展的典范。但自2013年以后，农村资金互助社的发展处于停滞状态，很多资金互助社甚至出现关闭状态，全国资金互助社的数量逐年减少，截至2019年底，全国范围内经银监会批准的农村资金互助社仅有44家，分别分布在全国16个省区。截至2020年10月，全国范围内经银监会批准的农村资金互助社锐减到41家。

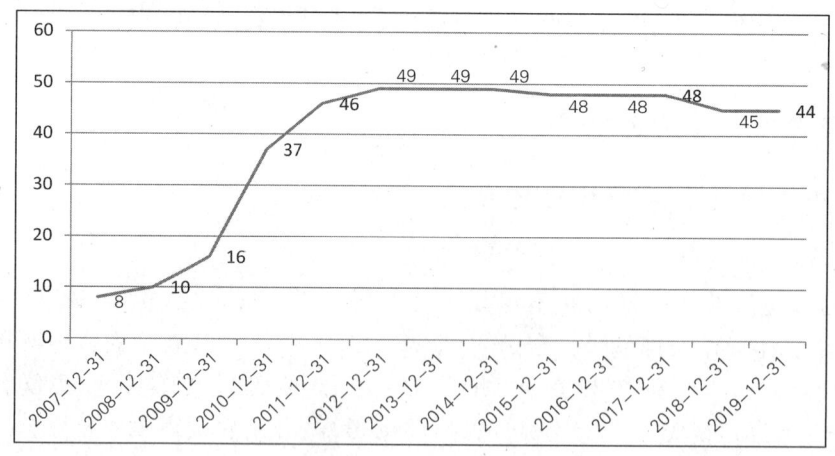

图4-2 农村合作金融机构数（单位：家）

数据来源：北京百信之家统计数据。

2.正规农村资金互助社发展陷入停滞

获得银监会批准、具有金融许可证的农村资金互助社主要分布在吉林、山西、四川、浙江等地,大部分省份仅有1家,自2013年以后因各地借由资金互助社之名频发非法集资跑路事件,至今没有再发放该类金融许可证。

2014年中央一号文件对于资金互助社的合法边界提供了五条标准,即坚持社员制,资金互助社的资金来源和服务对象,都是合作社社员;封闭性原则,作为一种金融活动,不对外开放;不对外吸储放贷,使得资金在合作社内部封闭运行;不支付固定回报,不能以承诺高息的方式吸收存款;社区性,政策鼓励和推动社区性农民资金互助组织的发展。这类组织发展后期受监管、政府等力量介入干预,农户认知度不高、民主参与管理不够,发展缓慢。

农村资金互助社属于微型金融组织,主要是为了弥补经济欠发达地区的金融空白,是典型的草根金融。但银监会的监管规定主要参照银行业的标准,忽视了农村资金互助社自身的特性,导致经营成本偏高、业务发展停滞。据调查,目前正规的农村资金互助社,其生存状态可分为三类:一类达到了监管标准,但却无法开展任何业务,因此处于冬眠状态;另一类在社员内部拥有大量资金需求但却没有充足的资金供给,处于半饥饿状态;最后一类处于资金供求平衡的温饱状态,但数量最少。

早先成立的一些农村资金互助社如岷县洮珠村岷鑫资金互助社、黔江区城东诚信资金互助社、肇州县二井镇兴隆资金互助社、龙山镇西门外村伏龙资金互助社、通辽市辽河镇融达资金互助社五家互助社目前已经停止了运营。

(二)正规农村资金互助社发展存在的问题

1.新型农村合作金融法律地位未明确

我国新型合作金融的发展离不开相应法律的支持,纵观西方发达国家的发展之路,对于合作金融发展问题上,它们都建立了相应比较完善的法律和法规制度,以此来保障本国合作金融的发展。在我国社会主义市场经济条件下,同样需要完善的法律制度来为新型合作金融的发展保驾护航。尽管说我国在2006年和2007年相继出台过一些关于保护合作金融发展的法律和法规,如《农民专业合作社法》和《农村资金互助社管理暂行规定》,但是这两个文件也只是为农村的生产合作提供了依据,对于农村地区的资金融通,以及新型农村合作金融组织可以从事的业务范围并未给予明确说明,这就使得我国新型农村合作金融组织的发展还是比较缺乏相应的法律法规的保护。尽管新型农村合作金融从事的是一些有关金融的业务,但是如果没有足够的法律和法规来支持和保障的话,其组织和运行还是会比较困难。

2.政府的支持力度不足

国外的无数经验表明,合作金融的发展从来离不开政府的相关支持。从我国目前合作金融发展的形势来看,政府的支持力度还远远不足,具体来说,一方面是对新型农村金融机构组织的税收优惠力度不够,对于那些正处于发展上升期的新型农村合作金融组织没有采取相应的税收减免政策,这在很大程度上削弱了其资本积累的能力,鉴于那些新型的农村合作金融组织是扎根于农村,本身的发展条件就不是十分优越,因此就更加需要政府对其进行税收政策上的支持和优惠。另一方面,目前我国政府对于新型农村合作金融发展的资金支持渠道还不是十分畅通。而且一些合作金融组织还不成熟,暂时还不具备开展同业拆借或向我国中央银行金融机构进行资金审批的权利,因此,除了自有的融资机制外,新型农村合作金融机构获取资金支持的渠道还很匮乏。

3.部分新型农村合作金融组织经营不规范

2014年中央一号文件里面,我国政府明确提出发展新型农村合作金融组织的一些基础和原则,即坚持社员制和封闭性,不对外吸收资金和发放贷款,同时不支付固定报酬。在这些原则和基础之上来发展我国的新型农村合作金融组织,推动我国合作金融的发展。从目前来看,我国新型的农村合作金融组织存在着不同形式,既有"正式"的,又有"准正式"和"非正式"的。新型农村合作金融组织形式的多元化,也是其发展水平参差不齐的表现,有一些合作金融组织打着合作金融的名义,采取高息揽储或者是支付高额回报的手段来吸引资金,从中谋取利益。这些合作金融组织的行为背离了合作金融的发展初衷,不再是为广大的农民服务,而是搞起了投机的活动。这些不良现象和行为的出现,为我国新型合作金融的发展蒙上了一层阴影,也不利于我国新型农村合作金融发展良好环境的塑造。

4.风险防范措施不健全

我国新型农村合作金融组织由于成立时间比较短,发展规模也比较小,资金实力相对比较弱,在面对突如其来的一些变故时,往往缺乏相应的应对和解决措施。特别是存在着较大的操作风险,新型农村合作金融组织一般存在经营管理落后等一系列问题,内控制度不健全,往往存在控制人违规进行信贷审批的现象,这样导致贷款的发放比较随意,从而增大了贷款的风险隐患。同时新型农村合作金融还存在风险防范措施不健全的问题,尚未建立存款保险制度,因而当新型农村合作金融组织出现倒闭的情况下,社员的存款安全就很难得到有效的保证。还有就是我国也没有对新型农村合作金融建立相应的风险补偿基金,所以当风险来临时,将很难有效地处置和化解风险。

(三)正规农村资金互助社发展的对策建议

1.拓宽资金来源渠道

目前,我国农民资金互助组织的资金来源主要有以下三个方面:一是来源于农村社区内的农民,二是财政的注入,三是其他组织和个人的资助。很显然,农民本来就缺乏资金,外部资助是有限的,指望财政大量注入是不现实的。所以这三个渠道难以完全满足农民资金互助合作组织的资金需求。我们认为,要解决这个问题,还是要从金融政策上想办法,建议人民银行将其他金融机构寻找出路的资金以再贷款的形式直接批发给农村资金互助合作组织。如此可一举三得:一是解决了其他金融机构的资金出路问题;二是解决农村资金互助合作组织的资金需求问题;三是可对农村资金互助合作组织形成商业激励,促进其可持续发展。

2.完善资金互助组织的内部管理

要坚决贯彻"民有、民管、民享"的基本原则,加强指导和监督,促使农村资金互助组织完善内部管理制度,特别要强调其民主性、透明性,杜绝内部人控制,防止合作组织异化。在当前试点阶段,要坚持宁缺毋滥,切忌政府包办,一哄而上。要把试点工作做细、做实,取得经验后逐步推广。我们在安徽某县调查发现,该县以政府强力推进的办法,仅用两个月时间就把全县的农村资金互助合作组织建立起来了,结果其组建的组织合作性几近于无,变成了干部的合作,政府的合作,而非农民的合作了。

3.营造有利于资金互助组织生存和发展的外部环境

一是要根据农村的实际情况进一步完善法规,当前最紧要的是对《农村资金互助社管理暂行规定》进行修订,否则,一方面大量农民资金互助合作组织的"非法生存"问题得不到解决,另一方面,也将置政府的法规尊严于尴尬境地。二是要加强对广大干部,尤其是农村基层干部的教育,提高他们对发展农民合作组织意义的认识,因为归根结底农村基层的工作还是要靠他们去做。

4.加强对农民的宣传、教育、培训工作

要想农民真正合作起来,必须使农民充分认识到"合作是自己的事",并且具备一定的合作能力。这就需要政府采取多种手段,开展对农民的宣传、教育、培训工作,使农民提高对合作组织的认识,激发他们合作的意愿,提高他们的合作能力。

(四)梨树县农村资金互助社的案例分析

1.案例背景

梨树县隶属于吉林省四平市,总面积为4300平方千米。梨树县拥有14个镇、6个乡、295个村。截至2018年末,梨树县户籍总人口数量达到71.3万人,其中农业人口数达到了62.2万人。梨树县小宽镇普惠农村资金互助合作社、梨树县小城子镇利信农村资金互助合作社、梨树县十家堡镇盛源农村资金互助合作社均成立于2010年9月,经中国银行业监督管理委员会四平监管分局正式批准成立,属新型社区性互助金融机构,坚持社员制、封闭性的原则,不对外吸储放贷,社员全部为梨树县辖区内农民,社中前期资金全部来源于社员存款,发放贷款全部为社员小额种植业及养殖业贷款。

2.梨树县三个农村资金互助合作社的成立情况

开业当天,3家农村资金互助合作社共吸收106人入社,吸收股金1.3万元,吸收社员存款121万元。3家农村资金互助合作社理事长在开业致辞上表示,农村资金互助合作社开展经营活动将严格遵守国家法律和政策,坚持按章办社、民主办社和勤俭办社。以服务社员为宗旨,追求社员共同利益,变革信贷模式,打造安全高效的金融制度。在保持各社独立核算、自主经营的条件下,探索发展联合组织以提高市场合作能力和竞争能力。

表4-3 梨树县三个农村资金互助合作社成立初期的基本情况

合作社名称	小宽镇普惠农村资金互助合作社	小城子镇利信农村资金互助合作社	十家堡镇盛源农村资金互助合作社
成立时间	2010年9月	2010年8月	2010年9月
发起时间	政府带动成立	政府带动成立	政府带动成立
注册资金(万元)	110	100	177
社员入股(万元)	10	10.5	10
社员人数	11	13	17
提供的服务	为社员贷款	为社员贷款	为社员贷款
农民贷款的主要用途	生产经营	生产经营	生产经营

资料来源:根据调研数据整理。

农村资金互助社是经银行业监督管理机构批准,由村镇农民和农村小企业自愿入股组成,为社员提供存、贷款和结算业务的社区互助性银行业金融机构。据了解,小宽镇普惠农村资金互助社由11个农民发起成立,注册资本110万元;小城子镇利信农村资金互助合作社由13个农民发起成立,注册资本 100 万元,十家堡镇盛源农村资金互助社由 17 个农民发起设立,注册资本 177 万元。

3.梨树县农村资金互助社的资金筹集与分配

截至 2018 年底,梨树县农村资金互助合作社全年累计发放贷款金额 849.18 万元,到期还款率＝已还到期贷款/已到期贷款＝99.18%。梨树县农村资金互助合作社当前资金数目股金 431.14 万元、社员存款 289.41 万元。资金互助合作社内部运作方式为社员民主管理、吸收社员存款。梨树县农村资金互助合作社的外部支撑方式主要是银行拆借、政府扶持。梨树县农村资金互助合作社资金筹集主要为社员存款和股金、同行业拆借。梨树县农村资金互助合作社总体支配方式是社员借贷。

(1)梨树县小城子镇利信农村资金互助合作社

梨树县小城子镇利信农村资金互助合作社注册资金 100 万元,截至 2018 年末,该社社员人数为 5437 人,各项贷款余额 4976.40 万元,各项存款余额 7429.19 万元,资产总额 8643.14 万元,负债总额 7990.33 万元,所有者权益合计 652.81 万元,累计发放社员贷款 28352.76 万元。

(2)梨树县十家堡镇盛源农村资金互助合作社

梨树县十家堡镇盛源农村资金互助合作社注册资金 177 万元。截至 2018 年末,镇上贫困户 30 户,入社农户 2386 户,社员 2386 人。该社当前资金 395.53 万元,累计发放贷款 17895.56 万元,到期还款率 99.63%。

(3)梨树县小宽镇普惠农村资金互助合作社

小宽镇普惠农村资金互助合作社由 11 个农民发起设立,注册资本 110 万元,当前资金数目 495 万元。截至 2018 年底,小宽镇农村资金累计发放贷款金额 23052 万元,到期还款率 97.83%,累计借款 23052 万元,贫困户 0 户,入社农户 2935 户,社员人数 2935 人。

表 4-4　梨树县 3 个农村资金互助合作社的资金筹集与支配情况

合作社名称	小宽镇普惠农村资金互助合作社	小城子镇利信农村资金互助合作社	十家堡镇盛源农村资金互助合作社
社员人数(人)	2935	5437	2386
各项贷款余额(万元)	5621.20	4976.40	5772.30
各项存款余额(万元)	7071.23	7429.19	8868.61
资产总额(万元)	8231.20	8643.14	9824.12
负债总额(万元)	7723.50	7990.33	8113.20
所有者权益(万元)	663.31	652.81	723.35
累计发放社员贷款(万元)	26253.52	28352.76	27895.56

资料来源:根据调研数据整理。

4.农村资金互助社内部的管理与运营制度

农村资金互助社聚集农民闲散资金,又反过来满足农民的资金需求,由于社会服务性先于商业盈利性,农村资金互助社不能完全依赖"存贷利率差"来实现盈利能力的最大化,只能在维持基本平衡的基础上实现一定的盈利,而且维持一定的盈利性是农村资金互助社生存与可持续发展的必备条件。

梨树县农村资金互助合作社内部的管理主要依靠社员自主管理、自负盈亏、自我发展,以服务社员为宗旨,谋求社员共同利益。梨树县农村资金互助合作社的运营制度宗旨是:合法经营、合规经营、审慎经营。

比如十家堡镇盛源农村资金互助合作社资金全部来源于社员存款,发放贷款全部为社员小额种植业及养殖业贷款;小宽镇普惠资金互助合作社已取得金融许可证,其内部管理和主要运作方式是依据银监部门印发的农村资金互助合作社暂行管理规定吸收管理存款,安全高效发放贷款,努力为社员提供及时便捷的服务。

5.梨树县农村资金互助合作社取得的收益

(1)有效缓解农民资金需求

农村资金互助合作社的建立,有效解决了农民小额贷款难题,满足了农民农业生产生活的资金需求,也在一定程度上保证了国家扶贫资金的安全。所以农村资金互助合作社的成立,在缓解了农村金融供给不足的同时,还创新了财政扶贫的开发机制,为运营扶贫资金提供了安全、有效的新方法,提高了扶贫资金的使用效率,真正实现了国家扶贫资金惠及百姓的初衷。

农村资金互助合作社本金由财政资金和社员缴纳的互助金构成,政府扶持资金为16%的贫困户社员提供了贷款,社员缴纳的互助金为8%的贫困户社员提供了贷款。梨树县各级行政村从2010年筹建到2018年底,累计为1.87万户农民发放借款近3亿元,其中2018年1~12月累计发放借款4397户,借款总额为849.18万元。资金互助合作社有效缓解了农户在进行畜牧养殖、药材种植以及小规模商业等活动时的流动资金需求。

(2)贷款回收率高

有研究调研了近5年来小宽镇普惠农村资金互助合作社、小城子镇利信农村资金互助合作社以及十家堡镇盛源农村资金互助合作社的贷款回收率后发现,三个互助合作社近五年来的贷款回收率均控制在80%以上,从侧面反映出合作社的资金运行状态良好、内部管理规范、惠农服务到位。

表4-5 梨树县3个农村资金互助社近5年的贷款回收率

年份	小宽镇普惠农村资金互助合作社	小城子镇利信农村资金互助合作社	十家堡镇盛源农村资金互助合作社
2013	83.32%	97.79%	97.27%
2014	92.31%	99.67%	97.85%
2015	91.10%	85.92%	97.66%
2016	92.26%	96.03%	97.67%
2017	98.82%	98.76%	97.30%
2018	90.23%	80.67%	97.83%

资料来源:根据调研数据整理。

(3)社会效益好

随着农村资金互助合作社的不断发展,农民的参与热情不断高涨,从2013~2018年,合作社的贷款数目逐年增多,由表4-5可知,目前梨树县3个农村资金互助合作社贷款回收率保持高位稳定,正是说明了由于互助合作社的不断完善与发展使得梨树县农业经济发展呈现良好的态势。因此,在梨树县的农村资金互助合作社发展过程中我们要不断完善管理机制,拓宽合作渠道,争取更多的农民参与进来,实现经济效益和社会效益双赢。

三、农民合作社内的信用合作

(一)农民合作社内信用合作的发展现状

2008年,党的十七届三中全会提出:"允许有条件的农民专业合作社开展信用合作",这是我国首次以中央文件形式允许合作社开展信用合作业务。党的十八大以来,我国农民合作社领域的发展十分迅速,农民合作社正在成长为重要的新型农业经营主体和现代农业建设的中坚力量。在政策鼓励和农民成员需求双重驱动下,部分合作社开始探索内部信用合作,逐步形成了一些行之有效的模式,不但有效解决了农民成员的小额资金需求,也丰富了农村合作金融。在中西部远离正规金融服务的村庄,农民合作社信用合作还有效解决了老年农民的理财需求和生活需求,对于提高社区凝聚力,促进农村社区发展发挥着一定的作用。

1.合作社规模较大

据统计,2019年全国依法登记的农民合作社达218.6万家,成立联合社1万多家。绝大部分农民合作社依托生产开展了资金互助业务,入社农户占全国农户总数的48.5%,比2012年底增加20个百分点。全国各地农民合作社开展信用合作的合作社有2159家,合作社成员52.6万人,其中参与信用合作的19.9万人。累计筹资36.9亿元,累计发放借款42.4亿元。逾期借款2418.03万元,占发放总额的0.57%。开展信用合作的农民专业合作社数量占合作社总数的比例较小,但成员规模普遍较大,社均成员为243户,是全国平均水平的3.2倍(全国合作社社均76户)。其中平均每家合作社参与信用合作的成员达到92个。在开展内部信用合作的合作社中,示范社占据较大比重,有871家合作社是示范社,占40.34%。其中,国家级76家,省级170家,地市级331家,县市级294家。例如,湖北有49家合作社开展了信用合作,其中有41家为各类示范社,占比83.67%。

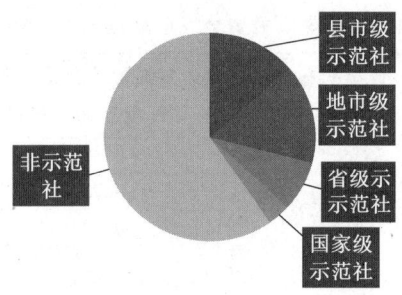

图4-3 开展信用合作的农民合作社示范社的构成

2.合作社地域分布不平衡

有23个省(自治区、直辖市)的合作社开展了信用合作,其中东部地区8个、中部地区7个、西部地区8个。从合作社数量上看,东部地区最多,有1175家,占总数的54.42%。中部地区249家,西部地区735家。

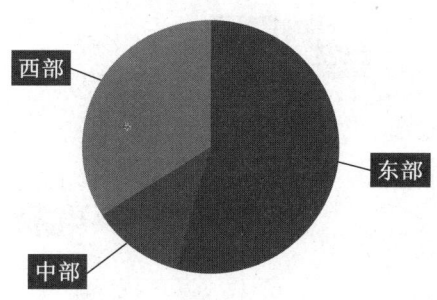

图 4-4 开展信用合作的农民合作社分布

从具体省份来看,居于前三位省份的合作社数量占全国的 63.87%,依次是山东 513 家、浙江 458 家、云南 408 家。60 家以下的有 17 个省份,8 个省份在 10 家以下。

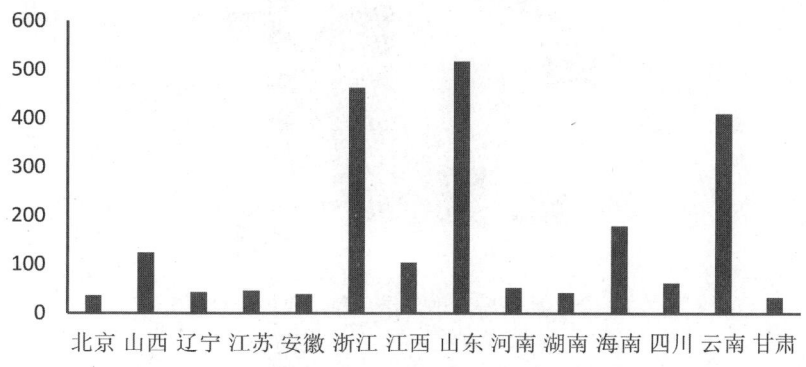

图 4-5 各省开展信用合作社分布(单位:家)

山东、浙江、云南 3 省合作社开展信用合作的数量较多,原因各有不同:山东合作社发展较快,数量占全国总数的 1/10,并且省政府对发展农村合作金融比较重视;浙江民间借贷比较活跃,农民信用合作意识较强;云南从 20 世纪 90 年代初开展以信用为基础的农村政策性小额信贷扶贫试点,农民有一定的信用合作观念。在河北,开展信用合作的合作社数量不少,但上报数量不多,可能是受近年来爆出一些假冒合作社搞非法集资案例的影响,当地政府部门对于信用合作比较谨慎。

3.产业结构以种植业和养殖业为主

开展信用合作的合作社大部分集中于种养业,占 82.31%,其中种植业 56.88%、畜牧业 23.30%、渔业 2.13%。林业、服务业分别达 6.58%、3.52%。7.60% 的合作社从事加工、沼气等其他产业(见图 4-6)。

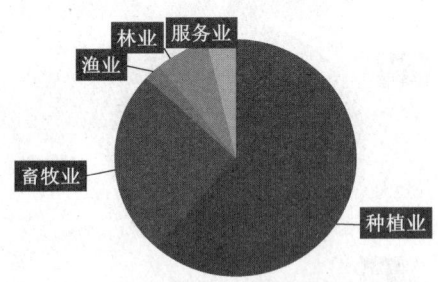

图 4-6　合作社开展信用合作的产业分布

种植业中,又以蔬菜、粮食、水果为主。其中,蔬菜类 411 家,占 33.47%;粮食类 340 家,占 27.69%;水果类 265 家,占 21.58%;油料及其他类合作社 212 家,占 17.26%(见图 4-7)。

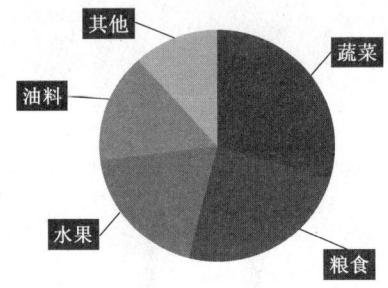

图 4-7　合作社开展信用合作在种植业中的具体分布

养殖行业中,以畜牧业为主,涉及生猪、禽业、肉牛羊、奶业等。其中,生猪 185 家,占 36.8%;禽业 118 家,占 23.5%;肉牛羊 112 家,占 22.3%;奶业 12 家,占 2.4%;其他占 15%(见图 4-8)。

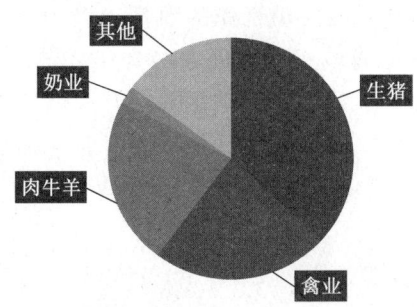

图 4-8　合作社开展信用合作在养殖业中的具体分布

4.组织形式以合作社内部组建和依托专业合作社组建为主

依托农民专业合作社开展信用合作的主体,有的是专业合作社内部的内设部门(资金互助部),有的是相对独立于专业合作社的资金互助社;有的资金互助组织与专业合作社相重合,有的不完全重合。

(二)农民合作社内的信用合作发展存在的问题

尽管我国农民合作社发展已经经过了十年历程,合作社内部信用合作也有了多元化探索,但无论自身发展还是外部环境,农民合作社内部信用合作都面临一些问题和挑战。

1.合作社规范化建设程度不高

从整体上看,我国合作社发展初级阶段特征明显,多数地方出现了重数量、轻质量现象,内部制度缺失、组织管理松散、利益分配机制不够完善等。如一些合作社没有及时填报并公示运行情况,据统计曾有18.4%的合作社被列入经营异常目录;有些合作社虽有章程,但章程千篇一律,没有按章程实际运作;有的合作社有名无实、流于形式,处于休眠状态,甚至是"空壳社""挂牌社"。还有一些地区出现了部分团体和组织假冒合作社信用合作名义从事非法借贷甚至高息借贷的现象,个别甚至卷款跑路。这些冒牌合作社大多没有产业依托,为了吸引城乡居民存款,承诺远高于银行存款利率的固定利息作为回报,并违规开展高利率放贷或者风险投资。这种假冒合作社开展信用合作的潜在危害不容小觑。

2.规模小、实力弱、缺乏专业

合作社发展需要领头人,开展信用合作更是需要专业人才。合作社多处于农村地区,生产生活条件相对艰苦,难以吸引高素质管理人才,懂金融的更是少之又少。合作社多由农村能人发起,这些领办人虽然对农业生产、产品销售有一定的经验,但对现代管理、财务会计、金融知识等掌握不够,缺乏信贷风险管理控制意识,很难满足信用合作规范发展的需要。在财务管理方面,大部分合作社没有配备专职的财会人员,虽能够提供一定的会计信息,但记账凭证不及时、质量不可靠、会计账簿登记内容过于简单。有的合作社能够编制一些会计报表,但不完整、公开较少,且财务活动过于单一。还有的合作社根本没有设立成员账户,或者成员账户只记载初始投资额,后期的公积金量化份额、社员与本社的交易量(额)、年终分红等都没有记录,成了名副其实的"僵尸账户"。这些问题都是合作社专业人才不足的突出表现,也是困扰信用合作开展的一大难题。

3.资金筹措困难

合作社是农户社员的联合,是弱势群体的集合体。从社员角度看,农户经营分散,收入低且存款规模小,没有足够的资金投入合作社。这直接导致合作社成员普遍缺乏资金,在农业农村经济活动中更多扮演金融需求者,而非供给者。尽管近年来合作社从单一功能向多种功能拓展,综合化趋势加强,但本质上仍是同类农产品的生产经营者或者同类农业生产经营服务的提供者、利用者组成的专业性经济组织。因此,参与信用合作的成员产业基本相同,用款时间集中,进一步加剧了资金不足问题。由于农业生产本身具有明显周期性、季节性等特点,自然风险、管理风险和市场风险较大,加上合作社成立条件较为宽松,绝大多数不验资,导致银行、信用社等金融机构对合作社的市场主体地位认可度较低,合作社难以获得金融机构的信贷支持。

(三)农民合作社内信用合作发展的对策建议

1.探索合作社内部信用合作与产业发展相互促进的机制

探究信用合作与产业发展相互促进的新路子是合作社规范化、综合化发展重要的问题。研究发现农户今后有无贷款需求是农户是否参与合作社信用合作的根本因素,只有相关产业发展好了，农民才会考虑通过借贷行为扩大生产。农民要致富离不开农业，农业要发展壮大就是要集约化联合化高效率的发展。内部信用合作要服务于产业发展，不能脱离产业走上纯商业化的道路。要充分发挥合作社积累的供销、生产技术等服务方面的优势，通过开展以资金互助为主的内部信用合作服务，带动和增强合作社的资金供给、农资供应、技术培训、产品销售等多要素服务水平的提升，强化对社员持续开展农业生产经营活动的支持，以促进合作社服务功能的配套化、综合化发展。更要在实践中不断总结经验，让合作社的内部信用合作不止于资金互助，寻求能与产业发展更加紧密结合的新路子。

2.积极开展合作社内部信用合作试点示范

农户对合作社内部信用合作开展前景的看法是一大影响因素，很多农户对内部信用合作风险存在过度担忧，对相关风险防范措施不甚了解，这就需要加快试点建设，利用试点的示范效应让农户真正了解到信用合作的好处。而目前合作社整体上仍停留在生产技术、购销领域的合作，未能形成生产、供销、信用合作"三位一体"的综合化服务、规范化管理模式。要优先选择社员数量较多、管理较为规范、带动功能较强、信用记录良好的合作社，鼓励和引导其开展内部信用合作业务，并在财政支农补贴项目、税收优惠等方面给予支持，通过典型示范，不断总结经验，逐步推进。

3.加强合作社内部信用合作业务的监管和指导服务

农户对相关政策的认知程度较低是影响其参与意愿的直接因素之一，由于合作社内部信用合作属于金融业务范畴，而目前合作社归属于农业部门管理，由于其自身职能与业务的局限性，难以对合作社信用合作业务开展有效的指导，同时在已有农村信用合作实践中也暴露出了监管缺位、业务指导滞后等问题。因此，要不断强化地方农业部门与金融办、人行地方分支机构等经管部门的合作，对内加强审计工作，对外加强监督管理，从而将防范运营风险落到实处。面向合作社负责人及社员，要开展多种形式的信用合作政策法规宣传教育和培训活动。增强农民参与信用合作的积极性和主动性，保证农村合作金融的有序健康发展。

（四）农民合作社内信用合作发展的案例分析

S县A资金互助社成立于2016年5月，由当地18位村民共同发起成立，原始股金90万元，每位发起人股金5万元，截至2018年2月，S县A资金互助社资产总额383万元，负债总额228万元，社员股金78万元，存放互助金218万元，发放互助金359万元，拥有社员623人。

建社后，资金互助社全体发起人形成社员代表大会，根据"一人一票"的组织模式选出理事会、监事会和总干事。其中，社员代表大会是资金互助合作社的权力机构，兼具所有权、控制管理权和剩余索取权，一方面大量缩减了经营管理成本，同时还增强了管理的灵活性。理事会是执行机构，由理事会代表进行日常事务的经营与管理，并且对管理人员给予低报酬或无报酬制。监事会是监督机构，对互助社的经营活动进行监督。总干事是在经营过程中主要对S县A资金互助社进行专业上的指导，并且对其发展方向进行引导与监督，防止资金互助社出现"变相吸储"的偏离合作金融本质的异化风险。

之后由于业务发展所需，先后成立B、C两家资金互助社及D、E、F三家专业合作社，其中前两家资金互助社均为同S县A资金互助社一样进行民政注册的社团法人主体，后三家农民专业合作社均为合作社开展内部资金互助的试点，工商注册，但6家机构均为S县农业局主管。目前共有623名社员，采用总社＋分社管理模式，虽然各分社单独注册，但由总社进行统一调度和管理。治理结构如下：

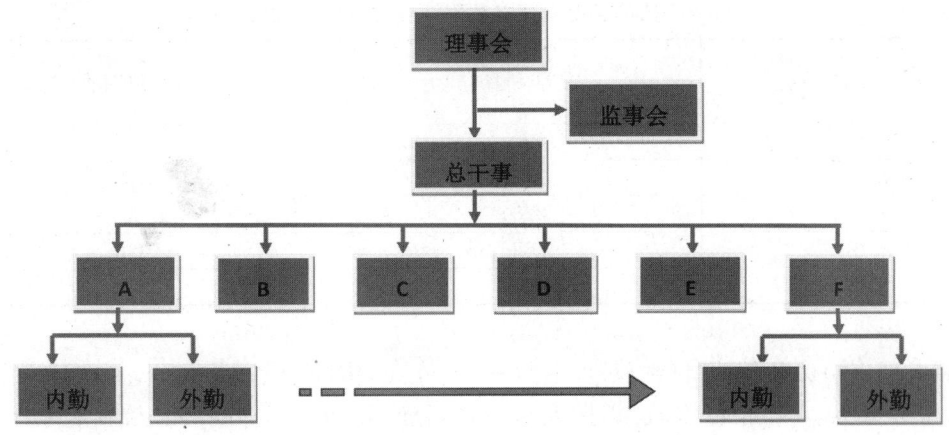

图4-9 S县A资金互助社治理结构

1.机构与业务管理

(1)机构管理

总干事为外聘,大学本科学历,自2016年起加入该资金互助合作社,负责整个资金互助业务的管理,每周会对六家机构进行常规性检查,每家机构会进行月汇报工作,同时每月召集内勤开会,每三月召集外勤开会。在人员配备方面,每家机构基本为管理层两名(一名社长,一名信贷组组长),内勤两人,负责资料录入与财务管理,外勤人员数量根据每个业务部业务量配置,基本为6~8人。目前该机构共有47名员工,其中管理岗位6名,信贷员41名。

该机构每年进行一次全体会议,补充修改业务管理大纲,并形成完善的内勤和外勤管理体系。在信息化方面,该机构采用四平市惠友软件技术有限公司出品的"农村资金互助社管理系统"进行社员股金和贷款业务管理,其中A资金互助社为总社系统,每天其余五家资金互助社会上传当天的财务数据,分社系统仅作数据收集,财务报表由总社系统输出,同时,内勤人员会进行纸质备份留档。

(2)社员管理

S县A资金互助社股金设置主要由入社社员必须缴纳的资格股(每人100元)以及投资股组成。

入社条件:(1)具有完全民事行为能力;(2)户口所在地或经常居住地(本地有固定住所且居住满3年)在本社所在乡镇辖区内;(3)入社资金为自有资金且来源合法,缴纳100元以上互助金;(4)诚实守信,信誉良好。

入社流程:提出入社书面申请—学习本社章程—入股100元及以上—领取股金证。

社员股金管理:资格股与投资股都可获得投票权,但资格股不参与分红,投资股参与分红。投资股社员入股股金分红比例相同,约为年化6%。运营原则是:入股(投资)有收益(红利),闲散资金可收益,急需贷款较容易。

(3)贷款业务管理

S县A资金互助社主要业务为存贷款以及结算,利用存贷利差来实现"微利可持续"的运营。其社员存款利率如表4-6所示:收益率较高于农村信用合作社等金融机构,对于资金互助社来说有利于汇集农村闲散资金,帮助资金互助社获得规模收益。

表 4-6　社员互助金额存款预期收益分析(单位:元)

期限 \ 项目	基准利息	互助社预期收益
三个月	56	61
六个月	112	132
一年	225	450
两年	588	1098
三年	1155	1930

产品类型:(1)保证贷款,借款额度 5000～50000 元,借款利率 17.34%,一次还本,利随本清,逾期加罚 50%。(2)担保贷款(担保人),借款额度 50000～150000 元,借款利率 17.34%,一次还本,利随本清,逾期加罚 50%。

业务操作:(1)借款原则为先入社(股),后服务,严禁非社员借贷;(2)所需证件包括社员入股凭证、结婚证与户口本原件、身份证原件及配偶身份证原件(备注:如需担保,担保人也携带上述证件);(3)借款比例为股一贷十;(4)借款流程(如图 4-10 所示),社员填写借款申请书—寻找 1－2 名合作社内部人员担保—调查员调查并提出意见—理事会审批—签订借款合同—出具借据—支付互助金—跟踪互助金使用情况(备注:家庭困难社员借款 7 日内借款经理事会研究可以考虑免息)—回访调查;(5)合同及凭证资料完整情况,每笔借款凭证资料包括借款申请表、客户资料复印件(入股凭证、结婚证、身份证)、贷款上报表、审查小组签名表、借款合同/担保合同、贷款发放凭证、借款收据。

而相对于农村信用社的贷款审核程序,资金互助社的借款程序要简便很多,严密合理的信贷流程,可以最大限度地降低不良贷款的发生率,提高成员贷款的及时性,更加适应农村借贷"少量且分散、高频率以及急需"的特点,为农户节省了大量的隐性成本。

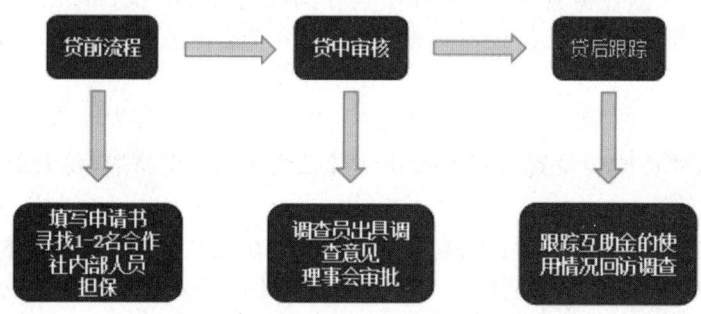

图 4-10　S 县 A 资金互助社借款流程

2.绩效评价

利用设计的指标体系与调查数据,S 县 A 资金互助社具体绩效评价指标数据计算结果见表 4-7。

表 4-7　S 县 A 资金互助社具体绩效评价指标数据

一级指标	二级指标	三级指标	2016 年	2017 年	2018 年
扶贫绩效	财务绩效	资产规模	规模/万元	239.69	376.04	492.23
			增长率/%	—	56.89	30.89
		运行成本	成本/万元	21.77	24.57	26.65
			增长率/%	—	12.87%	8.47%
		收益能力	资产收益率/%	—	4.13%	5.36%
			权益报酬率/%	—	10.01%	12.58%
		风险防控能力	贷款集中度/%	4.48%	3.40%	3.25%
			不良贷款率/%	0.00%	0.00%	0.00%
			坏账准备金率/%	3.17%	2.67%	2.24%
	社会绩效	财产性收入提高程度	年存款利率差/%	2.00%	2.10%	2.00%
			存放互助金规模/万元	19.55	153.44	289
			存放互助金户数/户	28	203	356
			股金参与规模/万元	49.08	26.84	52.08
			股金参与户数/户	396	202	435
		融资难改善程度	年贷款利率差/%	1.00%	0.50%	0.60%
			互助金发放规模/万元	252	346.5	423.46
			贷出互助金农户数量/户	62	83	112

根据这些数据结果,对 S 县 A 资金互助社的运行绩效进行如下评价:

(1)财务绩效评价

①资产规模有明显增大,资本充足率高。

S 县 A 资金互助社 2016 年资产规模约为 240 万元,其中负债和股东权益均为 120 万元。到 2018 年底,S 县 A 资金互助社资产规模快速增长到 492 万元,相比于 2016 年增长率高达 205%。其中互助社负债为 282 万元,股东权益达 210 万元,多达 34% 的资本充足率也为 S 县 A 资金互助社继续吸收资金与扩大经营规模提供了较好的资本保障。

②运行成本在可控范围内。

在摊销咨询费用、租赁费用和开办费用后,S 县 A 资金互助社 2016 年 5 月至 12 月运行成本约为 22 万元,其中财务费用忽略不计,管理费用约为 14 万元,资产减值损失准备金约为 8 万元。2018 年 S 县 A 资金互助社运行成本约为 27 万元,相比 2016 年增长了 22.73%,其中财务费用和资产减值损失准备金变化较小,维持在 9 万元,管理费用约为 18 万元。S 县 A 资金互助社管理成本总体随资产规模的扩大而增加,但相对于资产规模的增加,仍维持在合理的可控范围内。

③收益能力正在增强。

S 县 A 资金互助社的净利润为利息收入与利息支出和各项费用之差,"存贷差"是资金互助社收入的主要来源,扣除各项费用后即为净利润。2016 年 S 县 A 资金互助社处于亏损状态,亏损额度约为 8 万元。2018 年 S 县 A 资金互助社转变亏损状态,实现净利润约为 26 万元,资产收益率为 5.36%,权益报酬率为 12.58%。用资产收益率和权益报酬率作为收益能力指标,可以直接体现农村资金互助社的运营效益和成员的收益水平。收益能力指标数额越大,表明农村资金互助社的运营效益越好、成员的收益水平越高。S 县 A 资金互助社快速扭亏为盈并实现较高的资产收益率和权益报酬率,表明 S 县 A 资金互助社具有良好的收益能力。

④有一定的风险防控能力。

在贷款集中度方面,S 县 A 资金互助社对同一社员发放互助金最大的金额严格限定为 5 万元,且采用"股一贷十"的方法,即入股股金至少为贷出金额的 1/10,2016 年 S 县 A 资金互助社的贷款集中度为 4.48%,随着净资本的增加,2018 年进一步下降为 3.25%,贷款集中度较低。在不良贷款率方面,S 县 A 资金互助社基于当地熟人社区和民风民俗约束的优势,至成立以来还未出现不良贷款的情况,不良贷款率为 0。除了信用风险防控得当,操作风险、市场风险等还未出现,整体风控处于良好状态。

(2)社会绩效评价

①财产性收入明显提高。

从存放互助金的规模和户数来看,S 县 A 资金互助社成员 2016 年存放互助金约为 20 万元,存放互助金的农户数量为 28 户;2018 年存放互助金约为 289 万元,存放互助金的农户数量为 356 户。从股金参与的规模和户数来看,S 县 A 资金互助社成员 2016 年股金参与数额约为 49 万元,股金参与户数为 396 户;2018 年股金约为 52 万元,参与户数为 435 户。财产性收入提高程度在很大程度上反映农村资金互助社的减贫扶贫服务能力。用存放互助金规模及参与农户数量、股金规模及参与农户数量作为财产性收入提高程度指标,发现存放互助金规模越大、参与户数越多,股金参与规模越大、参与户数越多,社员财产性收入提高程度越大。从 2016 年到 2018 年,S 县 A 资金互助社成员获得的互助金利息和股金红利总额由 2 万元增加到 11 万元,成员财产性收入明显提高。

②融资难题得到改善。

2016 年 S 县 A 资金互助社发放互助金数额达 252 万元,惠及农户数量为 62 户。2018 年 S 县 A 资金互助社发放互助金数额达 423.46 万元,惠及农户数量为 112 户。用互助金发放规模和贷出互助金农户数量作为融资难题改善程度指标,发现互助金发放规模越大,贷出互助金农户数量越多,社员融资难改善程度越大。截至 2018 年底,累计发放互助金数额达 921.96 万元,惠及农户数量达 257 户次,有效满足当地农户的融资需求,农户融资难题得到改善。截至 2018 年底,S 县 A 资金互助社共成立 50 多家农民专业合作社和家庭农场,线上线下农产品销售额超过 3000 万元,金融供给的增加有效促进当地产业发展和农户生活水平的提高。

综上所述,S 县 A 资金互助社具有良好的运行绩效。资金互助社的财务绩效主要为发起人和社员带来收益,有力支持了资金互助社的可持续发展;社会绩效为社员带来了客观的收益,有效推进减贫扶贫工作,促进当地金融发展和社会进步。自 2016 年 S 县 A 资金互助社成立以来,其良好的财务绩效和社会绩效提高了全体社员的收入,促进了当地产业合作、供销合作,提高了当地农户的生活质量。2016 年 S 县 A 乡建档立卡贫困户为 302 户 697 人,2016 年减少至 161 户 375 人,2017 年进一步减少至 97 户 210 人,2018 年底全部贫困户实现脱贫,扶贫工作效果明显。

四、贫困村级资金互助社

(一)贫困村级资金互助社的发展现状

为缓解贫困地区和贫困农户面临的资金短缺问题,积极探索农村合作金融新的发展模式,国务院扶贫办和财政部于2006年联合启动"贫困村村级发展互助资金"试点工作。我国农村合作金融目前还处于合作金融发展的初级阶段,而互助资金作为一种新型组织形式,符合农村市场需求,正处于成长规范阶段。

1.资金来源主要为财政扶贫资金

每一个贫困村扶贫办无偿安排一定数额的扶贫资金,加上村民自愿交纳的互助资金,还有社会捐赠的资金,构成了整个贫困村互助资金的本金。扶贫办把贫困互助资金在民政部注册为非营利性的社团组织,针对贫困人口,社会效益会大于经济效益,严格规定不储存,不吸储,不分红。通过扶贫办资金互助的推进,在一定程度上放大了扶贫资金总量,促进了农户增收,增强了村民的信用意识。该类型组织运作谨慎而规范,以扶贫为方向,但总体来看规模普遍较小,资金实力弱,农户参与积极性并不很高。

2.农户对互助资金认知度不高

村民对于贫困村村级互助资金项目大都有所耳闻,只有少数人对互助资金的了解还处于一无所知的状态。村民主要通过村委会宣传了解该项目,很少通过其他途径(如上网、看报纸等)获知具体的项目信息。此外,互助资金在普及力度上仍存在一定的问题,有一部分人完全不了解贫困村村级互助资金项目。作为一种为民而生的扶贫资金,必须要保证民众对其的了解。同时,民众了解该项目的渠道和方式也十分有限,大多数村民通过村委会宣传来了解,这种宣传推广方式非常考验当地村干部的宣传技巧、宣传方法和宣传力度。

3.非贫困户的贷款情况优于贫困户

由于受具体的经济条件所限,农户的自有财产主要是房屋和土地使用权,他们一般不会将其进行抵押。因此,社员采用的担保方式为3~5人的联保小组形式,无实物抵押。非贫困户因为其固有的经济基础较好,拥有一定的偿还能力,其他社员愿意为其提供担保。而贫困户因为其经济基础薄弱,很难偿还贷款,而且联保程序启动后,互助社成员需承担连带责任。因此,社员对贫困户提供担保的积极性不高。

(二)贫困村村级资金互助社发展存在的问题

贫困村村级发展互助资金试点创新扶贫开发机制的有效尝试,是为了缓解农村发展滞后、金融产品不足、农民生产资金缺乏,制约农业、农村发展特别是贫困农户脱贫致富的突出矛盾而争取的一种特殊扶贫方式。尽管贫困村级资金互助社试点工作推进很快,但近年来贫困村村级资金互助社总体运行效果远未实现预定的总体目标,具体表现在以下几个方面。

1.农民互助资金规模较小

一方面由于借款额度少,互助社社员大多只能借到很少的款项,而这些借款对满足其经济发展所起的作用微乎其微。由于资金总量有限,所需资金从事生产性活动的会员很多,有强烈的资金需求意愿,为了确保更多的入会农户享受到资金支持,互助社所贷资金每笔规模相对很小。另一方面,有一些贫困村资金互助社还款期限较短,村民难以还本付息。为了确保参加资金互助社的所有农户能享受到资金支持,采取滚动的方式,以1年为限,如入会农户甲今年获得资金互助社的资金支持,下一年就不能再申请,入会农户乙则获得使用资金的资格。互助社资金规模的有限性在帮助贫困农户脱贫致富上受到了一定程度的制约。

2.互助资金产权制度存在缺陷

《贫困村互助资金试点操作指南》规定,"互助资金中财政扶贫资金和捐赠资金及其增值部分归所在行政村的全体村民共同所有。村民缴纳的互助金归其本人所有"。这些规定没有按照"自有、自用、自管、自享"的合作模式来设计互助资金的产权体制,没有认识到扶贫互助社产权安排的重要性。首先,作为互助资金合作组织的成员,村民原则上应该认缴基本的股金(资格股),才能取得成员资格,相应获得参与管理、优先获得服务的权利。其次,将互助资金中财政扶贫资金和捐赠资金及其增值部分归所在行政村的全体村民共同所有,而不具体量化到村民个人,事实上造成这部分资金的所有权主体的虚置。最后,村干部作为村集体的人格化代表,成为这部分占比最大的资金所有权的行使人,进而成为扶贫互助社的内部控制人,最终导致互助社的民主管理和民主控制流于形式,互助社精准扶贫的目标难以实现。

3.互助资金利益分配不合理

在国务院扶贫办与财政部联合下发的《关于进一步做好贫困村互助资金试点工作的指导意见》中,规定的收益分配原则是借款占用费(指向会员收取的贷款资金的利息)收入是唯一可供分配的收益,分配的原则和顺序是:提取运行成本包括办公成本和管理人员误工补助,提取占用费的10%作为公益金,剩余的占用费全部作为公积金转入本金。这样的分配原则,完全取消了社员的分红权。作为理性的经济人,社员自然就不会把资金投向不能取得收益的地方,互助社的资金规模就不可能得到成长,互助社满足农户资金需求的能力、抗风险的能力就不可能提升。

(三)贫困村村级资金互助社发展的对策建议

1.积极动员群众广泛参与

政府或村委会应加大对"贫困村村级互助社"的宣传力度,广泛发动群众积极参与,让群众充分了解贫困村村级互助资金的性质、作用、使用范围和发放程序,自觉维护《互助社章程》规定,激发广大农户积极加入互助社,不断提高入股参与率。能建立健全一般社员、普通社员和优先社员的入社入股制度,扩大覆盖面,最大限度地吸收农村闲散资金,充分发挥财政扶贫资金效益,促进互助社的发展壮大。同时,充分发挥农户特别是贫困农户参与互助资金组织的积极性,有针对性地加以引导,将参与的积极性转变为发展生产的动力。

2.区别对待贫困农户和非贫困农户

针对不同农户的经济发展状况,贫困村互助资金合作社的发展类型和运行模式的选择也应有所不同。应该坚持多元发展和适度整合原则,培育不同类型的贫困村村级互助资金合作社。对贫困农户,可以成立政府资助型的资金互助社,通过政府搭建、农户自主参与的组织平台,为贫困农户提供更便捷、更经济的金融服务。对非贫困户,可以在一个乡镇范围内成立规模较大的资金互助社,广泛吸收专业合作社及普通农户加入,鼓励那些成立时间长、管理规范、固定资产多以及盈利较好的农民专业合作社在其内部设立资金互助社,并将两者有机结合,促进专业合作社的规范化发展,通过投资与融资实现双赢,将供、产、销紧密联系起来,更有效地促进农村生产力的发展。

3.加强对互助资金管理组织的监管

根据贫困村互助资金互助合作社的自身特点和服务对象,将促进农民资金互助与加强金融监管有机统一起来,制定实施"低门槛、严监管、促发展"的监管政策措施。民主选举村级互助资金组织的理事会和监事会成员,完善互助资金组织管理章程,做好互助资金组织的财务管理,确保贫困村村级互助资金在阳光下运行。同时,应加强管理层的培训,提高贫困村村级互助资金合作社的自身发展能力。由监管部门定期对资金互助合作社的理事、经理等管理人员及监事和工作人员进行业务培训,提高他们的金融基础知识水平,扩大知识面,学习内控制度,熟悉业务操作,尽量避免操作风险,全面提升管理人员的管理能力和业务素养,确保项目的良性运转并达到预期目标。

(四)贫困村村级资金互助社的案例分析

2006年,国务院扶贫办与财政部联合启动了"贫困村村级发展互助合作资金"试点工作,贫困村农村资金互助组织吸收了财政部门的扶贫资金和农户的入股资金,形成农村资金互助组织的内部资金,并以简便的贷款手续为社员提供小额贷款服务,缓解了贫困村村民在农业生产过程中贷款难的问题。本部分以哈尔滨市贫困村资金互助社为例探究其运行机制。

哈尔滨市分别在延寿县、巴彦县、方正县、通河县的11个贫困村设立了资金互助社的试点村,这些试点村分别为:六团村、新发村、团山村、合春村、新建村、靠林村、丰富村、德安村、红星村、德兴村、四马村。每个县都成立了贫困村发展生产互助资金试点工作领导小组,发展生产互助资金"是以财政扶贫资金为本金,吸纳贫困户入股,实现村民自愿入股,有借有还地发展生产互助新模式。

根据合作社理论、农村金融理论、交易成本理论为理论依据,通过以问卷调查法为主的实地调研,针对哈尔滨市8家贫困村农村资金互助社的组建机制、日常管理机制、风险管理机制、监督机制、利益分配机制情况进行调查分析与总结,但是由于在资金互助社的实际运行过程中,四马村、德兴村、合春村三个村的资金互助社的运行状况基本处于停滞状态,其他8家贫困村农村资金互助社六团村互助资金协会、新发村发展生产互助资金协会、团山村互助资金生产发展协会、元家屯资金互助合作社(双星村)、新建村发展生产互助资金协会、靠林村互助资金协会、德安村发展生产互助资金协会、丰富村扶贫互助资金协会的运行机制现状如下:

1.组建机制

(1)发起人和发起方式

根据调查,资金互助社的发起人和相关负责人的产生大多是由村委会选举产生的,其身份可分为两种:一是村委会干部成员,二是德高望重的普通村民。80%的发起人和相关负责人都是村委会成员,大部分村民和社员对选举的程序不是很了解,大大削弱了农村资金互助社民主管理的本质。全村贫困农户入社率超过50%,且入社农户总数达到50户以上方能组建互助社。哈尔滨市贫困村农村资金互助社是由政府带动(扶贫性质)形势组建的。

哈尔滨市贫困村资金互助社是带有扶贫性质的农村金融组织,主要靠政府的财政投入来带动运营,目前农户的参与度不高,如表4-8所示,除了德安村有200户的社员外,其他几家均是50~100户不等。

表4-8 互助社的发起方式及规模

资金互助社	发起方式	社员数量
六团村互助资金协会	政府带动	75户
新发村发展生产互助资金协会	政府带动	73户
团山村互助资金生产发展协会	政府带动	98户
元家屯资金互助合作社(双星村)	银监会批准组建的正规金融组织	—

续　表

资金互助社	发起方式	社员数量
新建村发展生产互助资金协会	政府带动	78 户
靠林村互助资金协会	政府带动	56 户
丰富村扶贫互助资金协会	政府带动	61 户
德安村发展生产互助资金协会	政府带动	200 户

(2)注册资本

①注册资金要求

《农村资金互助社管理暂行规定》要求在乡(镇)设立的农村资金互助社,注册资本不低于 30 万元人民币,在行政村设立的,注册资本不低于 10 万元人民币,注册资本应为实缴资本。哈尔滨市 8 家贫困村资金互助社的注册资本均满足这一规定,且注册资本最低的是元家屯资金互助合作社(双星村)为 30 万元,注册资本最高的是靠林村互助资金协会为 56 万元。

②资金来源

表 4-9　互助社注册资金情况

资金互助社	注册资金(万元)	资金来源	
		政府财政投入(万元)	社员入股(万元)
六团村互助资金协会	45	30	10
新发村发展生产互助资金协会	41.1	30	11.1
团山村互助资金生产发展协会	40	30	10
元家屯资金互助合作社(双星村)	30	30	—
新建村发展生产互助资金协会	42.5	30	12.5
靠林村互助资金协会	56	30	25
丰富村扶贫互助资金协会	54.4	30	24.4
德安村发展生产互助资金协会	50	30	20

哈尔滨市贫困村资金互助社的资金来源目前主要有两条渠道:一是社员入股,二是财政投入。农村资金互助社的社员入社自愿、退社自由,农村资金互助社与其他农民合作经济组织不同,农村资金互助社社员不可以用实物、土地使用权、贷款等货币以外的形式入股,其社员入股必须以货币出资。2006 年,国务院扶贫办与财政部联合启动了"贫困村村级发展互助合作资金"试点工作,财政资金和农民股金共同注入农村资金互助社,成为其内部资金。

入股:试点村中符合条件自愿加入发展生产互助资金组织的农户,每户可入 1~2 股(最多 2 股),每股资金 1000 元。只有入股的农户才能加入生产互助组织,才享有互助资金使用的权利。

赠股:对有生产能力,在村居住并从事农业生产的特殊贫困户(民政部门确定并发低保金的农户)和家庭成员有重大疾病(符合农村医疗保险所规定的重大疾病条件)等确实没有生产资金入股的特殊贫困户,可根据家庭生产情况和经济状况,用财政扶贫资金赠股。

配股:财政扶贫资金扣除赠股后的剩余部分,根据加入互助组织的入股资金(包括赠股部分的份额),和剩余扶贫资金额计算系数,进行配股,但每股最高配额不超过 1000 元,财政扶贫资金有结余的做公积金。

③办公场所

由于资金互助社经营业务的特殊性,要求农村资金互助社具有符合要求的营业场所、安全防范设施和与业务有关的其他设施,以保证资金互助社的财产安全。哈尔滨贫困村资金互助社中,各家资金互助社的办公地点一般是在村部或者村支书家里,而没有专门的营业场所。

2.日常管理机制

(1)机构设置

农村资金互助社的组织机构主要包括社员大会、理事会和监事会。

①社员大会。成员代表大会是合作社的权力机构,由全体成员或成员代表组成。成员代表按照会员数量分别从农民成员和农村小企业成员中由全体成员选举产生。成员代表大会行使以下职责:审议并通过互助社章程决定互助资金的具体操作规程;决定互助社的成立和解散;选举和罢免互助社管理机构成员;审议批准互助社的财务预决算决定其他重大事项。社员代表参加社员代表大会,享有一票表决权,充分体现合作制原则。社员大会决议生效须同时具备以下三个条件:第一,有 2/3 以上的社员出席;第二,2/3 到会人员同意;第三,表决实行一人一票制。

②理事会。理事会是互助社的执行机构和日常管理机构,负责互助资金的运行与管理。理事会一般由 3~5 名成员组成,包括理事长、会计、出纳等。理事长为法定代表人。理事会行使以下职责:组织社员讨论并通过互助社章程;依据章程制定各项规章制度;执行章程和各项规章制度;负责借款的发放和回收;负责互助资金的安全性和流动性;负责与指导部门、村委会的联系和协调;按照要求,定期向指导部门提交报告和报表,并接受监督和检查;定期向社员大会(或社员代表大会)、监事会、村民大会(或村民代表大会)报告互助资金管理和运转情况。

③监事会。监事会是互助社的日常监督机构,一般由 3 人构成,负责监督资金运行和理事会的工作。监事由会员、捐赠人以及向本社提供融资的金融机构等利益相关者担任,由成员代表大会选举和更换。监事会行使以下职责:监督理事会执行互助社章程和规章制度情况;监督借款发放和回收过程;监督公开公示的程序和内容;接受互助社社员投诉,与理事会协商解决问题的办法;向指导部门反映情况,提出意见和建议。

(2)章程建设

银监会于 2007 年 1 月发布的《农村资金互助社管理暂行规定》,要求设立农村资金互助社要有符合规定的章程。互助社章程由筹备小组负责起草,经社员大会审议通过后执行。在资金互助社的章程中要确立农村资金互助社的宗旨、基本原则、利益分配和亏损分担原则;明确成员的权利与义务、入社和退社办法;规定组织结构的设立、财务管理、合并、分立、解散和清算等事务。

(3)经营管理

农村资金互助社主要为社员提供存款、贷款、结算等金融业务,实行封闭式的经营方式,即主要为社员服务,对非社员实行区别对待的政策(非社员的借款利率要高于社员),并以资本金为限封闭运行。受服务对象和资金总量的限制,借贷规模难以扩大,在一定程度上制约了其发展和壮大。在哈尔滨市 8 家贫困村资金互助社中,只有六团镇六团村互助资金协会对非社员提供资金互助业务,对非社员实行差别利率。其他资金互助社并没有向非社员提供资金互助业务,只是针对本社社员提供资金互助业务。

3.风险管理机制

(1)资金运营管理

互助资金是整个组织运营体系的核心要素,因此资金管理是资金互助社管理的核心业务,资金互助社的资金运行也成为整个系统的核心机制。

①管理人员及职责分工

根据《中华人民共和国会计法》,理事长全面负责村级互助社财务管理,会计和出纳不得由同一人担任。会计主要负责互助社资金管理和财务核算工作。负责按国家有关法规和财务规章制度及项目有关要求,及时进行会计制单、总账与明细账的记账工作,编制财务报表及报表说明;负责个人借款台账的建立和登记工作;负责财务业务的审查与复核、计算互助社应收回的本金和占用费;负责财务凭证资料的收集、整理、装订和财务档案的管理工作;接受财务审计与监督,及时向理事会或上级财务主管部门反馈财务活动和核算中出现的重大问题等。

出纳负责具体办理现金收付、保管与银行结算业务。根据合法、合规的财务手续及时办理现金和银行收支业务;负责使用银行财务票据,办理其领用和注销手续。对所开票据按时登账;及时进行现金日记账和银行存款日记账的记账工作;定期与会计对账,做到手续齐备、日清月结,账表相符、账实相符;负责互助社内部个人借款的催收,做到上账不清、下账不借,严禁公款私用。

财务人员应保持相对稳定,确因工作需要变动时,必须按《会计基础工作规范》规定办理移交手续,移交时要有相关负责人在场监交,并由移交人、接收人和监交人签字。

②现金管理

提取现金须经理事长同意并签字。每次回收的现金,应在当天或次日存入专用账户。提存现金须由出纳和至少一名理事会其他成员一起完成。库存现金不超过500元。

(2)借款及担保管理

表 4-10 社员贷款担保方式及贷款利率

资金互助社	贷款利率(厘)	担保方式	贷款抵押	贷款上限(万元)
六团村互助资金协会	9	五户联保	农地使用权	2
新发村发展生产互助资金协会	8	五户联保	土地承包合同	0.5
团山村互助资金生产发展协会	9	担保人	农地使用权	3
元家屯资金互助合作社(双星村)	—	担保人	无	小于小组总资金
新建村发展生产互助资金协会	4.2	担保人	宅基地	0.6
靠林村互助资金协会	6	五户联保	无	0.4
丰富村扶贫互助资金协会	6	五户联保	无	1
德安村发展生产互助资金协会	6	正式职工担保	无	0.5

①农村资金互助社的信贷原则。首先必须明确信贷原则是农村资金互助社坚持的信贷理念。保证发放的每一笔贷款都可以很大程度地在满足成员需求的同时降低信贷的风险。一般应坚持以下原则:第一,对社员发放的贷款,符合国家法律和资金互助组织的规章制度要求。第二,小额分散原则。对成员信贷投放,应在章程中规定成员最大可贷款的额度,保证小额分散,既可以满足更多的成员尽量得到贷款,又可保证还贷率。第三,实行差额担保机制,有助于第一借款人讲求信用。第四,担保原则。

②农村资金互助社的信贷利率。农村资金互助社的信贷利率包括成员的存款利率和贷款

利率两个方面。存款利率应符合中国人民银行关于执行统一存款利率规定,贷款利率则依据国家相关规定和会员大会制定的章程进行安排,以额度及贷款期限结合原则,制定层次贷款利率。根据调查结果这8个互助社的贷款利率都在4厘到8厘之间,普遍比农村信用合作社的低。

③农村资金互助社贷款的担保规则为了降低贷款的风险,成员贷款时应提供担保,担保方式有:

一是成员联保。贷款采取自担责任、互担责任和共担责任相结合的制度,由成员自行找3~5户成员联保并承担连带责任。

二是抵押。成员可以以库房等不动产、加工设备、运输设备、农机具、农产品等实物、知识产权等能够用货币估价并可以依法转让的非货币财产进行抵押。

④申请贷款、批准贷款和还款。资金互助社按照生产过程中的需要,制定借款时间和期限,借款期限最长为一年。借款人在同一借款期内达到借款额度,只能申请一次借款;如未达到借款额度,同一借款期内,其余额可再借款一次,借款期限以第一次借款为准。明确借款金额、担保人、借款利息等相关细节后,与借款人签订贷款合同,并加盖合作社公章。手续齐全后,两个工作日内发放借款。还款时按照签订合同时约定的还款方式按期归还借款本金和利息,并要出具借款收据,并由会计、出纳及本人签字。

在调查中各资金互助组织均建立了完善的资金投放制度,包括以下程序:资格审查,借前论证借款保证,借款审批借后检查。并且调查的8个资金互助社的资金回收率都在100%。

(3)提取风险准备金

风险准备金按年底借款余额的3%加上逾期借款总额的20%提取。并且风险准备金只能用于呆坏账的核销,不得用于发放借款。

表4-11 互助社提取风险准备金情况

资金互助社	是否提取风险准备金
六团村互助资金协会	未提取
新发村发展生产互助资金协会	提取(利息的70%)
团山村互助资金生产发展协会	未提取
元家屯资金互助合作社(双星村)	未提取
新建村发展生产互助资金协会	未提取
靠林村互助资金协会	未提取
丰富村扶贫互助资金协会	未提取
德安村发展生产互助资金协会	未提取

4.监督机制

(1)内部监督

资金互助社的内部监管具体体现为互助资金所采取的各种资金安全与信贷风险防范措施,例如调查中所问及的借款发放地点、是否采用集中的借款日或还款日、是否开设银行法人账户等均是出于对大量资金特别是现金流动可能出现的安全风险的预防措施,而是否运用计算机进行互助资金财务管理(计算机管理软件在逾期贷款达到一定程度情况下会对全部资金予以冻结)和是否提取风险准备金(用于冲抵由于贷款无法回收所可能造成的资金损失)则体现为互助资金对于可能出现的不良贷款风险的预防措施。在得到准确调查信息的8个资金互助社中,大部分在办公地点(村部)办理发放贷款,而有3家资金互助社办理贷款发放业务是在会计家、管理人员家和村支书家则存在一定的安全隐患。每家资金互助社都设立了集中借还款日,资金管理比较集中,大部分资金互助社都设立了银行账户。在信贷安全措施方面,没有一家资金互助社运用计算机进行财务管理,只有一家资金互助社提取风险准备金,其他各家没有提取风险准备金。

（2）外部监督

资金互助社是一种村庄内部的金融合作组织,其运行涉及大量的资金应当遵循金融管理的审慎原则,从金融安全角度考虑要求政府和相关机构提供技术支持并进行安全监管,资金的外部监管须依据相关法规与章程的规定,由资金互助社以外的有关机构、部门或组织对互助资金依法安全运行予以指导和监督。外部监管的主体主要有试点村的村两委组织,政府有关部门（如扶贫办、财政部等）,金融监管部门,正规金融机构等。对资金互助社的外部监管主要包括对互助资金的注册管理、规范审查、财务监督、风险预防、技术指导与能力建设,其目的保证资金互助社的规范运行、安全运行。

互助社的外部监督,主要由县级指导部门负责。其职责是:定期开展现场监测;定期向上级部门提交监测报告;受理投诉;配合审计部门对互助资金进行审计;负责指导互助社退出。

在调查的8家贫困村资金互助社均在民政部门注册,其日常工作由当地扶贫办及财务局监督指导,没有正规的金融机构对其财务管理进行指导。互助社的管理人员则是由村里自行选举任命。

表4-12 互助社财务管理情况

资金互助社	贷款发放地点	集中还款日	是否有银行法人账户	是否有计算机财务管理
六团村互助资金协会	村支书家	12.20	是	否
新发村发展生产互助资金协会	村委会	12.20~12.30	是	否
团山村互助资金生产发展协会	村委会	12.2	是	否
元家屯资金互助合作社（双星村）	会计家	—	是	否
新建村发展生产互助资金协会	组长家	11.23~11.24	是	否
靠林村互助资金协会	组长家	11.25	是	否
丰富村扶贫互助资金协会	村委会	11.28~11.30	是	否
德安村发展生产互助资金协会	村委会	11.25	是	否

5.利益分配机制

资金互助社的利益机制实质是合作社为社内成员谋取利益最大化宗旨的一种体现。合作社的利益分配机制主要是为社员提供服务和组织盈余按交易额返还。互助资金使用中产生的占用费收益,在扣除运行成本和风险准备金后,根据互助资金构成按比例分配。资金互助社的收益包括借款占用费、银行的利息等。村民缴纳的互助金增值部分归其本人所有,财政扶贫资金增值部分扣除支付贫困户的收益后,剩余部分和捐赠资金增值部分转入本金。

在调查的贫困村资金互助社中,由于其属于扶贫性质的资金互助社,主管部门对于这些资金互助社的社员分红有具体要求,所以社员们现在是没有现金分红的。国务院扶贫办与财政部联合下发的《互助资金指导意见》中对收益分配做了如下规定。

互助资金本金不能用于分配。借款占用费收入可用于分配,分配方案由社员大会讨论决定。分配原则和顺序如下：

(1)运行成本。包括办公成本和管理人员误工补助。运行成本的提取要有利于持续发展。

(2)公益金。按不低于占用费收入的10%提取公益金。用于贫困户或村内公益事业，具体用途由社员大会讨论决定。

(3)公积金。扣除运行成本和公益金后的剩余部分作为公积金转入本金。

在调查的互助社中，六团镇六团村互助资金协会提取6000元公益金修路并给贫困农民买化肥、种子。延寿县延河镇新发村发展生产互助资金协会把利息的20%用于管理费支出，其中的70%用作公积金，30%用于财务人员报酬及表簿、账本等办公费用。德安村在提取公积金后，拿出10000元进行村里基础设施的建设费用。新建村发展生产互助资金协会则在提取公积金及协会日常开销费用的基础上，将社员的贷款利率由原来的6厘降到了现在的4.2厘，以此来作为社员的福利。

五、总结

(一)目前常见问题与面临的挑战

作为创新的合作金融机构，资金互助社的出现解决了农村金融信贷服务缺失的问题，极大地活跃了基层地区的经济，在基层内部构建了自给自足的互助金融体系，同时和农信社形成了竞争关系，促使其完善自己的服务。农村资金互助社的出现对于解决农村金融难题具有重要的历史意义，特别对我国中西部不发达的地区来说，为经济的多元化发展注入了新的生机和活力。但是，农村资金合作组织在我国的实践还处在初级阶段，业务管理和运作经验相对不足，在实践中还有许多的问题有待解决。

1.资金融通难

农村资金互助社是一个为了解决农民信贷需求的经济组织，社员入社的主要目的是遇到资金困难时获得贷款，所期望的贷款额度明显超过存款额度，当社员的贷款需求增大，超过存款需求时会出现自有资金短缺的情况，社员不能及时获得其自身贷款需求，资金互助社会出现短期的资金紧张和断流现象。《暂行规定》的条例指出，资金合作组织的资本来源于社员的储蓄、公益的捐款和其他融资平台借款三部分。由于我国的信用保障制度不健全，农村资金合作组织的影响力不够，农户对其经营暂持观望的态度，并且习惯性地把大额资金存放到商业银行和农村信用社，资金互助社吸收存款的范围限定在社区内部，引入的存款有限，储蓄余额增长较为缓慢；社会捐赠一般在农村资金互助社成立初期时获得，但是并没有相对长效稳定的平台和可持续的操作机制，所以社会捐赠的后续支持并不理想；向其他金融业服务机构进行借款以解决短期货币短缺问题，虽然都有合作的意愿，但是由于缺少当局的有关方案作为指导，资本融入无法进行。造成金融合作组织的资本持有规模大都较小，无法解决社员更高的信贷需求。

2.法律地位不明确

政府没有出台相关的法律法规，使资金互助社定位不明确，在制度的设计上存在一定的主观性和盲目性，缺少相应的法律支持。从我国现有的立法来看，并未出台和颁布相关合作金融的法律，只有通过政府的一些政策性文件来指导资金互助社的发展。国家尽管出台了《农民专业合作社法》，鼓励社员发展专业生产互助社，重视发展专业生产经济组织，但这部法律里仍未提到社员互助金融的问题。已经下发的《农村资金互助社管理暂行规定》和《农村资金互助社组建审批工作指引》,是根据正规银行组织的一般标准制定的,对于金融合作组织而言,融资资本一般在10万元以上,按照相关政策进行组建和操作,在实践中存在着一些漏洞,相对比较复杂,成本较高。

3.政府干预制约发展

从我国金融合作组织的发展经验分析,金融合作组织具有自发性、合作性和非正规性等特点,当局没有充分考虑到基层的社会环境和农民的诉求,所制定的规范不能适应金融合作组织的发展,导致实践诉求与条例供给的不一致性,主要原因是当局对于金融合作组织的发起和建立过程过分干预,对市场准入的条件和标准要求过高,政府监管过于严苛,功能定位不足,但是在规范行业发展和避免金融风险等方面起到了一定的作用。由于政府对农村资金互助社过高的准入条件和管理标准,使大多的资金互助社无法注册,不能正常经营,在灰色地带中缓慢发展,没有宽松的实践环境和政府的扶持,在某种意义上阻碍了金融合作组织的良性持续发展。

4.管理体制不完善

依据《暂行规定》的要求,金融合作组织实行民主管理制度。资金合作社员具有大致均等的产权和股份,因而享有均等的管理权,采取一人一票的经营决策方式。通过民主选举产生核心的组织管理体系,主要为内部成员代表大会、监事会和理事会,"三会"各司其职,负责管理资金互助社的日常业务。但"三会"这一核心的组织机构,大多数的资金合作组织并没有,或即使成立了,也不行使各自的权力,没有尽到其应有的责任。资金合作组织内部管理也不规范,职责和权限划分不清晰,很大程度上丧失管理的独立性,管理决策受到相关规定的约束,使资金互助社的民主治理制度变得名存实亡,成员的归属感和关注度逐渐减弱。资金合作组织的管理人员虽然来自组织内部,但却缺乏相关的金融专业知识及风险控制能力,各负责人员一般不在工作地点常驻办公,缺乏内部合作和监督,主要依赖工作人员的个人信用约束自己的行为,操作上存在一定的风险和隐患。内部管理体系不健全。一是内部管理规范性有待提高。不少农村资金互助社存在包括贷款会审记录参与人员未签名或一人代签、柜面记账人员未实现有效分离、借款合同书填写不规范、信贷档案资料不全等问题。二是经营管理人员素质待提升。各家互助社的经营管理者大多是当地带头致富的能人以及少数退休的乡镇干部,且年龄结构偏大,缺乏必要的金融管理经验和经营管理知识,风险防范意识淡薄。

5.风险控制机制不健全

由于没有相关法律制度,资金互助社的发展不受国家金融法规的约束,在经营中存在借贷流程不规范和风险防范措施单一等问题,要是处理不当,容易产生债务纠纷,在一定程度上会伤害到基层地区的社会稳定。资金互助社虽存在信息对称优势使经营风险降低,仍会出现部分农户信用意识淡薄,受自然原因和市场变化的影响,导致还款能力出现问题,产生一定的信用风险。资金合作组织的成员不断增加,信息不对称的程度会有所上升,资金合作组织内部的借贷风险会有所上升。比较正规金融机构,对于外在风险的管控机制资金合作组织相对缺失,贷款的回收工作缺乏保障,互助金投向需要规范。多数农村资金互助社内部未对资金投向做出限制,一般依据股东的社会关系开展互助金投放,随意性较强,个别互助社甚至沦为大股东的融资平台。少数具有房地产开发、建筑安装等行业背景的股东,将农村资金互助社变为自身低成本融资的业务平台。

6.发展定位存在偏离

一是储户化倾向。农村资金互助社定位于社员内部互相解决融资问题。但部分农村资金互助社并不局限于社员内部资金融通,而是异化为商业性金融机构,背离了农村资金互助社发展初衷。普通农民只要存款即可成为名义上的"社员","社员"除领取固定利息外,不参与日常经营,农村资金互助社也并不向相关部门报备,上述"社员"成为实质意义上的储户。二是互助金投放趋于大额化、集中化。《农村资金互助社管理暂行规定》要求互助社对单一社员的贷款总额不得超过资本净额的15%。以现有农村资金互助社规模测算,单笔投放限额一般不超过20万元,单户投放最高限额一般不超过100万元。但在实践中,部分农村资金互助社互助金投放超过该标准。三是互助金投放利率偏高。为实现利润,部分农村资金互助社互助金投放利率较高,高出正常银行贷款利率120%~130%,偏离了互助社普惠定位。

(二)未来发展趋势

1.建立健全法律制度

对比国际社会的互助金融组织,我国农村资金合作组织的生存缺少一定的法律依据,国际长期实践的经验表明,互助金融法案的制定有利于基层互助金融的可持续发展,互助金融发展较好的国家,都制定了规范互助金融发展的法律法规,例如,《合作金融法》《合作银行法》等比较完善的法律条例。我国应尽快出台相应的《合作金融法》,通过法令制度,从制度上明确基层互助金融的正当席位,确定其基本的权利和义务,为我国农村资金合作组织的可持续发展奠定优良的制度环境,政府在征税上应给予一定的宽松政策,在政策上降息扶持,确定资金合作机构的服务范围,保障其应有权利和义务,使我国资金合作组织的成长有相应的法令作为依托,纳入法令监督的法律制度之内。同时根据当前资金合作组织的实践现状,对当局没有批准和认可的资金合作社给予合法的身份,引导其进入正规良性的运营轨道。

2.建立健全内部管理制度

按照资金互助社的制度章程,构建互相协调和制约的组织运营体系,完善机构法人的管理结构。其中,定期召开代表大会,对资金互助社的发展进行探讨和交流,重大事项进行民主商议和决策;理事会负责资金互助社的日常经营和运转,社员代表大会和监事会负责监督其经营管理,"三会"既是独立关系又相关联系,充分发挥各自的职能和职责;针对资金互助社的内部成员文化水平大都不高的情况,内部管理制度规范应相对简单明了,通俗易懂,这样在风险可控的前提下,易于操作;制定关于合作社业务的具体办理细节和流程;规范各项资金管理条例,业务实行开放透明,做好记录实时进行公布,让参与者及时了解资金合作组织的运营状况;严格遵守监管部门的各项条例,控制好剩余资金及资产亏损准备金充足率等指标,严格运营管理。

3.加强政策引导

当前我国已经出台的金融合作机构的政策主要有三个方面:第一,规定了存贷款的利率,对资金互助社存款利率有明确的上限规定,最高不能超过存款基准利率,规定了明确的最低利率,最低利率是借贷基准利率的0.9倍。第二,规定了金融合作组织的资本流入种类,包括金融合作组织成员的储蓄金、公益组织的捐款和其他商业金融组织的融入资本。第三,实行严格的风险管理机制。这一系列规定规范了资金互助社的合作性质,有效地解决了农户的融资难题,但在一定程度上也限制了资金互助社的发展。同时,建议国家出台一系列相关的扶植策略,使金融合作组织能够同其他商业金融部门开展业务比赛,包括吸纳储蓄和支农再贷款业务。另外,建议当局免去金融合作组织的相关缴税项目,例如城建税、营业税等,大力扶持金融合作组织的发展。但是,当局在扶持资金合作机构运营中要清晰自身的位置,发挥应有的职能。政府作为政策的重要推动者,不能进行直接的行政干预,而是从政策上进行引导,对资金互助社的经营管理制定有效的监管制度,保证其合作金融的性质不改变。政府提供的财政资金是解决资金互助社资金短缺的有益补充,政府作为职能部门不参与投资入股,主要目的在于促进资金互助社的健康可持续发展。而且政府不能直接参与资金互助社的日常经营管理,主要应该在政策上鼓励激发广大农户发挥主观能动性,积极参与到农村资金互助社的发展当中。

4.降低准入门槛

首先会降低对营业场所的要求,我国各个地区农村发展水平具有较大的差异,要制定出适合各个地区发展的标准和政策。各个区域在实施过程中应因地制宜,对于相对贫穷和偏僻的农村应适当降低建立农村资金合作组织的标准。经济发展较好的东部农村和乡镇级的金融合作组织,可以依据《暂行规定》的条例实施;对于中西部农村和村级的资金合作组织,应适当降低经营场所和安全防护设施等方面的标准。其次要将审批制改为注册制,许多非正规的资金互助组织经营没有出现问题,但由于没有经过监管部门批准被强制取缔。繁杂的进入制度影响了非正规金融合作机构的合法化,使大多数金融合作机构难以获得金融许可证。建议对于村级的金融合作组织由审批制变为注册制,实行备案监管;乡镇一级的农村资金合作组织简化审批流程,对于范围较大的乡镇级农村资金合作组织可以由银监会进行监管。监管部门的工作人员应认真学习农村合作金融相关知识,提高认识,更好地做好相关服务工作。

5.引入专业性人才

农村资金合作组织的工作人员一般是来自社员内部,文化程度大都不高,不具有相关的业务知识和工作经验,较难适应农村资金合作组织长期稳定的发展。因此建议:由当局负责组织,银监会和人民银行进行协作,对资金合作社的相关工作职员进行定期的培训;参照国家对大学生的引入机制,鼓励具有相关知识背景的人才到基层进行锻炼,对在资金合作组织工作一定时期的实践者提供相应的帮扶和发展扶持;由相关部门安排,从银行中选派业务熟练的职员到资金合作组织帮助资金合作社管理者处理实践中产生的问题和难题。

6.发展和服务多元化

我国农村资金合作组织的实践虽然时间较短,但也有一些运营比较好的典型案例值得推广和借鉴。金融合作机构的存在不仅仅是单纯的存贷服务,其服务应该是多元化的,首先从发展模式上,有银监会批准建立的正规金融合作组织、农民专业生产合作社下的资金合作组织和政策性的扶贫资金互助组织;其次从其产生的服务分析,存贷是其基本的服务范畴,有的可以实现农业生产资料和农产品的储存和变现,对农业和农民的所需消费品可以集中进行采买,降低了农民的生产和生活成本,通过资金互助社所提供的各项服务,使社员更加领会到金融合作机构的优越性和便利性,从而巩固了该组织的发展。

7.加强风险管理

劳动者在农业生产和经营中,自然灾害和市场波动是不可估量的因素,由此产生的损失可能会出现社员无法定期还款的特殊情况,此类情况应有所估量。农村资金合作组织可以考虑自身的负担能力,制定相应的缓冲和解决办法。针对种养业生产能力较强的农户,可以通过购买农业相关保险降低自然灾害和市场波动造成的风险损失,或者可以联系政府和农村企业积极拓展营销渠道,还可以与需求企业签订长久供需合同,以上都是规避自然和市场风险的有效依托。对于经营较小的农户,可以建议经营者分散种养殖的种类,从而达到降低自然灾害和市场波动带来的风险。

附录一 农村资金互助社管理暂行规定
（银监发〔2007〕7号）

第一章 总 则

第一条 为加强农村资金互助社的监督管理，规范其组织和行为，保障农村资金互助社依法、稳健经营，改善农村金融服务，根据《中华人民共和国银行业监督管理法》等有关法律、行政法规和规章，制定本规定。

第二条 农村资金互助社是指经银行业监督管理机构批准，由乡（镇）、行政村农民和农村小企业自愿入股组成，为社员提供存款、贷款、结算等业务的社区互助性银行业金融机构。

第三条 农村资金互助社实行社员民主管理，以服务社员为宗旨，谋求社员共同利益。

第四条 农村资金互助社是独立的企业法人，对由社员股金、积累及合法取得的其他资产所形成的法人财产，享有占有、使用、收益和处分的权利，并以上述财产对债务承担责任。

第五条 农村资金互助社的合法权益和依法开展经营活动受法律保护，任何单位和个人不得侵犯。

第六条 农村资金互助社社员以其社员股金和在本社的社员积累为限对该社承担责任。

第七条 农村资金互助社从事经营活动，应遵守有关法律法规和国家金融方针政策，诚实守信，审慎经营，依法接受银行业监督管理机构的监管。

第二章 机构设立

第八条 农村资金互助社应在农村地区的乡（镇）和行政村以发起方式设立。其名称由所在地行政区划、字号、行业和组织形式依次组成。

第九条 设立农村资金互助社应符合以下条件：

（一）有符合本规定要求的章程；

（二）有10名以上符合本规定社员条件要求的发起人；

（三）有符合本规定要求的注册资本。在乡（镇）设立的，注册资本不低于30万元人民币，在行政村设立的，注册资本不低于10万元人民币，注册资本应为实缴资本；

（四）有符合任职资格的理事、经理和具备从业条件的工作人员；

（五）有符合要求的营业场所、安全防范设施和与业务有关的其他设施；

（六）有符合规定的组织机构和管理制度；

（七）银行业监督管理机构规定的其他条件。

第十条 设立农村资金互助社，应当经过筹建与开业两个阶段。

第十一条 农村资金互助社申请筹建，应向银行业监督管理机构提交以下文件、资料：

（一）筹建申请书；

（二）筹建方案；

（三）发起人协议书；

(四)银行业监督管理机构要求的其他文件、资料。

第十二条 农村资金互助社申请开业,应向银行业监督管理机构提交以下文件、资料:

(一)开业申请;

(二)验资报告;

(三)章程(草案);

(四)主要管理制度;

(五)拟任理事、经理的任职资格申请材料及资格证明;

(六)营业场所、安全防范设施等相关资料;

(七)银行业监督管理机构规定的其他文件、资料。

第十三条 农村资金互助社章程应当载明以下事项:

(一)名称和住所;

(二)业务范围和经营宗旨;

(三)注册资本及股权设置;

(四)社员资格及入社、退社和除名;

(五)社员的权利和义务;

(六)组织机构及其产生办法、职权和议事规则;

(七)财务管理和盈余分配、亏损处理;

(八)解散事由和清算办法;

(九)需要规定的其他事项。

第十四条 农村资金互助社的筹建申请由银监分局受理并初步审查,银监局审查并决定;开业申请由银监分局受理、审查并决定。银监局所在城市的乡(镇)、行政村农村资金互助社的筹建、开业申请,由银监局受理、审查并决定。

第十五条 经批准设立的农村资金互助社,由银行业监督管理机构颁发金融许可证,并按工商行政管理部门规定办理注册登记,领取营业执照。

第十六条 农村资金互助社不得设立分支机构。

第三章 社员和股权管理

第十七条 农村资金互助社社员是指符合本规定要求的入股条件,承认并遵守章程,向农村资金互助社入股的农民及农村小企业。章程也可以限定其社员为某一农村经济组织的成员。

第十八条 农民向农村资金互助社入股应符合以下条件:

(一)具有完全民事行为能力;

(二)户口所在地或经常居住地(本地有固定住所且居住满3年)在入股农村资金互助社所在乡(镇)或行政村内;

(三)入股资金为自有资金且来源合法,达到章程规定的入股金额起点;

(四)诚实守信,声誉良好;

(五)银行业监督管理机构规定的其他条件。

第十九条 农村小企业向农村资金互助社入股应符合以下条件:

(一)注册地或主要营业场所在入股农村资金互助社所在乡(镇)或行政村内;

(二)具有良好的信用记录；

(三)上一年度盈利；

(四)年终分配后净资产达到全部资产的10％以上(合并会计报表口径)；

(五)入股资金为自有资金且来源合法,达到章程规定的入股金额起点；

(六)银行业监督管理机构规定的其他条件。

第二十条 单个农民或单个农村小企业向农村资金互助社入股,其持股比例不得超过农村资金互助社股金总额的10％,超过5％的应经银行业监督管理机构批准。

社员入股必须以货币出资,不得以实物、贷款或其他方式入股。

第二十一条 农村资金互助社应向入股社员颁发记名股金证,作为社员的入股凭证。

第二十二条 农村资金互助社的社员享有以下权利：

(一)参加社员大会,并享有表决权、选举权和被选举权,按照章程规定参加该社的民主管理；

(二)享受该社提供的各项服务；

(三)按照章程规定或者社员大会(社员代表大会)决议分享盈余；

(四)查阅该社的章程和社员大会(社员代表大会)、理事会、监事会的决议、财务会计报表及报告；

(五)向有关监督管理机构投诉和举报；

(六)章程规定的其他权利。

第二十三条 农村资金互助社社员参加社员大会,享有一票基本表决权；出资额较大的社员按照章程规定,可以享有附加表决权。该社的附加表决权总票数,不得超过该社社员基本表决权总票数的20％。享有附加表决权的社员及其享有的附加表决权数,应当在每次社员大会召开时告知出席会议的社员。章程可以限制附加表决权行使的范围。

社员代表参加社员代表大会,享有一票表决权。

不能出席会议的社员(社员代表)可授权其他社员(社员代表)代为行使其表决权。授权应采取书面形式,并明确授权内容。

第二十四条 农村资金互助社社员承担下列义务：

(一)执行社员大会(社员代表大会)的决议；

(二)向该社入股；

(三)按期足额偿还贷款本息；

(四)按照章程规定承担亏损；

(五)积极向本社反映情况,提供信息；

(六)章程规定的其他义务。

第二十五条 农村资金互助社社员不得以所持本社股金为自己或他人担保。

第二十六条 农村资金互助社社员的股金和积累可以转让、继承和赠与,但理事、监事和经理持有的股金和积累在任职期限内不得转让。

第二十七条 同时满足以下条件,社员可以办理退股。

(一)社员提出全额退股申请；

(二)农村资金互助社当年盈利；

(三)退股后农村资金互助社资本充足率不低于8％；

(四)在本社没有逾期未偿还的贷款本息。

要求退股的,农民社员应提前3个月,农村小企业社员应提前6个月向理事会或经理提出,经批准后办理退股手续。退股社员的社员资格在完成退股手续后终止。

第二十八条 社员在其资格终止前与农村资金互助社已订立的合同,应当继续履行;章程另有规定或者与该社另有约定的除外。

第二十九条 社员资格终止的,农村资金互助社应当按照章程规定的方式、期限和程序,及时退还该社员的股金和积累份额。社员资格终止的当年不享受盈余分配。

第四章 组织机构

第三十条 农村资金互助社社员大会由全体社员组成,是该社的权力机构。社员超过100人的,可以由全体社员选举产生不少于31名的社员代表组成社员代表大会,社员代表大会按照章程规定行使社员大会职权。

社员大会(社员代表大会)行使以下职权:

(一)制定或修改章程;

(二)选举、更换理事、监事以及不设理事会的经理;

(三)审议通过基本管理制度;

(四)审议批准年度工作报告;

(五)审议决定固定资产购置以及其他重要经营活动;

(六)审议批准年度财务预、决算方案和利润分配方案、弥补亏损方案;

(七)审议决定管理和工作人员薪酬;

(八)对合并、分立、解散和清算等做出决议;

(九)章程规定的其他职权。

第三十一条 农村资金互助社召开社员大会(社员代表大会),出席人数应当达到社员(社员代表)总数三分之二以上。

社员大会(社员代表大会)选举或者做出决议,应当由该社社员(社员代表)表决权总数过半数通过;做出修改章程或者合并、分立、解散和清算的决议应当由该社社员表决权总数的三分之二以上通过。章程对表决权数有较高规定的,从其规定。

第三十二条 农村资金互助社社员大会(社员代表大会)每年至少召开一次,有以下情形之一的,应当在20日内召开临时社员大会(社员代表大会):

(一)三分之一以上的社员提议;

(二)理事会、监事会、经理提议;

(三)章程规定的其他情形。

第三十三条 农村资金互助社社员大会(社员代表大会)由理事会召集,不设理事会的由经理召集,应于会议召开15日前将会议时间、地点及审议事项通知全体社员(社员代表)。章程另有规定的除外。

第三十四条 农村资金互助社召开社员大会(社员代表大会)、理事会应提前5个工作日通知属地银行业监督管理机构,银行业监督管理机构有权参加。

社员大会(社员代表大会)、理事会决议应在会后10日内报送银行业监督管理机构备案。

第三十五条 农村资金互助社原则上不设理事会,设立理事会的,理事不少于3人,设理事长1人,理事长为法定代表人。理事会的职责及议事规则由章程规定。

第三十六条 农村资金互助社设经理1名(可由理事长兼任),未设理事会的,经理为法定代表人。经理按照章程规定和社员大会(社员代表大会)的授权,负责该社的经营管理。

经理事会、监事会同意,经理可以聘任(解聘)财务、信贷等工作人员。

第三十七条 农村资金互助社理事、经理任职资格需经属地银行业监督管理机构核准。农村资金互助社理事长、经理应具备高中或中专及以上学历,上岗前应通过相应的从业资格考试。

第三十八条 农村资金互助社应设立由社员、捐赠人以及向其提供融资的金融机构等利益相关者组成的监事会,其成员一般不少于3人,设监事长1人。监事会按照章程规定和社员大会(社员代表大会)授权,对农村资金互助社的经营活动进行监督。监事会的职责及议事规则由章程规定。

农村资金互助社经理和工作人员不得兼任监事。

第三十九条 农村资金互助社的理事、监事、经理和工作人员不得有以下行为:

(一)侵占、挪用或者私分本社资产;

(二)将本社资金借贷给非社员或者以本社资产为他人提供担保;

(三)从事损害本社利益的其他活动。

违反上述规定所得的收入,应当归该社所有;造成损失的,应当承担赔偿责任。

第四十条 执行与农村资金互助社业务有关公务的人员不得担任农村资金互助社的理事长、经理和工作人员。

第五章 经营管理

第四十一条 农村资金互助社以吸收社员存款、接受社会捐赠资金和向其他银行业金融机构融入资金作为资金来源。

农村资金互助社接受社会捐赠资金,应由属地银行业监督管理机构对捐赠人身份和资金来源合法性进行审核;向其他银行业金融机构融入资金应符合本规定要求的审慎条件。

第四十二条 农村资金互助社的资金应主要用于发放社员贷款,满足社员贷款需求后确有富余的可存放其他银行业金融机构,也可购买国债和金融债券。

农村资金互助社发放大额贷款、购买国债或金融债券、向其他银行业金融机构融入资金,应事先征求理事会、监事会意见。

第四十三条 农村资金互助社可以办理结算业务,并按有关规定开办各类代理业务。

第四十四条 农村资金互助社开办其他业务应经属地银行业监督管理机构及其他有关部门批准。

第四十五条 农村资金互助社不得向非社员吸收存款、发放贷款及办理其他金融业务,不得以该社资产为其他单位或个人提供担保。

第四十六条 农村资金互助社根据其业务经营需要,考虑安全因素,应按存款和股金总额一定比例合理核定库存现金限额。

第四十七条 农村资金互助社应审慎经营,严格进行风险管理:

(一)资本充足率不得低于8%;

(二)对单一社员的贷款总额不得超过资本净额的15%;

(三)对单一农村小企业社员及其关联企业社员、单一农民社员及其在同一户口簿上的其他社员贷款总额不得超过资本净额的20%;

(四)对前十大户贷款总额不得超过资本净额的50%;

(五)资产损失准备充足率不得低于100%;

(六)银行业监督管理机构规定的其他审慎要求。

第四十八条 农村资金互助社执行国家有关金融企业的财务制度和会计准则,设置会计科目和法定会计账册,进行会计核算。

第四十九条 农村资金互助社应按照财务会计制度规定提取呆账准备金,进行利润分配,在分配中应体现多积累和可持续的原则。

农村资金互助社当年如有未分配利润(亏损)应全额计入社员积累,按照股金份额量化至每个社员。

第五十条 农村资金互助社监事会负责对本社进行内部审计,并对理事长、经理进行专项审计、离任审计,审计结果应当向社员大会(社员代表大会)报告。

社员大会(社员代表大会)也可以聘请中介机构对本社进行审计。

第五十一条 农村资金互助社应按照规定向社员披露社员股金和积累情况、财务会计报告、贷款及经营风险情况、投融资情况、盈利及其分配情况、案件和其他重大事项。

第五十二条 农村资金互助社应按规定向属地银行业监督管理机构报送业务和财务报表、报告及相关资料,并对所报报表、报告和相关资料的真实性、准确性、完整性负责。

第六章 监督管理

第五十三条 银行业监督管理机构按照审慎监管要求对农村资金互助社进行持续、动态监管。

第五十四条 银行业监督管理机构根据农村资金互助社的资本充足和资产风险状况,采取差别监管措施。

(一)资本充足率大于8%、不良资产率在5%以下的,可向其他银行业金融机构融入资金,属地银行业监督管理部门有权依据其运营状况和信用程度提出相应的限制性措施。银行业监督管理机构可适当降低对其现场检查频率;

(二)资本充足率低于8%大于2%的,银行业监督管理机构应禁止其向其他银行业金融机构融入资金,限制其发放贷款,并加大非现场监管及现场检查的力度;

(三)资本充足率低于2%的,银行业监督管理机构应责令其限期增扩股金、清收不良贷款、降低资产规模,限期内未达到规定的,要求其自行解散或予以撤销。

第五十五条 农村资金互助社违反本规定其他审慎性要求的,银行业监督管理机构应责令其限期整改,并采取相应监管措施。

第五十六条 农村资金互助社违反有关法律、法规,存在超业务范围经营、账外经营、设立分支机构、擅自变更法定变更事项等行为的,银行业监督管理机构应责令其改正,并按《中华人民共和国银行业监督管理法》和《金融违法行为处罚办法》等法律法规进行处罚;对理事、经理、工作人员的违法违规行为,可责令农村资金互助社给予处分,并视不同情形,对理事、经理给予取消一定期限直至终身任职资格的处分;构成犯罪的,移交司法机关,依法追究刑事责任。

第五十七条 本规定的处罚,由银行业监督管理机构按其监管权限决定并组织实施。当事人对处罚决定不服的,可以向作出处罚决定的银行业监督管理机构的上一级机构提请行政复议;对行政复议决定不服的,可向人民法院申请行政诉讼。

第七章 合并、分立、解散和清算

第五十八　农村资金互助社合并,应当自合并决议做出之日起10日内通知债权人。合并各方的债权、债务应当由合并后存续或者新设的机构承继。

第五十九条　农村资金互助社分立,其财产作相应的分割,并应当自分立决议做出之日起10日内通知债权人。分立前的债务由分立后的机构承担连带责任,但在分立前与债权人就债务清偿达成书面协议另有约定的除外。

第六十条　农村资金互助社因以下原因解散:
(一)章程规定的解散事由出现;
(二)社员大会决议解散;
(三)因合并或者分立需要解散;
(四)依法被吊销营业执照或者被撤销。

因前款第一项、第二项、第四项原因解散的,应当在解散事由出现之日起15日内由社员大会推举成员组成清算组,开始解散清算。逾期不能组成清算组的,社员、债权人可以向人民法院申请指定社员组成清算组进行清算。

第六十一条　清算组自成立之日起接管农村资金互助社,负责处理与清算有关未了结业务,清理财产和债权、债务,分配清偿债务后的剩余财产,代表农村资金互助社参与诉讼、仲裁或者其他法律事宜。

第六十二条　农村资金互助社因本规定第六十条第一款的原因解散不能办理社员退股。

第六十三条　清算组负责制定包括清偿农村资金互助社员工的工资及社会保险费用,清偿所欠税款和其他各项债务,以及分配剩余财产在内的清算方案,经社员大会通过后实施。

第六十四条　清算组成员应当忠于职守,依法履行清算义务,因故意或者重大过失给农村资金互助社社员及债权人造成损失的,应当承担赔偿责任。

第六十五条　农村资金互助社因解散、被撤销而终止的,应当向发证机关缴回金融许可证,及时到工商行政管理部门办理注销登记,并予以公告。

第八章 附则

第六十六条　本规定所称农村地区,是指中西部、东北和海南省的县(市)及县(市)以下地区,以及其他省(自治区、直辖市)的国定贫困县和省定贫困县及县以下地区。

第六十七条　本规定由中国银行业监督管理委员会负责解释。

第六十八条　本规定自发布之日起施行。

附录二　中国银监会办公厅关于印发《农村资金互助社示范章程》的通知
（银监办发〔2007〕51号）

各银监局：

现将《农村资金互助社示范章程》印发给你们，请转发辖内银监分局，供各地在组建农村资金互助社工作中参考。

二〇〇七年二月四日

农村资金互助社示范章程

第一章　总　则

第一条　为维护××农村资金互助社（以下简称本社）社员和债权人的合法权益，规范本社的组织和行为，根据《农村资金互助社管理暂行规定》，制定本章程。

第二条　本社注册名称：

注册资本：

本社住所：

邮政编码：

第三条　本社是经银行业监督管理机构批准，由××县（市）××乡（镇）或行政村农民和农村小企业自愿入股组成，为社员提供存款、贷款、结算等业务的社区互助性银行业金融机构。

（或：本社是经银行业监督管理机构批准，由××县（市）××乡（镇）或行政村××经济组织的农民和农村小企业自愿入股组成，为社员提供存款、贷款、结算等业务的社区互助性银行业金融机构）

本社不设立分支机构。

第四条　本社实行社员民主管理，以服务社员为宗旨，谋求社员共同利益。

第五条　本社依据《农村资金互助社管理暂行规定》设立，在工商管理部门进行登记，取得法人资格，对由社员股金、积累以及合法取得的其他资产所形成的法人财产，享有占有、使用、收益和处分的权利，并以全部法人财产对本社债务承担责任。

第六条　本社的财产、合法权益和依法经营活动受法律保护，任何单位和个人不得侵犯和非法干预。

第七条　本社社员以其社员股金和在本社的社员积累为限对本社的债务承担责任。

第八条　本章程自生效之日起，即成为规范本社的组织与行为、本社与社员、社员与社员之间权利义务关系的具有法律约束力的文件。

第九条　本社遵守国家有关法律、行政法规和规章，执行国家金融方针和政策，依法接受银行业监督管理机构的监管。

第二章 业务范围

第十条 经银行业监督管理机构批准,本社经营以下业务:

(一)办理社员存款、贷款和结算业务;

(二)买卖政府债券和金融债券;

(三)办理同业存放;

(四)办理代理业务;

(五)向其他银行业金融机构融入资金(符合审慎要求);

(六)经银行业监督管理机构批准的其他业务。

第三章 社　　员

第十一条 本社社员是指符合本章程规定的入股条件,承认并遵守本章程,向本社入股的农民及农村小企业。

(或:本社社员是指符合本章程规定的入股条件,承认并遵守本章程,向本社入股的××农村经济组织的农民和农村小企业成员)

第十二条 农民向本社入股应符合以下条件:

(一)具有完全民事行为能力;

(二)户口所在地或经常居住地(本地有固定住所且居住满3年)在本社所在的××乡(镇)或行政村内;

(三)入股资金为自有资金且来源合法,达到本章程规定的入股金额起点;

(四)诚实守信,声誉良好;

(五)本章程规定的其他条件。

第十三条 农村小企业向本社入股应符合以下条件:

(一)注册地或主要营业场所在本社所在的××乡(镇)或行政村内;

(二)具有良好的信用记录;

(三)上一年度盈利;

(四)年终分配后净资产达到全部资产的10%以上(合并会计报表口径);

(五)入股资金为自有资金且来源合法,达到本章程规定的入股金额起点;

(六)本章程规定的其他条件。

第十四条 本社社员享有以下权利:

(一)参加社员大会,并享有表决权、选举权和被选举权,按照章程规定参加本社的民主管理;

(二)享受本社提供的各项服务;

(三)按照章程规定或者社员大会(社员代表大会)决议分享盈余;

(四)查阅本社的章程和社员大会(社员代表大会)、理事会、监事会的决议、财务会计报表及报告;

(五)向有关监督管理机构投诉和举报;

(六)本章程规定的其他权利。

第十五条 本社社员承担以下义务：

（一）向本社入股；

（二）执行社员大会（社员代表大会）的决议；

（三）按期足额偿还贷款本息；

（四）按本章程规定承担亏损；

（五）积极向本社反映情况、提供信息；

（六）本章程规定的其他义务。

第四章 股权管理

第十六条 本社每个农民社员入股金额起点为×元，每个农村小企业社员入股金额起点为×元，入股金额为元的整数倍。单个农民社员或单个农村小企业社员入股金额不得超过本社股金总额的10%。

第十七条 社员缴纳股金必须以货币出资，不得以实物、贷款或其他方式入股。

第十八条 本社向入股社员发放记名股金证，作为社员的入股凭证。

第十九条 本社社员持有的股金和积累可以转让、继承和赠与，但理事、监事和经理持有的股金和积累在任职期限内不得转让。

第二十条 本社社员不得以所持本社股金和积累为自己或他人担保。

第二十一条 同时满足以下条件，本社社员可以办理退股。

（一）社员提出全额退股申请；

（二）本社当年盈利；

（三）退股后本社资本充足率不低于8%；

（四）在本社没有逾期未偿还的贷款本息。

第二十二条 凡要求退股的，农民社员应提前3个月，农村小企业社员应提前6个月向理事会（不设理事会的向经理）提出，经批准后办理退股手续。退股社员的社员资格在完成退股手续后终止。

第二十三条 社员在其资格终止前与本社已订立的合同，应当继续履行。

第二十四条 社员资格终止后的1个月内，本社以现金形式返还该社员的股金和积累份额；社员资格终止的当年不享受盈余分配。

第二十五条 具备以下情形之一的社员，经理事会（不设理事会的由经理）批准，可予以除名，被除名社员如有未归还贷款，以该社员在本社的股金和社员积累予以抵扣，不足以抵扣的部分，该社员应通过其他方式偿还。

（一）不遵守本社章程；

（二）其行为给本社名誉和利益带来严重危害；

（三）以欺骗手段从本社取得贷款；

（四）恶意逃废在本社的债务；

（五）社员大会（社员代表大会）认为需要除名的其他情形。

第二十六条 本社建立社员名册，社员名册载明以下事项：

（一）社员的姓名或名称、身份证号码或企业法人代码、住所；

（二）社员所持股金金额、投票权确认数；

(三)社员所持股金证书的编号；
(四)社员缴纳股金日期。

第五章 组织机构

第二十七条 社员大会(社员代表大会)是本社的权力机构,由全体社员[社员代表(社员代表按照社员数量(或入股比例)分别从农民社员和农村小企业社员中由全体社员选举产生,本社社员代表大会由×名代表组成,每届任期3年,可连选连任)]组成。社员大会(社员代表大会)行使以下职权：

(一)制定或修改章程；
(二)选举和更换理事(不设理事会的选举经理)、监事；
(三)审议通过本社的发展规划；
(四)审议通过本社的基本管理制度；
(五)审议批准理事会(不设理事会的为经理)、监事会年度工作报告；
(六)审议决定固定资产购置以及其他重要经营事项；
(七)审议批准年度财务预、决算方案和利润分配方案、弥补亏损方案；
(八)审议决定管理和工作人员薪酬；
(九)对合并、分立、解散和清算等作出决议；
(十)本章程规定的其他职权。

第二十八条 社员大会(社员代表大会)由理事会(不设理事会的由经理)召集,每年至少召开1次；经三分之一以上的社员(社员代表)提议,或理事会(不设理事会的由经理)、监事会提议,可在20日内召开临时社员大会(社员代表大会)。理事会(不设理事会的由经理)应当将会议召开时间、地点及审议事项于会议召开15日前通知全体社员(社员代表)。

第二十九条 召开社员大会(社员代表大会)必须有三分之二以上的社员(社员代表)出席。不能出席会议的社员(社员代表)可授权其他社员(社员代表)代其行使表决权。授权采取书面形式,并明确授权内容。

社员大会(社员代表大会)选举或者做出决议,应当由本社社员(社员代表)表决权总数过半数通过；做出修改章程、选举经理(不设理事会的)或者合并、分立、解散和清算的决议应当由本社社员(社员代表)表决权总数的三分之二以上通过。

第三十条 本社社员参加社员大会,享有一票基本表决权。入股金额前×名的农民社员、前×名的农村小企业社员在基本表决权外,共同享有本社基本表决权总数20%的附加表决权(享有附加表决权的农民社员、农村小企业社员合计一般不超过10名),并按照农民社员和农村小企业社员的入股金额或比例进行分配。享有附加表决权的社员及其享有的附加表决权票数,在每次社员大会召开时告知出席会议的社员。

社员代表参加社员代表大会,享有一票表决权。

第三十一条 理事会是本社的执行机构,由×名(不少于3名,应为奇数)理事组成,社员大会(社员代表大会)选举和更换,每届任期3年,可连选连任。理事会设理事长1人,为本社法定代表人,由理事会选举产生,经三分之二以上理事表决通过。除理事长外,本社不设专职理事。

第三十二条 理事会会议由理事长召集和主持。每年度至少召开2次,必要时可随时召开。理事会行使以下职权：

（一）召集社员大会（社员代表大会），并向社员大会（社员代表大会）报告工作；

（二）执行社员大会（社员代表大会）决议；

（三）选举和更换理事长；

（四）拟订本社的发展规划；

（五）审议决定本社的年度经营计划；

（六）拟订固定资产购置以及经营活动中其他重大事项计划；

（七）对经理拟订的大额贷款、国债和金融债券投资、向其他银行业金融机构融入资金的计划提出审核意见；

（八）聘任和解聘本社经理；

（九）对经理提出的拟聘用（解聘）财务、信贷等工作人员提出审核意见；

（十）审议通过经理的工作报告；

（十一）制定本社的内部管理制度；

（十二）拟订本社年度财务预、决算方案和利润分配方案、亏损弥补方案；

（十三）拟订本社的分立、合并、解散和清算方案；

（十四）社员大会（社员代表大会）授予的其他职权。

不设理事会的，第（五）项、第（八）项、第（十）项职权由社员大会（社员代表大会）行使；第（一）项、第（二）项、第（四）项、第（六）项、第（十一）项、第（十二）项、第（十三）项职权由经理行使；第（七）项、第（九）项职权由监事会行使。

第三十三条 监事会是本社的监督机构，由×名（不少于3人，应为奇数）监事组成。监事由社员、捐赠人以及向本社提供融资的金融机构等利益相关者担任，由社员大会（社员代表大会）选举和更换，每届任期3年，可连选连任。监事会设监事长1名，由监事会选举产生，经三分之二以上监事表决通过。本社经理和工作人员不得兼任监事。本社不设专职监事。

第三十四条 监事会会议由监事长召集和主持，每半年至少召开1次，必要时可随时召开。监事会行使以下职权：

（一）派代表列席理事会会议；

（二）监督本社执行相关法律、行政法规和规章；

（三）对理事会决议和经理的决定提出质询；

（四）监督本社的经营管理和财务管理；

（五）进行内部审计，并对理事长、经理进行专项审计和离任审计；

（六）对经理拟聘用（解聘）财务、信贷等工作人员提出审核意见，对经理拟订的大额贷款、国债和金融债券、向其他银行业金融机构融入资金的计划提出审核意见；

（七）向社员大会（社员代表大会）报告工作；

（八）本社章程规定的其他职权。

第三十五条 本社设经理1名，由理事会聘任（不设理事会的由社员大会（社员代表大会）选举产生），经理可由理事长兼任。经理全面负责本社的经营管理工作，行使以下职权：

（一）主持本社的经营管理工作，组织实施理事会的决议[不设理事会的组织实施社员大会（社员代表大会）决议]；

（二）拟定本社的内部管理制度；

(三)拟定本社的年度经营计划;

(四)提出拟聘用(解聘)财务、信贷等工作人员意见,以及大额贷款、国债和金融债券投资、向其他银行业金融机构融入资金的计划,征得理事会、监事会同意后实施;

(五)理事会授予的其他职权[不设理事会的,由社员大会(社员代表大会)授权]。

第三十六条 理事长、经理和工作人员的薪酬由社员大会(社员代表大会)决定,本社不向其他理事、监事支付薪酬。

第三十七条 本社的理事、监事、经理和工作人员不得有以下行为:

(一)侵占、挪用或者私分本社资产;

(二)将本社资金借贷给非社员或者以本社资产为他人提供担保;

(三)从事损害本社利益的其他活动。

违反上述规定所得的收入,归本社所有;造成损失的,应当承担赔偿责任。

第三十八条 执行与本社业务有关公务的人员不得担任本社的理事长、经理和工作人员。

第六章 业务、财务管理

第三十九条 本社以吸收社员存款、接受社会捐赠资金和符合审慎要求向其他银行业金融机构融入资金作为资金来源。

第四十条 本社的资金应主要用于发放社员贷款,满足社员贷款需求后确有富余可存放其他银行业金融机构,也可购买国债和金融债券。

第四十一条 本社办理社员结算业务,并按有关规定开办各类代理业务。

第四十二条 本社不向非社员吸收存款、发放贷款及办理其他金融业务,不以本社资产为其他单位或个人提供担保。

第四十三条 本社按存款和股金总额的×%以内留存库存现金。

第四十四条 本社按照审慎经营原则,严格进行风险管理:

(一)资本充足率不低于8%;

(二)对单一社员的贷款总额不超过资本净额的15%;

(三)对单一农村小企业社员及其关联小企业社员、单一农民社员及其在同一户口簿上的其他社员贷款总额不超过资本净额的20%;

(四)对前十大户贷款总额不超过资本净额的50%;

(五)资产损失准备充足率不低于100%;

(六)银行业监督管理机构规定的其他审慎要求。

第四十五条 本社执行国家有关金融企业的财务制度与会计准则,设置会计科目和法定会计账册,进行会计核算。

第四十六条 本社会计年度为公历1月1日至12月31日,在每一会计年度终了时制作财务会计报表及报告,并于召开社员大会(社员代表大会)的20日前置备于本社,供社员查阅。

第四十七条 本社应按照财务会计制度规定提取呆账准备金,进行利润分配。

第四十八条 本社的税后利润按以下顺序分配:

(一)弥补本社以前年度社员积累的亏损;

(二)提取法定盈余公积金[按税后利润(减弥补亏损)不低于10%的比例提取];

(三)按年末风险资产余额1%的比例提取一般准备;

(四)向社员分配红利;

(五)向社员分配社员积累。

第四十九条 本社的法定盈余公积金累计达到注册资本的50%时,可不再提取。法定盈余公积金可用于弥补以前年度的亏损,但转增股金时,以转增后留存的法定盈余公积金不少于注册资本的25%为限。

第五十条 本社向社员分配红利的比例原则上不超过一年定期存款利率。当年如有未分配利润(亏损)全额计入社员积累,按照股金份额量化至每个社员,并设立专户管理。

第五十一条 本社除法定会计账册外,不得另立会计账册。

第五十二条 本社按照规定向社员披露社员股金和社员积累情况、财务会计报告、贷款发放及其风险情况、投融资情况、盈利及其分配情况、案件和其他重大事项。

第五十三条 本社按规定向属地银行业监督管理机构报送业务、财务报表、报告和相关资料,并对所报报表、报告和相关资料的真实性、准确性、完整性负责。

第七章 合并、分立、解散和清算

第五十四条 本社合并,自合并决议做出之日起10日内通知债权人。合并各方的债权、债务由合并后存续或者新设的机构承继。

第五十五条 本社分立,将财产作相应的分割,自分立决议做出之日起10日内通知债权人。分立前的债务由分立后的机构承担连带责任,但在分立前与债权人就债务清偿达成书面协议另有约定的除外。

第五十六条 本社因以下原因解散:

(一)社员大会决议解散;

(二)因合并或者分立需要解散;

(三)依法被吊销营业执照或者被撤销。

因第(一)项、第(三)项原因解散的,在解散事由出现之日起15日内由社员大会推举成员组成清算组,开始解散清算。逾期不能组成清算组的,由社员、债权人向人民法院申请指定成员组成清算组进行清算。

第五十七条 清算组自成立之日起接管本社,负责处理与清算有关未了结业务,清理财产和债权、债务,分配清偿债务后的剩余财产,代表本社参与诉讼、仲裁或者其他法律事宜,并在清算结束时向银行业监督管理机构缴回金融许可证,到工商行政管理部门办理注销登记,并予以公告。

第五十八条 清算组负责制定包括清偿本社员工的工资及社会保险费用,清偿所欠税款和其他各项债务,以及分配剩余财产在内的清算方案,经社员大会通过后实施。

第五十九条 清算组成员应当忠于职守,依法履行清算义务,因故意或者重大过失给本社社员及债权人造成损失的,应当承担赔偿责任。

第八章 附 则

第六十条 本社设公告栏,对需要公告的事项以张贴的形式向全体社员公告。

第六十一条 本社社员大会(社员代表大会)通过的章程修改、补充规定,经银行业监督管理机构核准,视为本章程的组成部分。

第六十二条 本章程未尽事宜依照国家有关法律法规、行政规章及银行业监督管理机构的有关规定办理。

第六十三条 本章程的解释权属本社理事会(不设理事会的为经理),修改权属本社社员大会(社员代表大会)。

第六十四条 本章程经本社社员大会(社员代表大会)通过,自银行业监督管理机构批准并依法注册之日起生效。

中国银行业监督管理委员会办公厅
二○○七年二月八日印发

附录三 《中国银监会农村中小金融机构行政许可事项实施办法》(2014年第4号)(节选)

第一章 总 则

第一条 为规范银监会及其派出机构实施农村中小金融机构行政许可行为,明确行政许可事项、条件、程序和期限,保护申请人合法权益,根据《中华人民共和国银行业监督管理法》、《中华人民共和国商业银行法》和《中华人民共和国行政许可法》等法律、行政法规及国务院有关决定,制定本办法。

第二条 本办法所称农村中小金融机构包括:农村商业银行、农村合作银行、农村信用社、村镇银行、贷款公司、农村资金互助社等。

第三条 银监会及其派出机构依照《中国银行业监督管理委员会行政许可实施程序规定》和本办法,对农村中小金融机构实施行政许可。

第四条 农村中小金融机构以下事项须经银监会及其派出机构行政许可:机构设立,机构变更,机构终止,调整业务范围和增加业务品种,董事(理事)和高级管理人员任职资格,以及法律、行政法规规定和国务院决定的其他行政许可事项。

第五条 申请人应按照《中国银行业监督管理委员会农村中小金融机构行政许可事项申请材料目录及格式要求》提交申请材料。

第二章 法人机构设立

第五节 农村资金互助社设立

第三十六条 设立农村资金互助社应符合以下条件:

(一)有符合银监会有关规定的章程;

(二)以发起方式设立且发起人不少于10人;

(三)注册资本为实缴资本,在乡(镇)设立的,最低限额为30万元人民币;在行政村设立的,最低限额为10万元人民币;

(四)有符合任职资格的理事、经理和具备从业条件的工作人员;

(五)有必需的组织机构和管理制度;

(六)有与业务经营相适应的营业场所、安全防范设施和其他设施;

(七)银监会规定的其他审慎性条件。

第三十七条 设立农村资金互助社应有符合条件的发起人,发起人包括:乡(镇)、行政村的农民和农村小企业。

第三十八条 农民作为发起人,应符合以下条件:

(一)具有完全民事行为能力的中国公民;

(二)户口所在地或经常居住地(本地有固定住所且居住满3年)在农村资金互助社所在乡(镇)或行政村内;

(三)有良好的社会声誉和诚信记录,无犯罪记录;
(四)入股资金为自有资金,不得以委托资金、债务资金等非自有资金入股;
(五)银监会规定的其他审慎性条件。

第三十九条 农村小企业作为发起人,应符合以下条件:
(一)注册地或主要营业场所在农村资金互助社所在乡(镇)或行政村内;
(二)具有良好的信用记录;
(三)最近2年内无重大违法违规行为;
(四)上一会计年度盈利;
(五)年终分配后净资产达到全部资产的10%以上(合并会计报表口径);
(六)入股资金为自有资金,不得以委托资金、债务资金等非自有资金入股;
(七)银监会规定的其他审慎性条件。

第四十条 单个农民或单个农村小企业向农村资金互助社入股,其持股比例不得超过农村资金互助社股金总额的10%。

第四十一条 农村资金互助社的筹建申请,由银监分局或所在城市银监局受理,银监局审查并决定。银监局自收到完整申请材料或受理之日起4个月内作出批准或不批准的书面决定。

农村资金互助社的开业申请,由银监分局或所在城市银监局受理、审查并决定。银监分局或银监局自受理之日起2个月内作出批准或不予批准的书面决定。

筹建和开业的申请人、期限适用于本办法第十七条、第十九条和第二十一条的规定。

第四章 机构变更

第一节 法人机构变更

第五十七条 法人机构变更包括:变更名称,变更住所,变更组织形式,变更股权,变更注册资本,修改章程,分立,合并和临时停业等。

第五十八条 法人机构变更名称,名称中应标明"农村商业银行"、"农村合作银行"、"信用合作社"、"联合社"、"联社"、"村镇银行"、"贷款公司"和"农村资金互助社"等机构种类的字样,并符合唯一性和商誉保护原则。

法人机构变更名称,由银监分局或所在城市银监局受理,银监局审查并决定。

省(自治区)农村信用社联合社和直辖市农村商业银行变更名称,由银监局受理并初步审查,银监会审查并决定。

第五十九条 法人机构变更住所,应有与业务发展相符合的营业场所、安全防范措施和其他设施。

法人机构变更住所,由银监分局或所在城市银监局受理、审查并决定。决定机关为银监分局的,事后报告银监局。

省(自治区)农村信用社联合社和直辖市农村商业银行变更住所,由银监局受理、审查并决定,事后报告银监会。

因行政区划调整等原因导致的行政区划、街道、门牌号等发生变化而实际位置未变动的,不需进行变更住所的申请,但应于变更后15日内报告属地监管机构,并换领金融许可证。

法人机构因房屋维修、增扩建等原因临时变更住所6个月以内的,不需进行变更住所的申请,但应在原住所、临时住所公告,并提前10日报告属地监管机构。临时住所应符合公安、消防部门的相关要求。回迁原住所,法人机构应提前10日将公安、消防部门对回迁住所出具的安全、消防合格证明等材料报告属地监管机构,并予以公告。

第六十条　农村中小金融机构变更组织形式,须按相关金融机构设立条件和程序申请行政许可。

第六十一条　农村中小金融机构股权变更,受让人应符合本办法规定的相应发起人(出资人)资格条件。

农村商业银行、农村合作银行、农村信用合作联社、农村信用联社、村镇银行和农村资金互助社变更持有股本总额1%以上、5%以下的单一股东(社员),由法人机构事前报告银监分局或所在城市银监局;变更持有股本总额5%以上、10%以下的单一股东(社员)的变更申请,由银监分局或所在城市银监局受理,银监局审查并决定。

农村商业银行、农村合作银行、农村信用合作联社、农村信用联社、村镇银行变更持有股本总额10%以上的单一股东(社员)的变更申请,由银监局受理并初步审查,银监会审查并决定。

省(自治区)农村信用社联合社、地市农村信用合作社联合社变更持有股本总额1%以上、5%以下的单一社员,事前报告银监局。变更持有股本总额5%以上的单一社员由银监局受理、审查并决定。

向境外银行转让股权由银监局受理并初步审查,银监会审查并决定。

投资人入股农村中小金融机构,应按照《商业银行与内部人和股东关联交易管理办法》的有关规定,完整、真实地披露其关联关系。

第六十二条　法人机构变更注册资本,其股东(社员)应符合本办法规定的相应发起人(出资人)资格条件。

省(自治区)农村信用社联合社变更注册资本,由银监局受理,银监会审查并决定。其他法人机构变更注册资本,其行政许可权限适用本办法第五十九条的规定。

涉及境外银行投资入股的,由银监局受理并初步审查,银监会审查并决定。投资入股后境外银行持股比例不变的,由银监分局或所在城市银监局受理,银监局审查并决定。

法人机构通过配股或定向募股方式变更注册资本的,在变更注册资本前还应经过配股或募集新股方案审批。方案的受理、审查和决定程序适用本办法第五十九条。

第六十三条　农村中小金融机构在境内外公开募集股份和上市交易股份的,应符合有关法律法规及中国证监会有关监管规定。向证监会申请之前,应向银监会申请并获得批准。

农村中小金融机构在境内外公开募集股份和上市交易股份的,由银监局受理并初步审查,银监会审查并决定。

第六十四条　法人机构修改章程行政许可权限适用于本办法第五十九条的规定。

法人机构变更名称、住所、股权、注册资本或业务范围的,应在决定机关作出批准决定6个月内修改章程相应条款并报告决定机关。

第六十五条　农村商业银行、农村信用联社、村镇银行、贷款公司分立、合并应符合《中华人民共和国公司法》等有关规定;农村合作银行、农村信用合作社、农村信用合作社联合社、农村信用合作联社、省(自治区)农村信用社联合社和农村资金互助社分立、合并应参照《中华人民共和国公司法》等有关规定。

法人机构的合并,由银监局受理并初步审查,银监会审查并决定。农村商业银行、省(自治区)农村信用社联合社的分立,由银监局受理并初步审查,银监会审查并决定;其他法人机构的分立,由银监分局或所在城市银监局受理,银监局审查并决定。

存续分立的,在分立公告期限届满后,存续方应按照变更事项的条件和程序通过行政许可;新设方应按照法人机构开业的条件和程序通过行政许可。

新设分立的,在分立公告期限届满后,新设方应按照法人机构开业的条件和程序通过行政许可;原法人机构应按照法人机构解散的条件和程序通过行政许可。

吸收合并的,在合并公告期限届满后,吸收合并方应按照变更事项的条件和程序通过行政许可;被吸收合并方应按照法人机构解散的条件和程序通过行政许可。被吸收合并方改建为分支机构的,应按照分支机构开业的条件和程序通过行政许可。

新设合并的,在合并公告期限届满后,新设方应按照法人机构开业的条件和程序通过行政许可;原法人机构应按照法人机构解散的条件和程序通过行政许可。

第六十六条 上述变更事项,由下级监管机关受理、报上级监管机关决定的,自上级监管机关收到完整申请材料之日起3个月内作出批准或不批准的书面决定;由同一监管机关受理、审查并决定的,自受理之日起3个月内作出批准或不批准的书面决定。

第六十七条 法人机构本部连续停止营业时间3天以上6个月以内为临时停业。法人机构本部的临时停业由法人机构作为申请人。

法人机构本部临时停业,由银监分局或所在城市银监局受理、审查并决定。银监分局或银监局自受理之日起10日内作出批准或不批准的书面决定。

经批准的临时停业期限届满或导致临时停业的原因消除的,临时停业机构应复业,申请人应在复业后5日内向决定机关报告。遇特殊情况需延长临时停业期限的,应按前款程序重新申请,重新申请次数不超过2次。

第七章 董事(理事)和高级管理人员任职资格许可

第一节 任职资格条件

第九十九条 农村商业银行、农村合作银行、农村信用联社、村镇银行董事长、副董事长、独立董事和其他董事等董事会成员以及董事会秘书;农村信用合作社、农村信用合作社联合社、农村信用合作联社、省(自治区)农村信用社联合社、农村资金互助社理事长、副理事长、独立理事和其他理事等理事会成员须经任职资格许可。

农村商业银行、农村合作银行、村镇银行的行长、副行长、行长助理、风险总监、财务总监、合规总监、总审计师、总会计师、首席信息官以及同职级高级管理人员,内审部门负责人、财务部门负责人、合规部门负责人,总行营业部负责人;农村信用合作社主任;农村信用合作社联合社、农村信用合作联社、农村信用联社主任、副主任和营业部负责人;省(自治区)农村信用社联合社主任、副主任、主任助理、总审计师以及同职级高级管理人员,合规部门负责人、办事处(区域审计中心)主任;贷款公司总经理;农村资金互助社经理;农村商业银行分行行长、副行长、行长助理、分行营业部负责人,专营机构总经理、副总经理、总经理助理;农村商业银行、农村合作银行、村镇银行支行行长;县(市、区)农村信用合作联社、农村信用联社信用社主任,地市农村信用合作联社、农村信用联社信用社主任、副主任等高级管理人员须经任职资格许可。

其他虽未担任上述职务,但实际履行本条前两款所列董事(理事)和高级管理人员职责的人员,应按银监会认定的同类人员纳入任职资格管理。

第一百条 申请农村中小金融机构拟任董事(理事)和高级管理人员任职资格,拟任人应符合以下基本条件:

(一)具有完全民事行为能力;

(二)具有良好的守法合规记录;

(三)具有良好的品行、声誉;

(四)具有担任拟任职务所需的相关知识、经验及能力;

(五)具有良好的经济、金融从业记录;

(六)个人及家庭财务稳健;

(七)具有担任拟任职务所需的独立性;

(八)履行对金融机构的忠实与勤勉义务。

第一百零一条 拟任人有下列情形之一的,视为不符合本办法第一百条(二)、(三)、(五)项规定的条件,不得担任农村中小金融机构董事(理事)和高级管理人员:

(一)有故意或重大过失犯罪记录的;

(二)有违反社会公德的不良行为,造成恶劣影响的;

(三)对曾任职机构违法违规经营活动或重大损失负有个人责任或直接领导责任,情节严重的;

(四)担任或曾任被接管、撤销、宣告破产或吊销营业执照的机构的董事(理事)或高级管理人员,但能够证明本人对曾任职机构被接管、撤销、宣告破产或吊销营业执照不负有个人责任的除外;

(五)因违反职业道德、操守或者工作严重失职,造成重大损失或恶劣影响的;

(六)指使、参与所任职机构不配合依法监管或案件查处的;

(七)被取消终身的董事(理事)和高级管理人员任职资格,或受到监管机构或其他金融管理部门处罚累计达到两次以上的;

(八)不具备本办法规定的任职资格条件,采取不正当手段以获得任职资格核准的。

第一百零二条 拟任人有下列情形之一的,视为不符合本办法第一百条(六)、(七)项规定的条件,不得担任农村中小金融机构董事(理事)和高级管理人员:

(一)截至申请任职资格时,本人或其配偶仍有数额较大的逾期债务未能偿还,包括但不限于在该金融机构的逾期贷款;

(二)本人或其配偶及其他近亲属合并持有该金融机构5%以上股份或股金,且从该金融机构获得的授信总额明显超过其持有的该金融机构股权净值;

(三)本人及其所控股的股东单位合并持有该金融机构5%以上股份或股金,且从该金融机构获得的授信总额明显超过其持有的该金融机构股权净值;

(四)本人或其配偶在持有该金融机构5%以上股份或股金的股东单位任职,且该股东从该金融机构获得的授信总额明显超过其持有的该金融机构股权净值,但能够证明授信与本人及其配偶没有关系的除外;

(五)存在其他所任职务与其在该金融机构拟任、现任职务有明显利益冲突,或明显分散其在该金融机构履职时间和精力的情形;

(六)银监会按照实质重于形式原则确定的未达到农村中小金融机构董事(理事)、高级管理人员在财务状况、独立性方面最低监管要求的其他情形。

第一百零三条 申请农村中小金融机构董事(理事)任职资格,拟任人除应符合本办法第一百条规定条件外,还应具备以下条件:

(一)5年以上的法律、经济、金融、财务或其他有利于履行董事(理事)职责的工作经历;

(二)能够运用金融机构的财务报表和统计报表判断金融机构的经营管理和风险状况;

(三)了解拟任职机构公司治理结构、公司章程和董事(理事)会职责。

申请农村中小金融机构独立董事(理事)任职资格,拟任人还应是法律、经济、金融、财会方面的专业人员,并符合相关法规规定。

农村资金互助社理事不适用本条规定。

第一百零四条 除不得存在第一百零一条、第一百零二条所列情形外,农村中小金融机构拟任独立董事(理事)还不得存在下列情形:

(一)本人及其近亲属合并持有该金融机构1‰以上股份或股金;

(二)本人或其近亲属在持有该金融机构1‰以上股份或股金的股东单位任职;

(三)本人或其近亲属在该金融机构、该金融机构控股或者实际控制的机构任职;

(四)本人或其近亲属在不能按期偿还该金融机构贷款的机构任职;

(五)本人或其近亲属任职的机构与本人拟任职金融机构之间存在法律、会计、审计、管理咨询、担保合作等方面的业务联系或债权债务等方面的利益关系,以至于妨碍其履职独立性的情形;

(六)本人或其近亲属可能被拟任职金融机构大股东、高管层控制或施加重大影响,以至于妨碍其履职独立性的情形;

(七)银监会按照实质重于形式原则确定的未达到农村中小金融机构独立董事(理事)在独立性方面最低监管要求的其他情形。

独立董事(理事)在同一家农村中小金融机构任职时间累积不得超过6年。

第一百零五条 申请农村中小金融机构董事长(理事长)、副董事长(副理事长)、独立董事(理事)和董事会秘书任职资格,拟任人还应分别符合以下学历和从业年限条件:

(一)拟任农村商业银行、农村合作银行董事长、副董事长,省(自治区)农村信用社联合社理事长、副理事长,地市农村信用联社董事长、副董事长,地市农村信用合作社联合社、地市农村信用合作联社理事长、副理事长,应具备本科以上学历,从事金融工作6年以上,或从事相关经济工作10年以上(其中从事金融工作3年以上);

(二)拟任县(市、区)农村信用联社董事长、副董事长,县(市、区)农村信用合作社联合社、县(市、区)农村信用合作联社理事长、副理事长,农村商业银行、农村合作银行、农村信用联社董事会秘书,应具备大专以上学历,从事金融工作6年以上,或从事相关经济工作10年以上(其中从事金融工作3年以上);

(三)拟任村镇银行董事长、执行董事、董事会秘书,应具备大专以上学历,从事金融工作5年以上,或者从事相关经济工作8年以上(其中从事金融工作2年以上);

(四)拟任农村信用合作社理事长、副理事长,应具备中专以上学历,从事金融工作4年以上,或从事相关经济工作8年以上(其中从事金融工作2年以上);

(五)拟任农村资金互助社理事长,应具备高中或中专以上学历;

（六）拟任独立董事（理事），应具备本科以上学历。

第一百零六条 农村中小金融机构拟任高级管理人员应了解拟任职职务的职责，熟悉同类型机构的管理框架、盈利模式，熟知同类型机构的内控制度，具备与拟任职务相适应的风险管理能力。

第一百零七条 申请农村中小金融机构高级管理人员任职资格，拟任人还应分别符合以下学历和从业年限条件：

（一）拟任农村商业银行、农村合作银行行长、副行长、行长助理、风险总监、财务总监、合规总监，分行行长、副行长、行长助理，专营机构总经理、副总经理、总经理助理，省（自治区）农村信用社联合社主任、副主任、主任助理、总审计师，地市农村信用合作社联合社、地市农村信用合作联社、地市农村信用联社主任、副主任，省（自治区）农村信用社联合社办事处（区域审计中心）主任，应具备本科以上学历，从事金融工作6年以上，或从事相关经济工作10年以上（其中从事金融工作3年以上）；

（二）拟任县（市、区）农村信用合作社联合社、县（市、区）农村信用合作联社、农村信用联社主任、副主任、营业部负责人，地市农村信用合作联社、农村信用联社信用社主任、副主任、营业部负责人，农村商业银行和农村合作银行营业部负责人，农村商业银行分行营业部负责人，农村商业银行、农村合作银行支行行长，村镇银行行长、副行长、行长助理、风险总监、财务总监、合规总监、营业部负责人、支行行长，贷款公司总经理，应具备大专以上学历，从事金融工作6年以上，或从事相关经济工作10年以上（其中从事金融工作3年以上）；

（三）拟任农村信用合作社主任、县（市、区）农村信用合作联社信用社主任、农村信用联社信用社主任，应具备中专以上学历，从事金融工作5年以上，或从事相关经济工作8年以上（其中从事金融工作2年以上）；

（四）拟任农村商业银行、农村合作银行、村镇银行总审计师、总会计师、内审部门负责人、财务部门负责人，应具备大专以上学历，取得国家或国际认可的会计、审计专业技术职称（或通过国家或国际认可的会计、审计专业技术资格考试），并从事财务、会计或审计工作6年以上（其中从事金融工作2年以上）；

（五）拟任省（自治区）农村信用社联合社、农村商业银行、农村合作银行、村镇银行合规部门负责人，应具备本科以上学历，并从事金融工作4年以上；

（六）拟任农村商业银行、农村合作银行、村镇银行首席信息官，应具备本科以上学历，并从事信息科技工作6年以上（其中任信息科技高级管理职务4年以上并从事金融工作2年以上）；

（七）拟任农村资金互助社经理，应具备高中或中专以上学历。

第一百零八条 拟任人未达到上述学历要求，但符合以下条件的，视同达到相应学历要求：

（一）取得国家教育行政主管部门认可院校授予的学士以上学位的；

（二）取得注册会计师、注册审计师或与拟任职务相关的高级专业技术职务资格的，视同达到相应学历要求，其任职条件中金融工作年限要求应增加4年；

（三）应具备本科学历要求，现学历为大专的，应相应增加6年以上金融或8年以上相关经济工作经历（其中从事金融工作4年以上）；

（四）应具备大专学历要求，现学历为高中或中专的，应相应增加6年以上金融或8年以上相关经济工作经历(其中从事金融工作 4 年以上)。

第一百零九条 对不符合第一百零五条、第一百零七条和第一百零八条规定的拟任人,农村中小金融机构如认为其具备拟任职务所需的知识、经验和能力,可以提出个案申请。

第二节 任职资格许可程序

第一百一十条 董事(理事)和高级管理人员任职资格申请由法人机构提交。

第一百一十一条 以下机构董事(理事)和高级管理人员任职资格申请由银监分局或所在城市银监局受理、审查并决定。

(一)县(市、区)农村商业银行、农村合作银行、农村信用联社、村镇银行董事长、副董事长、董事、董事会秘书和高级管理人员,贷款公司总经理;

(二)地市农村商业银行副董事长、董事、董事会秘书、副行长、行长助理、风险总监、财务总监、合规总监、总审计师、总会计师、首席信息官、内审部门负责人、财务部门负责人、合规部门负责人、营业部负责人;

(三)农村信用合作社、县(市、区)农村信用合作社联合社、县(市、区)农村信用合作联社、农村资金互助社理事长、副理事长、理事和高级管理人员;

(四)地市农村信用合作社联合社、地市农村信用合作联社副理事长、理事、副主任,地市农村信用联社副董事长、董事、副主任,地市农村信用合作联社、农村信用联社营业部负责人;

(五)农村商业银行分行行长、副行长、行长助理、营业部负责人,农村商业银行、农村合作银行、村镇银行支行行长,县(市、区)农村信用合作联社、农村信用联社信用社主任,地市农村信用合作联社、农村信用联社信用社主任、副主任。

第一百一十二条 以下机构董事(理事)和高级管理人员任职资格申请由银监分局受理并初步审查,银监局审查并决定。

(一)地市农村商业银行董事长、行长;

(二)地市农村信用合作社联合社、地市农村信用合作联社理事长、主任,地市农村信用联社董事长、主任;

(三)农村商业银行专营机构总经理、副总经理、总经理助理;

(四)省(自治区)农村信用社联合社办事处(区域审计中心)主任。

第一百一十三条 直辖市农村商业银行董事长、行长和省(自治区)农村信用社联合社理事长、主任任职资格申请由银监局受理并初步审查,银监会审查并决定。直辖市农村商业银行其他董事、高级管理人员和省(自治区)农村信用社联合社其他理事、高级管理人员任职资格申请由银监局受理、审查并决定,事后报告银监会。

第一百一十四条 省(自治区)农村信用社联合社和直辖市农村商业银行副董(理)事长及副行长(主任)任职资格需要个案审核的,其申请由银监局受理并初步审查,银监会审查并决定;其他拟任人需要个案审核的,其申请由银监分局或所在城市银监局受理,银监局审查并决定。

第一百一十五条 农村中小金融机构及其分支机构新设立时,董事(理事)和高级管理人员的任职资格申请,与该机构开业许可一并核准。

第一百一十六条 董事长(理事长)、副董事长(副理事长)和高级管理人员任职资格谈话、考试由决定机关或由决定机关授权受理机关在审查中或事前进行。

第一百一十七条 拟任人现任或曾任金融机构董事长(理事长)、副董事长(副理事长)和高级管理人员的,申请人在提交任职资格申请材料时,还应提交该拟任人的离任审计报告或经济责任审计报告。

本办法所称离任审计报告是指农村中小金融机构自身或聘请外部审计机构对其离任的董事长(理事长)、副董事长(副理事长)、高级管理人员进行审计后,于该人员离任后的60日内向监管机构报送的书面报告。

第一百一十八条 具有高管任职资格且未连续中断任职1年以上的拟任人在同一法人机构内,同类性质平行调整职务或改任较低职务的,不需重新申请任职资格。在该拟任人任职前,应向拟任职所在地银监分局或所在城市银监局提交离任审计报告或经济责任审计报告及有关任职材料。拟任职所在地银监分局或所在城市银监局应向原任职所在地银监分局或所在城市银监局征求监管评价意见。

有以下情形之一的,拟任职所在地银监分局或所在城市银监局应书面通知拟任人及其所在农村中小金融机构重新申请任职资格:

(一)未在拟任人任职前提交离任审计报告或经济责任审计报告及有关任职材料的;

(二)离任审计报告或经济责任审计报告结论不实、或显示拟任人可能存在不适合担任新职情形的;

(三)原任职所在地银监分局或所在城市银监局的监管评价意见显示,该拟任人可能存在不符合本办法任职资格条件情形的。

农村中小金融机构董事(理事)和高级管理人员任期届满,被重新选举或聘任为董事(理事)和高级管理人员的,比照本条款执行。

第一百一十九条 农村中小金融机构董事(理事)长、行长(主任)、分支行行长、专营机构总经理、信用社主任缺位时,农村中小金融机构可以按照公司章程等规定指定符合相应任职资格条件的人员代为履职,并自作出决定之日起3日内向监管机构报告。代为履职的人员不符合任职资格条件的,监管机构可以责令农村中小金融机构限期调整代为履职的人员。

代为履职的时间不得超过6个月。农村中小金融机构应在6个月内选聘具有任职资格的人员正式任职。

第一百二十条 董事(理事)和高级管理人员在任职资格获得核准前不得到任履职。

第一百二十一条 农村中小金融机构设监事长的,其任职资格条件和程序参照董事长(理事长)执行。

第一百二十二条 本章任职资格事项,由下级监管机关受理、报上级监管机关决定的,自上级监管机关收到完整申请材料之日起30日内作出核准或不予核准的书面决定;由同一监管机关受理、审查并决定的,自受理之日起30日内作出核准或不予核准的书面决定。

第八章 附 则

第一百二十三条 农村合作银行设立事项及其行政许可条件、程序、事权划分和时限按照本办法农村商业银行设立的相关规定执行。

农村信用合作社联合社分支机构设立、变更及其高级管理人员任职资格许可条件、程序、事权划分和时限按照本办法农村信用合作联社的有关规定执行。

第一百二十四条 机构变更许可事项,农村中小金融机构应在决定机关作出行政许可决定之日起 6 个月内完成变更,并向决定机关和所在地银监会派出机构书面报告。董事(理事)和高级管理人员任职资格许可事项,拟任人应在决定机关核准任职资格之日起 3 个月内到任,农村中小金融机构应向决定机关和所在地银监会派出机构书面报告。法律、行政法规另有规定的除外。

未在前款规定的期限内完成变更或到任的,行政许可决定文件失效,由决定机关办理许可注销手续。

第一百二十五条 农村中小金融机构设立、变更和终止,涉及工商、税务登记变更等法定程序的,应在完成相关变更手续后 1 个月内向决定机关和所在地银监会派出机构报告。

第一百二十六条 农村中小金融机构解散后改制为农村商业银行、农村合作银行、农村信用合作联社、农村信用联社分支机构的,该分支机构开业及相关高级管理人员任职资格应由法人机构开业决定机关与法人机构开业事项一并批准。

农村商业银行、农村合作银行、农村信用合作联社、农村信用联社设立后,其本部及分支机构均应启用新设机构的金融许可证、营业执照、印章、凭证、牌匾等。

第一百二十七条 香港、澳门和台湾地区的银行投资入股农村中小金融机构,比照适用境外银行有关规定。

第一百二十八条 本办法所称注册地辖区指城区法人机构所服务的当地市辖区、县域法人机构所服务的当地县域。本办法中"以上"含本数或本级,本办法中的"日"均为工作日。

第一百二十九条 本办法由银监会负责解释。

第一百三十条 本办法自公布之日起施行,《中国银行业监督管理委员会农村中小金融机构行政许可事项实施办法》(中国银行业监督管理委员会令 2008 年第 3 号)同时废止。

参考文献

[1]何广文.农村资金互助合作机制及其绩效阐释[J].金融理论与实践,2007(04):3—8.

[2]薛桂霞,孙炜琳.对农民专业合作社开展信用合作的思考[J].农业经济问题,2013(4):76—80.

[3]苑鹏,彭莹莹.农民专业合作社开展信用合作的现状研究[J].农村经济,2013(4):3—6.

[4]王汉杰,温涛,韩佳丽.深度贫困地区农户借贷能有效提升脱贫质量吗?[J].中国农村经济,2020(08):54—68.

[5]刘婧,曹富.农民专业合作社资金互助突发事件的风险识别及其影响因素研究[J].农林经济管理学报,2020,19(04):439—448.

[6]牛浩.贫困村互助资金发展现状及未来路径探索——基于文献综述的视角[J].金融理论与实践,2020(08):112—118.

[7]杜黎霞.西部农村资金互助合作社发展的现状、问题及对策——以甘肃省农村资金互助合作社为例[J].西华大学学报(哲学社会科学版),2017(5):61—65.

[8]庄春瑞.吉林省新型农村金融机构的发展现状及对策分析——以梨树县农村资金互助社为例[J].时代金融,2018(24):54—55.

[9]付琼,刘军君.农村资金互助组织模式的认知及发展路径探讨——基于对吉林省梨树县的考察[J].吉林金融研究,2017(10):33—39.

[10]李红艳,宿桂红.吉林省新型农村金融组织的演进与运行机制分析——以农村资金互助社为例[J].吉林农业科技学院学报,2017,26(03):17—20.

[11]杨伊侬,徐明冉.论我国农村资金互助社的金融融资——以吉林省梨树县为例[J].中国集体经济,2009(25):13—14.

[12]薛磊.哈尔滨市贫困村资金互助社运行机制研究[D].东北农业大学,2014.

[13]薛嫦娟,张晓婷,闫宏宇.农民合作社开展信用合作的思考[J].黑龙江金融,2019(11):67—69.

[14]张照新,谭智心,高强,吴比.农民合作社内部信用合作实践探索与发展思路[J].中国合作经济评论,2018(01):27—83.

[15]许星.贫困村村级互助资金现状分析——以甘肃省张家川县马鹿乡为例[J].青海金融,2015(05):62—64.

[16]徐时凯.贫困村资金互助社审计研究[D].西南政法大学,2017.

[17]龙超,叶小娇.贫困村互助资金产权制度缺陷与改革方向[J].经济问题探索,2018(01):123—129.

[18]张正平,何广文.农户信贷约束研究进展述评[J].河南社会科学,2009,(02):44—49+218.

[19]王玮,何广文.社区规范与农村资金互助社运行机制研究[J].农业经济问题,2008,(09):23—28+110.

[20]张德元,潘纬.农民专业合作社内部资金互助行为的社会资本逻辑——以安徽J县惠民专业合作社为例[J].农村经济,2016,(01):119—125.

[21]王慧颖.农村资金互助合作组织及其风险管理研究[J].世界农业,2014(10):93—97.

[22]彭澎,张龙耀.农村新型资金互助合作社监管失灵与监管制度重构[J].现代经济探讨,2015(1):48—52.

[23]潘军昌,张学姣,孔有利.农民资金互助社监管漏洞探析——基于灌南农民资金互助社倒闭案的分析[J].江苏农业科学,2013,(10):412—414.

[24]Hoff K,Braverman A,Stiglitz J E. The economics of rural organization[J]. Journal of Development Economics,1993,47(2):23—25.

[25]Holmstrom B,Tirole J. Financial intermediation,loanable funds,and the real sector[J]. the Quarterly Journal of economics,1997,112(3):663—691.

[26]Carter M R. Equilibrium credit rationing of small farm agriculture[J]. Journal of Development Economics,1988,28(1):83—103.

第五部分　其他类型合作经济组织发展研究报告[①]

合作社作为一种重要的组织形式和经济发展形态，在加快推进农业现代化、繁荣城乡经济、统筹城乡发展、增加就业和收入等方面发挥着不可替代的重要作用。因此，本报告除了研究专业合作社、供销合作社、信用合作社等典型的合作社外，也分析研究了其他类型合作经济组织。

一、其他类型合作经济组织发展现状

(一)农村合作医疗

合作医疗是由我国农民自己创造的互助共济的医疗保障制度，在保障农民获得基本卫生服务、缓解农民因病致贫和因病返贫方面发挥了重要的作用。它为世界各国，特别是发展中国家所普遍存在的问题提供了一个范本，不仅在国内受到农民群众的欢迎，而且在国际上得到好评。世界银行和世界卫生组织把我国农村的合作医疗称为"发展中国家解决卫生经费的唯一典范"。

合作医疗在将近50年的发展历程中，先后经历了20世纪40年代的萌芽阶段、50年代的初创阶段、60~70年代的发展与鼎盛阶段、80年代的解体阶段和90年代以来的恢复和发展阶段。面对传统合作医疗中遇到的问题，卫生部组织专家与地方卫生机构进行了一系列的专题研究，为建立新型农村合作医疗打下了坚实的理论基础。2002年10月，中国明确提出各级政府要积极引导农民建立以大病统筹为主的新型农村合作医疗制度。2009年，中国做出深化医药卫生体制改革的重要战略部署，确立新农合作为农村基本医疗保障制度的地位。

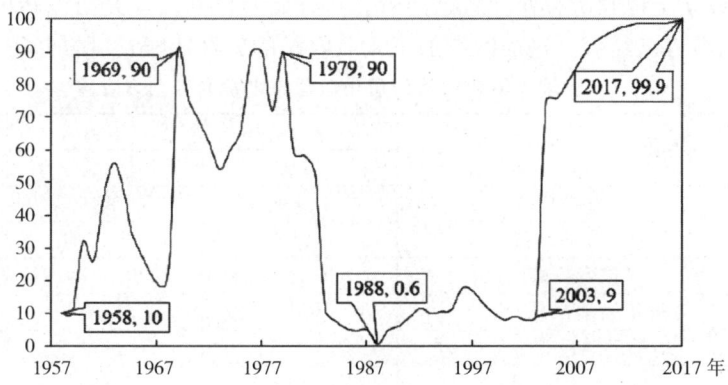

图5-1　1958~2017年农村合作医疗参合率(单位:%)
数据来源:尚虎平、黄六招,中国农村经济,2020年第7期。

[①] 执笔人:刘敏、高天慧;审稿人:唐敏。

新型农村合作医疗制度,简称新农合,是由政府组织、引导、支持,农民自愿参加,个人、集体和政府多方筹资,以大病统筹为主的农民医疗互助共济制度。其资金来源主要以政府投入为主,农民再出剩余部分。具体的筹资比例为:中央财政和地方财政各占三分之一,农民个人缴纳三分之一,乡村集体经济组织有条件的也要给予资金支持。新农合制度实施以来取得显著成效,其作用体现在以下几个方面。(1)有利于用较低的费用,保障农民得到基本医疗保健服务,减少患病农民因经济条件所限不敢或难以就诊及住院问题。(2)有利于减轻患重病农民的经济负担,缓解农民"因病致贫,因病返贫"的现象再发生。(3)有利于大多数轻型病人在乡镇、村两级卫生机构就近就医,调整病人合理流向,使有限的卫生资源得到有效利用。发挥卫生院、村卫生所的作用,方便群众就诊。(4)有利于卫生资源流向农村卫生机构,加强乡镇、村基层卫生组织,改善农村基层卫生机构服务功能,稳定农村卫生队伍。完成公共卫生突发事件的紧急处置,减少灾害伤亡。(5)有利于农村推行初级卫生保健,组织群众积极参与,实现我国人人享有卫生保健的战略目标。(6)有利于发展农村卫生事业,有效保护劳动力,提高农民健康水平,促进农村经济发展。(7)有利于提高党和政府在群众中的威信,密切党群关系,缩小城乡差别,保持社会稳定。

(二)土地流转合作社

农村土地流转合作社是指在家庭承包经营的基础上,由享有农村土地承包经营权(或林地经营权)的农户和从事农业生产经营的组织,为解决家庭承包经营土地零星分散、效益不高、市场信息不灵等问题,自愿联合、民主管理,把家庭承包土地(或林地)的经营权采取入股、委托代耕和其他流转方式进行集中统一规划、统一经营的农村互助性合作经济组织。它以股份制和合作制为基本形式,实行"三权分离",即村集体拥有土地所有权,农民拥有土地承包权,土地流转合作社拥有土地经营权,农户按入社土地面积从合作社获取分红收益。

目前,土地流转合作社大体上可以分为两种类型:(1)村集体牵头成立土地股份合作社,将土地整理后通过合作社转租,在土地流转中发挥中介作用,实际上是村集体组织"统"的职能的体现。合作社自己不经营,只是充当流转中介。但是通过土地整理,合作社也可以得到多出来大约10%土地的租金,这部分租金除了弥补整理土地的支出外,主要用作村集体的办公经费。(2)村集体或农户成立土地股份合作社自己经营。一开始合作社仅仅充当流转中介,后来逐渐组织本村的剩余劳动力自己经营。这样既增加了入股农民的分红数额,又增加了村集体的收入。

表 5-1　土地流转合作社公司化运营与维护的劳动力成本

	占比	小苗	中苗	大苗
		二成	三成	五成
管护	1人看护亩数	4分地	1亩地	1亩地
	2人看护亩数	6分地	1.5亩地	3亩地
	管护费用/年	300元/人	300元/人	300元/人
锄地	每年锄地次数/亩	6次	4次	3次
	每亩地用工数	15个工	4~15个工	1个工2~3亩
	用工的工资/天	80	80	80
	成本总额/元	7200	1280~4800	80~120
公司流转土地的成本		800元/亩		
(平均)总成本(元)		9000	4140	1200
总成本(元/亩)		3642元/亩		

数据来源:邓宏图等,《管理世界》2020年第9期。

以合作社作为土地流转的载体,引导农民将土地流转给专业合作社经营,是完善农村土地流转方式的一种创新。其意义主要有以下几个方面:一是有利于土地资源优化整合,通过合作形式进行生产经营,符合农村发展的实际,对于进一步深化农村土地经营制度、实现适度规模经营、促进生产方式转变、带动农民增收具有积极意义;二是农民把土地委托给合作社统一经营,使这些农民完全从土地中解放了出来,安心外出务工经商或就地转移从事二、三产业,促进了专业化分工,同时这些农民又能得到土地收益,有利于保证农民长期而稳定的收益,也有利于农民的非农化转移和农村城镇化进程;三是实现适度规模经营,有利于加快农业产业化的发展。

(三)农机合作社

随着工业化的发展,农业机械逐渐进入市场,现已变成了农业生产中不可或缺的一部分。近年来,随着政府部门愈加重视农机化发展,通过不断加大扶持政策、进行农机推广,带动农民的购买热情,提高农业生产效率和人均收入,使农机化水平显著提升。

虽说农机得到了普及,但是受各种因素制约,每个农户不可能拥有各种功能的农机产品,大多数农户都是单机作业,这就是全程机械化的主要制约因素。而农机合作社有如一个农机"超市",可以把各种不同型号、不同功能的农机有效组合起来,进行统一安排管理。进而有效开展从耕整、种植到收获一系列全程机械化服务。

农机合作社能有效整合农机资源。农机资源得到了整合,不仅提高了农机使用率,因闲置、无序竞争而带来的问题也得到改善。农机合作社作为农机资源的基地,根据作物成熟的先后实际情况,统筹部署,组织连篇作业,提高作业效率。如"三夏"的到来,农机合作社组织开展跨区作业,不仅为粮食丰收提供保障,还增加了农民的经济收入,增产增收得到双重保障。

农机合作社为农民与政府搭建桥梁。在生产过程中社员出现的一些问题,农机合作社可以有效地传达给政府部门,政府部门能对实际问题得到进一步了解,从而制定或更好地完善政策,对决策进行贯彻落实。合作社根据政府颁布的政策进行宣传并推行,使农民从中获益。

(四)测土施肥合作社

测土施肥合作社主要由土肥技术人员、农资供应人员、配方专用肥生产企业、施肥作业人员、种粮大户、种植业生产合作社组成。主要任务除开展统一施肥等作业任务外,还包括及时向社员提供最新土肥信息、开展市场土肥信息与技术的收集和交流、为社员建立健康档案、为社员提供肥害补救措施等内容。合作社将把这些力量整合起来,织成一张科技网,从而最大限度地发挥土肥社会化服务功能。

测土施肥合作社的创建,把土壤监测体系、科研单位的配方专用肥技术、市场化运作的专用肥生产企业、连锁经营的农资供应网络、统一施肥的社会化服务组织等公益型服务有机地结合起来,构建新型的土肥社会化服务体系,真正把社会化服务的功能最大限度地发挥出来,对农业生产效率等方面的提高有着积极的影响。

(五)劳务合作社

农村劳务合作社是由农村居民经济合作社或社会团体作为成立发起人,主要吸收有劳动能力但难以寻找到合适就业岗位的农村闲置劳动力参加一种新型合作经济组织。这种以农村富余劳动力、失地农民的劳动合作为基础成立的农业合作经济组织,旨在把农村富余劳动力和失地农民的就业与土地规模经营业主、企业劳动用工、现代农业技能要求统筹兼顾起来,以农业劳务合作社为载体,实现劳资双方无缝对接,合作共赢,通过这种农业生产方式的转变,能有效解决农业业主生产管理环节的"瓶颈",积极探索出一条农民"自我管理、自我服务、自我提升"的有效途径。

随着土地规模化经营和农村青壮年劳动力向第二、三产业的转移,农业社会化服务体系滞后的问题日渐凸显:一方面,土地流转规模化经营,农村出现季节性用工难和社会服务用工难问题;另一方面,随着青壮年劳动力向第二、三产业的转移,农村富余劳动力大部分是老人、妇女或儿童,存在就业困难问题。这就催生了对劳务合作社发展的需求性。

在实践中,劳务合作社发挥的功能主要有以下几方面:一是开展劳务输出,通过组织开展农村"失地留守弱劳动力"培训技能,有组织地向从事种植业、养殖业、加工业的业主输送劳务,开展定向、订单式用工服务;二是承包劳务技术,承包种植业、养殖业、加工业业主的劳动用工、技术管理、市场信息"一条龙作业";三是承接专业和岗位培训,农业劳务合作社对农民进行现代农业所需的技术、技能、专业、信息等资质培训,通过考试颁发劳动技能证书,实行持证上岗。

在土地规模化经营和城乡统筹建设的进一步深化过程中催生的农业劳务合作社,有利于促进就业和稳定就业,增加农村居民收入,促进农业规模化经营;同时,通过农村劳动力就业方式的转变,能引导农村居民改变传统的生产和生活方式,有利于推进农村的城镇化,推动农村社会管理水平,促进农村社会的和谐稳定。

(六)保险合作社

保险合作社是合作制保险形式之一,目前全球具有影响力的保险合作社有美国的蓝十字与蓝盾协会(Blue Cross and Blue Shield Association)等。这种组织形式分布于30多个国家,其中英国的数量最多。农业保险合作社是在一定区域内建立起来的、由参保的农户为主体、不以营利为目的的组织,农户加入合作社时须认缴一定金额的股本,投保时缴纳保险费。保险合作社自主经营、自负盈亏,成员有权参与日常的经营管理,业务结余留在社内归全体成员所有。作为一种风险共担、利益共享的非营利性互助合作组织,保险合作社相对于商业保险公司而言在经营农业保险方面具备许多优势,并成为法国、德国、日本等国家农业保险的经营模式。

农业保险合作社在许多国家推广并取得成功经验,但各国国情不同,具体操作上各具特色,例如法国主要由农户自愿组成合作社,日本是在政府大力支持下成立农业共济组合。保险合作社能够容纳不同水平的生产力,尤其在解决我国农业保险供求不足方面具有明显的优越性,因此这种组织形式很适合我国当前农村经济发展水平,是发展我国农业保险理想的组织模式,但由于长期以来我国农村自治并不成熟,完全依靠农户组织保险合作社可能会遇到一些障碍,因此应在各级政府的引导和扶持下,立足于自身特点,建立和发展适合我国国情的保险合作组织。

(七)住宅合作社

国务院住房制度改革领导小组、建设部、国家税务总局在1992年发布的《城镇住宅合作社管理暂行办法》中对住宅合作社做了如下定义:"本办法所称住宅合作社,是指经市(县)人民政府房地产行政主管部门批准,由城市居民、职工为改善住房条件而自愿参加,不以营利为目的的公益性合作经济组织,具有法人资格。住宅合作社的主要任务是:发展社员,组织本社社员合作建造住宅;负责社内房屋的管理、维修和服务;培育社员互助合作意识;向当地人民政府有关部门反映社员的意见和要求;兴办为社员居住生活服务的其他事业。"

《城镇住宅合作社管理暂行办法》中对住宅合作社有如下分类:一是由当地人民政府的有关机构,组织本行政区域内城镇居民参加的社会型住宅合作社(社会型);二是由本系统或本单位组织所属职工参加的系统或单位的职工住宅合作社(系统型或单位型);三是当地人民政府房地产行政主管部门批准的其他类型的住宅合作社(危改型或搬迁型等)。

作为我国住房保障制度的供应体系,合作住宅、经济适用住房和集资建房都享受了政府的有关优惠、扶持政策,但它们的运作方式是有所区别的。经济适用住房按市场规律运作,它的定价包含有一定的经营利润,建成的住房向全社会的中低收入家庭出售;集资建房一般由单位出面组织,单位提供建房用地,由参加集资的职工部分或者全额出资建设;而合作住宅则是社员自愿组织、互助合作、民主管理的一种住宅。另外,在我国,有些合作社在建房完成之后,产权归社员个人所有,合作社作为一种组织,即退出住房管理,或宣告解散,这只能称为合作建房,是我国住宅合作社不够规范的表现。

国内住宅合作社典型案例包括北京市国土资源和房屋管理局住宅合作社和南京市职工住房合作社。北京市国土资源和房屋管理局住宅合作社是隶属于北京市国土资源和房屋管理局(现与市房改办、市地矿局合并为北京市国土资源和房屋管理局),在北京市范围内为解决城镇居民的住房困难,改善住宅条件,发挥国家、集体、个人三方面的积极性而建立的公益性合作经济组织。南京市职工住房合作社创建于1993年,在南京市总工会的直接领导下,面对全市无力购建住房的中小型企事业单位和中低收入的职工,通过政府减免建房的扶持政策,降低成本,为解决南京市住房困难职工的安居作出了贡献。

中国住宅合作社的出现,顺应了经济发展的实际需求,在一定程度上满足了部分城镇居民的住房需求。然而,由于种种原因,我国住宅合作社在20世纪90年代初期经历了短暂繁荣,目前基本处于停滞阶段。住宅合作社具有典型的非营利性特征,旨在通过社员集资合作建造住宅,改善合作社社员的居住条件。然而,从我国实际来看,住宅合作社的生存和发展却因处处受限而一直处于极为艰难的境地,在改善公民居住条件、实施住房保障的过程中,并没有充分发挥其应有的作用。在我国当前住房保障背景下,组建住宅合作社、集资合作建设住房的呼声越来越高。

(八)消费合作社

消费合作社是自愿联合的消费者,通过其共同所有与民主控制的企业,满足他们共同的经济、社会与文化需要及理想的自治联合体,它也遵循国际合作社联盟的七项原则,因而在本质特征上与其他类型合作社并无实质区别。最典型的消费合作社类别是经营食品与其他非食品类生活用品的消费合作社,其广义的业务领域更可包含电力、电话、健康医疗甚至住房与金融服务等消费合作社种类。

目前,我国的消费合作社发展尚处在起步阶段,主要涉及食品和基本生活用品领域,特别是在农产品销售领域。例如北京市农研中心成立的农研职工消费合作社与延庆北菜园农产品产销专业合作社进行"社社对接",消费合作社搭建了社员在线购物和监督平台,通过"互联网+物联网+充值卡+智能配送柜"的形式,提供随时随地在线订购北菜园蔬菜的服务。同时为了拉近生产者和消费者的距离,农研中心职工消费合作社还组织社员定期考察参观北菜园联合社的蔬菜生产环境,了解蔬菜的生产管理和配送过程,不仅让消费者用得放心,同时对产品的质量起到很好的监督作用。全国第一个由省级供销合作社成立的城市社区消费合作社——云南永的大树营消费合作社,在昆明市东风东路金马立交桥旁大树营后村成立。这是由云南省供销合作社牵头,目的在于为社区居民提供方便优惠的服务,在市场物价波动的时候,可以通过对分布各社区的消费合作社进行适当补贴进行物价调控。

由于新形势下我国发展消费合作社的经验还较缺乏,其业务领域尚未涉及太多产业,比如像住房这样的敏感且涉及多部门、多利益的产业,因此进一步发展消费合作社是一个总体上逐步推进的过程。

(九)乡村旅游合作社

伴随着乡村旅游的发展,一些地方由农户各自经营,各自为政引发的恶性竞争时有发生,为实现乡村旅游可持续发展,乡村旅游合作社应运而生。乡村旅游合作社是指以农事生产为基础,占有相关资源的农户在自愿联合、民主管理的基础上建立的互助性经济组织。乡村旅游合作社主要有两种合作类型。

1.实物合作,即以乡村旅游发展依托的实际存在的有形事物为入股要素进行合作,其主要包括三个方面:(1)旅游资源,如属于农户私有的特色建筑、田园菜畦等;(2)旅游生产要素,如土地、房屋等,对其加以征用和改造,从而使其成为旅游接待设施;(3)其他相关资源,如豆腐作坊,旅游者对乡村豆腐坊生产的豆腐情有独钟,开展乡村旅游时将其作为必不可少的饮食类别,因而,可以考虑将豆腐作坊纳入乡村旅游合作社。依托实物是开展乡村旅游合作的基础。

2.文化合作,将文化纳入合作范围能够有效提升乡村旅游文化内涵。文化合作具有两层含义,一层是指文化艺术载体以产品形式参与合作,如木版年画的印制、竹工艺品的编制等;另一层是指具有某种文化艺术表演能力的人,如皮影戏的传承者,民族舞蹈的表演者,其可以通过艺术表演而加入乡村旅游合作社。文化合作是乡村旅游合作的提升。

乡村旅游合作社是农民合作组织,但其仍然需要以政府为主导,促使乡村旅游在以下方面发力:首先,获得财政支持,如政府对乡村旅游合作社予以适度的财政补贴,在税收、金融等方面给予一定的优惠政策,解决乡村旅游合作社发展中的资金问题;其次,享受惠农政策,如政府对乡村旅游制定统一的营销战略,对乡村旅游资源进行统一推广,从而为乡村旅游发展扩大宣传,节约成本;最后,接受培训教育,政府组织专家学者对乡村旅游合作社提供一定的智力支持,对服务人员进行培训和教育,从而提高合作社工作人员的综合素质。

乡村旅游合作社也需要企业的参与。企业参与乡村旅游合作社运作应当是全方位的,首先,参与融资,为乡村旅游合作社运营提供一定的资金支持;其次,参与生产,提升乡村旅游合作社竞争力,引导乡村旅游企业做大做强;最后,参与管理,以企业管理的视角,指导合作社成员规范化生产运营。

(十)全国手工业合作社

中华全国手工业合作总社于1957年成立,是在党中央、国务院领导下,由全国各省、自治区、直辖市联社及其集体工业经济联合组织组成的集体所有制经济联合组织。总社的主要职能是按照建立现代企业制度和把集体企业真正办成职工(社员)自己的企业要求,组织、推动城镇集体(合作)企业改革与发展,以适应社会主义市场经济发展的需要;组织指导发展新型的集体企业、合作制企业及家庭手工业,吸纳就业人员,维护社会稳定;组织成员单位开展互助合作活动,为成员单位提供供销、技术、信息、资金融通、法律咨询、人才培训等各项服务,帮助其提高素质和整体效益等。中华全国手工业合作总社及其所属各级联社已逐渐成为集体企业改革和发展的指导和组织者,集体经济政策的建议和协调者,集体资产的管理和维护者,政府与企业之间的桥梁和服务者。

2011年,中华全国手工业合作总社第七次代表大会审议并一致通过了《中华全国手工业合作总社章程(修正案)》,决定正式颁布施行。该章程规定"中华全国手工业合作总社是在党中央、国务院的领导下,由各类城镇集体工业联社、手工业合作联社和其他集体经济组织组成的全国性的联合经济组织,是各级联社及其他成员单位的指导和服务机构"。

该章程约定,中华全国手工业合作总社指导成员单位和集体企业,深化改革,发展多种形式的集体经济,互助合作,实现劳动者的共同富裕。总社实行自愿、自主、合作、互利、民主、平等的原则。以指导、维护、监督、协调、服务为基本职能,搞好资产运营,增强经济实力,强化服务功能,成为联系政府与企业的桥梁和纽带。总社及其各级联社依法具有独立的法人地位,是本级社资产所有者代表,其合法权益受国家法律保护。中华全国手工业合作总社下属各级联社,其中各省的理事单位见表5-2。

表5-2 中华全国手工业合作总社下属各级联社第七届常务理事单位

上海市			黑龙江	
上海市城镇工业合作联社	上海市生产服务合作联社	上海市工业合作联社	哈尔滨轻工集体企业联社	黑龙江省二轻集体企业联社
辽宁省			河北省	
沈阳市轻工集体工业联社	辽宁省城镇集体工业联社	大连市轻工集体工业联社	河北省轻工集体工业联社	
甘肃省			宁夏回族自治区	
甘肃省手工业联社			宁夏回族自治区工业合作联社	
四川省			吉林省	
四川省工业合作联社	成都市工业合作联社		长春市手工业合作联社	
江苏省			海南省	
江苏省城镇集体工业联社	南京市城镇集体企业联社		海南省二轻集体企业联社	
广东省			天津市	
广州市二轻集体企业联社	广东省城镇集体企业联社		天津市城市集体经济联合会	天津市二轻集体工业联社
北京市			福建省	
北京市手工业生产合作社联合总社			厦门市二轻集体企业联社	福建省城镇集体工业联合社
云南省			山西省	
云南省城镇集体企业联社			山西省城镇集体工业联合社	
重庆市			浙江省	
重庆市工业合作联社			浙江省手工业合作社联合社	杭州市手工业合作社联合社
青海省			山东省	
青海省手工业合作社联合社			山东省轻工集体企业联社	青岛市二轻集体企业联社

续　表

湖北省	湖南省
武汉市工业合作联社	湖南省城镇集体工业联社
陕西省	广西壮族自治区
西安市工业合作联社	广西二轻工业联社
江西省	陕西省
江西省手工业合作联社	陕西省手工业合作社联合社

资料来源：中华全国手工业合作总社网站，http://www.chicoop.org。

(十一) 社区股份合作社

农村社区股份合作社是将农村集体所有的经营性资产以股权的形式量化给每个村级集体组织成员，从而形成全体社区居民（农民）所有、民主管理、民主决策、独立核算、自主经营、风险共担的新型合作经济组织。农村社区股份合作社遵循股份合作制的原则，一般以村级组织为单位，也有的以村民小组为单位。农村股份合作社的大发展时期是 20 世纪 90 年代，主要是一些比较富裕的村，把村集体中无法分割或没有承包到户的资产，以股份的形式按照一定的规则平均分配到每一个社区成员，年底按股分红。尽管各地的做法不完全相同，但总的来看都体现了加强农村集体资产经营管理这个核心，体现了资产保值增值、增加农民收入的目标。进入 21 世纪以后，尤其是《农民专业合作社法》出台后，一些地区还根据《农民专业合作社法》对社区股份合作社进行了规范，如江苏省在 2011 年出台了《江苏省工商局关于农村社区股份合作社登记的指导意见》，主要是规范登记管理，促进其进一步发展。

在农村社区股份合作经济组织中，村一级的社区成员之间有一定的血缘关系，活动范围较小，较易实现对经营者的监督，在实行股份合作制的过程中，便于实行折股量化、以分为主的方式，农民也乐于接受。目前，进行这一改革比较著名的村一级社区合作经济组织当数华西村。

华西村通过"一分五统"（村企分开；经济统一管理，干部统一使用，劳动力在同等条件下统一安排，福利统一发放，村建统一规划）的办法和周围 16 个行政村合并组成了一个大华西村，成立华西村集团，下辖 9 大公司、60 多家企业。一方面华西村实行的是按劳分配、多劳多得的分配制度，另一方面华西村规定"少分配、多积累、多记账入股"，现在的华西村集团正是集体控股 70%，村民参股 30% 构成的合作经济模式。

(十二) 农产品电子商务合作社

随着农民专业合作社的发展壮大和农民专业合作社信息化建设的推进，农民专业合作社电子商务正在逐步兴起，农产品网上交易电子商务平台发展较快。

农民专业合作社主要的电子商务活动是农产品的销售和生产资料的采购。在农产品销售活动中，其对象主要是个人客户和组织客户，采用 B2B 和 B2C 的混合电子商务模式，为个人和组织提供便利的农产品交易渠道，比如开通农产品网上零售店、"社超对接"系统、"社校对接"系统等；合作社生产资料的采购借用互联网，开通网络采购平台，提升采购活动的效率。

无论是农产品的销售，还是生产资料的采购，都是通过电子商务的交易平台来实现的，打破了农产品销售和生产资料采购的地域局限性，也降低了交易成本。交易平台对贸易双方进行身份认证后，通过标准质量检测体系对农产品进行质量检测，并向贸易双方提供信息服务、中介服务、交易服务，对整个交易过程进行监控管理，保证交易的安全性和规范性。农产品供应体系的建立,使农产品生产规模化、标准化,保证了农产品的供应;第三方综合平台的建立,保证农产品的质量以及整个交易过程安全、规范地进行;交易双方通过规范化的交易,加强彼此的合作,有助于电子商务供应链体系的建立。农产品电子商务平台供应链如图 5-2 所示。越来越多的省份根据自身农产品的特色,与各大知名电商合作,共建电子商务平台。如淘宝网的"特色中国"板块,云集了全国各地的特色农产品、土特产,它是典型的"农民专业合作社+电子商务"的运作模式,不仅是扩大了农产品的销路、推动了当地农村富余劳动力的就业,并且提供电商操作的相关培训课程,提高了当地农民的电子商务营销能力。

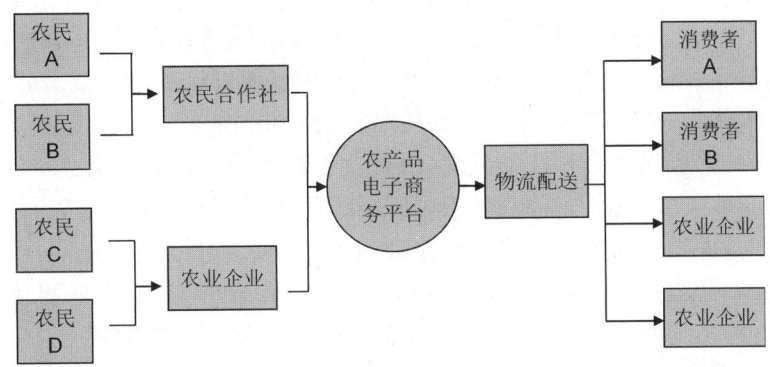

图 5-2 农产品电子商务平台供应链

(十三)农产品期货合作社

目前,我国大部分粮食品种已经放开价格,棉花也逐步实现市场化改革,市场经济活动无不充满了风险和不确定性,尤其是农产品,生产周期长,受天气影响很大,天灾减产无收,丰收了粮多价贱愁卖,市场价格波动给农民的利益造成了很大风险。特别是我国加入世贸组织以后,农民将面临国内、国外两个市场的竞争,价格波动将更加剧烈。

农民与商业性的公司一样,能够通过期货市场进行套期保值,来分散农产品价格风险。例如,在存在期货市场的条件下,农民在播种小麦的同时,可以预先在期货市场上卖出与他预计的小麦产量数量相等的小麦期货合约。如果收获季节小麦价格下跌,农民在期货市场上的收益将能完全或部分弥补在现货市场上的损失。农民是农产品现货市场的主体,如果没有一定数量的农民进入期货市场,就很难说农产品期货市场的发育是完善的。但是,在今后较长的时间内要使一定数量的农民直接从事期货交易是不现实的。

发展农产品期货合作组织是目前发达国家常用的做法,美国、日本都有农民合作社,为农民利用期货市场规避风险提供了便利条件。美国农民参与期货市场的方式有多种,大的农场主资金实力雄厚,信息来源充足,可以直接参与期货市场,但大多数农民则是通过合作社的形式间接参与期货市场。据统计,美国目前有近 2000 个谷物合作社,控制了国内谷物销售量的 60%。农民一般预先和合作社签订合同,将粮食按某一约定价格销售给合作社,合作社则通过期货市场规避价格风险。

农民利用期货市场的关键是把分散的农民组织起来参与期货市场,从而解决小生产同大市场之间的矛盾。我国农民无论从知识层次上,还是资金实力上,都不具有直接参与期货市场的条件。因此,我们可以借鉴国外经验,根据当地的资源优势和农业发展的特点,鼓励农民成立各种不同类型的农产品期货合作组织,由农民自己经营管理,把分散的农民组织起来。合作社可以帮助农民利用期货市场规避风险,并为农民提供更多的市场信息和有价值的建议。

(十四)中国工合国际

中国工合国际委员会(International Committee for the Promotion of Chinese Industrial Cooperatives),简称工合国际(ICCIC),是国内现存历史最悠久的全国性社会组织和国际性社团组织。当年为支援中国人民抗日战争,争取海外援助,促进中国工业合作社运动,宋庆龄与国际友人发起,1939年在香港成立中国工合国际委员会。1952年因全国合作总社成立等原因,工合国际停止活动。1987年为配合国家改革开放发展战略而恢复,1988年党中央明确规定工合国际统战等工作由中共中央统战部指导,主要从事促进城乡合作社发展、促进国内外合作事业、扶贫、妇女培训、生态环境、灾后重建等社会公益事业。

组织的宗旨是:促进城乡合作社的发展,通过合作社实现经济与社会公平,缩小贫富差距,建设和谐社会。具体任务包括:宣传和推行国际通行的合作社原则,探索适合中国国情的合作社发展道路;促进各种类型和各种形式的合作社组织的发展;推动合作社法规、政策的调整和完善,为合作社发展营造良好的政策和法律环境;开展合作社教育和培训;提供合作社咨询服务,促进合作社支持系统的建立和发展;支持合作社理论与实践的研究;加强国际联系,促进国内外合作社交流与合作,争取对中国合作社发展的国际支援;关注和致力于减少贫困、妇女参与、生态环境保护、灾后救助、食品安全和行业自律等公益事业。

在促进合作社规范化建设中,工合国际在北京市平谷县和密云县的20个合作社,开展了合作社民主参与式评估的示范推广;在山西省晋中市和寿阳县的10个合作社,开展了合作社规范化建设指导和培训。

(十五)农民文化劳务合作社

文化劳务合作社是为民间文化艺术提供指导服务的农民专业合作社,可以通过项目支撑、产业带动,推进当地民间艺术文化活动的社会化、市场化、产业化进程,打造新的民间文化产业品牌。全国首家农民文化劳务合作社——"睢宁县乡韵农民专业合作社"于2014年1月在江苏省徐州市睢宁县成立,睢宁乡韵农民文化劳务专业合作社是自我表现、自我教育、自我服务、自我发展、自娱自乐、自负盈亏、自愿联合、民主管理,扎根农村,自下而上的文化自助性、互助性合作经济组织。目前由民间文化、民间艺术、特色餐饮及基层供销为农服务分社等13个分社组成,单位成员37个,农民成员260个。该合作社坚持"三农"服务的发展方向,在提高农民组织化程度上发挥作用,重在打造服务品牌、不断拓展业务,带领农民挖掘和传承乡土文化走上富裕之路。

二、其他合作经济组织发展中存在的问题

可以看出,我国各种类型的合作社近年来有了较大的发展,但也存在不少问题,具体来说有以下几点。

(一)无统一统计口径

目前关于合作经济组织的统计数据中,对于其他类型合作经济组织的统计缺乏统一性,统计数据较少,内容较为笼统,成为研究其他类型合作社的障碍之一。

（二）无合法身份确认

大量的合作经济组织是在无合法身份的状态下运作，导致合作经济组织难以与其他经济主体签订合同，难以获得正规金融机构的资金支持，使原有的资金短缺问题更为突出，阻碍了合作经济的发展步伐。

（三）合作社发展不充分，功能有待完善

目前许多合作经济组织的业务活动单一、服务领域狭窄、产业链不够长。多数合作经济组织主要是自身领域内生产者或经营者的合作，业务范围向后延伸和向前延伸的合作经济组织很少见，导致这些合作经济组织的业务能力和影响力都不够。另外，受经济实力、科技投入、市场风险等影响，大部分合作经济组织在发展加工、销售等附加值方面投入不足，产业链不够长。

（四）人才匮乏

合作经济组织发展离不开专业人才，但是，目前在我国合作经济组织发展中，农村人口的文化水平相对于城镇人口来说总体偏低，事实上，对于合作经济组织的领办人都应该是具有创新能力、市场意识、管理经验，并且懂生产、有技术、会管理的复合型人才，而这类人才往往很难得，人才的匮乏成为制约各类合作经济组织发展的绊脚石。

（五）运转资金不足

大部分专业合作社的成立发展，需要投入大量的资金进行设备的购置，同时机械的折旧、维修、油料等都需要大量资金来保持运转，但是当前不少专业合作社由于受到经营资金运转不足、资金回流不够及时等一系列的问题，容易出现资金短缺的问题，影响了专业合作社的持续发展。

三、促进其他类型合作经济组织发展的对策

（一）深入理论研究，统一统计口径

目前针对农民专业合作社的研究较多，针对其他类型合作经济组织的研究相对较少。随着市场经济的发展，新形式、新类型的专业合作社也在不断呈现，因此对其他类型合作经济组织的进一步研究有着积极的现实意义。在统计数据的获取上，也要有更好的统计口径，以便能够更全面、更详细地获取相应的统计数据，使理论研究能更直观、更深入。

（二）尽快出台综合性的《合作社法》

要修改完善《农民专业合作社法》，使这部法律尽可能地容纳现有农民合作的内容，促进多元化、多类型农民合作社的发展。从全球来看，许多国家政府接受罗虚戴尔消费合作社原则，制定了《合作社法》，提倡发展合作经济，让广大弱势群体，通过互助合作提高收入水平，改善生活，走向共同富裕。根据国际合作社运动发展的成功经验，我国各级政府必须要给广大城乡弱势群体组织各种合作社的结社权，让其自主地广泛发展各类合作社组织，通过互助合作，增强其求生存的能力。

我国立法部门应抓紧起草制定一部综合性的《合作社法》，对众多弱势群体办合作社（消费合作社、住宅合作社、信用合作社、食品手工业合作社、运输合作社、幼儿合作社、托老合作社等）提供指导和法律保护，通过制定《合作社法》，促进广泛发展合作经济，以增加就业，促进和谐社会的建设。

(三)不要用某一固定模式限制农民合作社的发展

既然合作社是农民在实践中的现实选择,那就不存在一个固定的模式,就应该允许农民在《农民专业合作社法》的大框架下自由选择合作方式。不同类型的合作社,不管合作深度、合作内容、合作形式如何,只要对农民有一定的益处,都应该鼓励。对于完全符合《农民专业合作社法》的规范合作社,政府可以用委托项目等方式进行鼓励,但对于不完全符合《农民专业合作社法》的合作社,要承认广大农民选择的自由,承认其合作精神和在任何层面上合作的合理性。

(四)加大对合作社发展的支持力度

要在充分调查研究各类合作社发展中存在的问题的基础上,采取一系列配套的政策,相关部门如农业、工商、财政、税务、金融、交通、国土、电力、外贸、供销、粮食等单位要各司其职、相互配合,促进各部门的协调,形成一套有效的针对合作社的管理和服务系统,给予财政、税收、金融等方面的政策支持。首先,要加强对合作社的辅导工作,尤其是对于产业发展基础良好、农民有合作倾向但合作方式不明朗的地区,辅导员要在寻找合作途径、选择合作社领办人、协助制定合作社章程等方面做一些实实在在的工作,推进农民合作从萌芽状态进入现实状态。其次,处于发展初期阶段的微小型合作社最渴望得到支持。乡镇经管部门要雪中送炭,在信贷资金、税收优惠、项目选择等方面给予切实支持,促进其由小变大,由弱变强。最后,县级经管部门在农闲期间要加强对合作社领导人和部门工作人员的培训,使其逐步掌握经营管理、财务会计、谈判技巧等专门知识。

(五)加强技术、人才培训,挖掘潜力

合作社依托高校、科研院所、技术推广单位,加强社员培训协作力度,培养一批管理精英、技术能手、理财专家、种养能人,努力打造一支有文化、懂技术、会经营、善管理、有奉献精神的合作社管理人才队伍,同时,积极鼓励有知识、有技术的年轻人投身农业发展,推动合作社走上科技含量高、技术先进、以质取胜的良性发展道路。

(六)发扬民主,稳步推进

合作社制度和体制逐步完善的过程,离不开合作社全体社员的广泛参与。合作社理事会、监事会在调整管理制度、股权设置、利益分配等环节中,要充分听取社员和发起人的意见和建议,积极发挥社员的主人翁作用,扎实稳步推进合作社的规范化建设。

(七)加强合作交流,树立示范典型

在全国范围内积极开展示范经济组织评选活动,加大宣传力度,定期开展合作经济组织发展现场会、经验交流会、产品展销会、交易会。同时,培养壮大合作经济组织的实力,将合作经济组织从村、镇范围的合作逐步扩大,培育有潜力的合作经济组织跨出乡村,实施县级、市级甚至跨省的合作经济组织大联合,形成大合力,创建大品牌,使合作经济组织真正成为带动社会和谐发展的主力军。

参考文献

[1]中华全国手工业合作总社网站,http://www.chicoop.org.
[2]中华供销合作网站,http://www.chinacoop.gov.cn/.
[3]中华合作时报网站,http://www.zh-hz.com/.
[4]中国工合国际委员会网站,www.gungho.org.cn.
[5]邓宏图等.从合作社转向合作联社:市场扩展下龙头企业和农户契约选择的经济逻辑[J].管理世界,2020(9).
[6]尚虎平,黄六招.新中国农村合作医疗参合率变迁研究[J].中国农村经济,2020(7).
[7]徐旭初.什么是合作社治理[J].中国农民合作社,2016(10).

第六部分　家庭农场发展研究报告[①]

　　自 2008 年党的十七届三中全会《中共中央关于推进农村改革发展若干重大问题的决定》中首次提出"家庭农场"的概念后，2013 年中央一号文件又对"家庭农场"的概念有了新的界定，并对家庭农场提出了新的要求。2014 年中央一号文件提出要从工作指导、土地流转、落实支农惠农政策、强化社会化服务、人才支撑等方面提出了促进家庭农场发展的具体扶持措施。2015 年中央一号文件提出要着力培育新型经营主体，鼓励和支持承包土地向专业大户、家庭农场、农民专业合作社流转，发展多种形式的适度规模经营。2016 年中央一号文件发挥多种形式农业适度规模经营引领作用，积极培育家庭农场、专业大户、农民合作社、农业产业化龙头企业等新型农业经营主体。2017 年农业部办公厅印发《2017 年农村经营管理工作要点》：引导家庭农场规范发展，指导各地完善家庭农场认定标准和管理办法，建立健全全国家庭农场动态名录和信息数据库。加大家庭农场扶持力度，强化家庭农场发展专项扶持措施，扶持规模适度的农户、家庭农场稳定流转土地、整合土地资源、改善基础设施、提高经营能力。推动建立健全家庭农场的财政、金融、用地等扶持政策。2018 年中央一号文件进一步指出，"乡村振兴，产业兴旺是重点"。文件中明确提出，要"实施新型农业经营主体培育工程，培育发展家庭农场、合作社、龙头企业、社会化服务组织和农业产业化联合体，发展多种形式适度规模经营。"2019 年中央一号文件提出，"重点培育家庭农场、农民合作社等新型农业经营主体，培育农业产业化联合体，通过订单农业、入股分红、托管服务等方式，将小农户融入农业产业链"。一系列的政策措施引导支持了我国家庭农场健康稳定发展。

　　家庭农场作为一种新型农业经营主体，以农民家庭成员为主要劳动力，以农业经营收入为主要收入来源，利用家庭承包土地或流转土地，从事适度规模化、集约化、商品化农业生产。这种形式保留了农户家庭经营的内核，既坚持了家庭承包责任制的基础地位，又有利于克服传统农业土地细碎化、经营效益低的不足，是发展农业适度规模经营的有效形式，适合我国基本国情，符合农业生产的特点，契合农业现代化发展的趋势，家庭农场的兴起和发展是适合我国农村生产力和生产关系发展阶段的产物。

一、家庭农场的本质

（一）家庭农场的特征

　　2013 年中央一号文件提出，坚持依法自愿有偿的原则，引导农村土地承包经营权有序流转，鼓励和支持承包土地向专业大户、家庭农场、农民合作社流转，发展多种形式的适度规模经营。作为一种新型农业经营主体，家庭农场通常定义为：以家庭成员（夫妻、父子、兄弟）为主要劳动力，从事农业规模化、集约化、商品化生产经营，并以农业收入为家庭主要收入来源的新型农业经营主体。

[①] 执笔人：董晓波、高天慧、李苗；审稿人：唐敏。

家庭农场本质上属于农业经营主体,是产业组织的一种类型,其主要有四大特征。一是家庭经营。家庭农场主要依靠家庭成员从事生产,即使有雇工也只发挥辅助作用。二是以农业为主营业务。家庭农场专门从事农业生产,主要进行种养业专业化生产,经营管理水平较高,示范带动能力较强,具有较强的商品农产品生产能力。三是以集约生产为手段。家庭农场经营者具有一定的资本投入能力、农业技能和管理水平,能够采用先进技术和装备,经营活动有比较完整的财务收支记录。这种集约化生产和经营水平的提升,使得家庭农场能够取得较高的土地产出率、资源利用率和劳动生产率,对其他农户开展农业生产起到示范带动作用。四是适度规模经营。由于家庭农场有较大的种养规模,能够使经营者获得与当地城镇居民相当的、比较体面的收入。

(二)发展家庭农场的意义

1.党的十九大报告提出了要保持土地承包关系稳定并长久不变,第二轮土地承包到期后再延长三十年,同时还提出要实现小农户和现代农业发展有机衔接。这一论述明确指出家庭经营依然是中国现代农业经营的基础,实施乡村振兴战略,只有在坚持农户家庭经营的基础上才能实现。"农业劳动不仅需要丰富的经验和技术,更需要高度的责任感、自觉性、主动性和灵活性。而家庭特点与农业生产特点相吻合,决定了家庭是经营效率最高、风险最小、成本最低的农业经营方式。"

2.有利于促进农村土地的适度规模化经营。当前农村土地流转困难的一个重要原因在于随着城市化进程的加快,农村土地价值日益凸显,农民对手中的土地价值有着较高的预期。由于我国农村土地产权制度不健全等原因,农民担心土地流转后失去手中的土地,宁愿土地抛荒也不愿意流转手中的土地。家庭农场经营者一般以本地村民为主,农村宗族关系和血缘关系的道德约束作用使家庭农场经营者具有较高的可信度,降低了土地流转的风险和交易成本,因而更有利于土地流转。家庭农场等以农民为主体的农业适度规模经营主体的发展壮大,也有利于抵制工商业资本进入农业挤占农民利益的不良倾向。

3.有利于缩小城乡收入差距。家庭农场是专业务农的市场化新型农业经营主体,以收益最大化为目标,按照企业管理模式来核算成本、加强管理,可以降低生产成本,促进农业集约化、商品化发展,从而改变作为微观主体的农户在市场谈判中的弱势地位,提升农户在市场中的竞争力,有效克服农业小生产与社会化大生产、大市场经济、规模效益之间的矛盾,为农户经济与现代农业和市场经济之间架起一座桥梁,使农户在农业价值链分工下在利益分配格局中处于有利地位,有利于提高农业生产经营效益,增加农民收入,缩小城乡收入差距。

4.有利于吸纳农村剩余劳动力,促进农村剩余劳动力有序转移。一方面,在我国目前农业生产技术水平不高的条件下,家庭农场仍然需要较多的劳动力,特别是在农忙时。家庭农场经营者一般以本地村民为主,农村普遍存在宗族关系和血缘关系使农场经营者倾向于在农忙时雇佣当地劳动力,特别是留守在农村的老弱妇劳动力。另一方面,家庭农场具有较高的经营效益,能够吸引一部分农村青壮年劳动力留在农村从事家庭农场生产经营,有利于避免农村劳动力无序盲目流向城市。而农村剩余劳动力向城镇的有序转移,又为家庭农场扩大生产经营规模、发展壮大创造了有利的条件。因此,发展家庭农场有利于农村富余劳动力平稳有序转移,促进新型城镇化和农业现代化协调发展。

5.有利于农产品加工企业生产原料的有效提供。家庭农场专注于农业生产环节,是商品性农产品的主要提供者。农产品加工企业获得生产原料、发展订单农业,更加愿意与家庭农场这样有规模的原料供给者打交道,使其原料供给在数量和质量上得到交易成本更加低廉、供给更加稳定。实践中,很多龙头企业都将家庭农场作为原料基地,克服小规模农户生产经营波动大、生产方式不规范和质量安全难保障且违约率高的风险和缺陷。上述监测同样表明,2016年2998家农场中有近1/4(24.39%)与龙头企业有联系;在与龙头企业有联系的农场中,28.39%的农场获得了龙头企业的技术指导,21.15%的农场获得了农产品销售。

6.有利于生态农业技术的使用和农业绿色的发展。2016年,进行灌溉的种植类和粮食类农场中,采用喷灌技术(含微喷滴灌渗灌)进行灌溉的农场占比分别为36.59%和19.50%;亩均化肥用量低于或者等于周边农户的农场合计占83.93%。就亩均化肥用量而言,至少40%的家庭农场在"减量"使用;418家养殖类农场中,利用粪便发酵做有机肥、饲料和沼气,或者运输到附近加工厂再进行资源化、综合化循环利用和无害化处理的农场占比近八成(79.05%)。

二、家庭农场的类型

"家庭农场"是一个非常广泛的概念,我国幅员辽阔,各地自然气候、环境资源、经济发展状况差异很大。我们从地理环境、大农业资源和经营方式等经营角度,对今后在国内可能会发展起来的"家庭农场"的一些主要类型进行简单的盘点和说明:

(一)据地理环境的差异

1.都市型家庭农场

位于都市边缘的"家庭休闲农场",其区位好、交通便利;农场主有较为专业的能力;自然条件优异,基础设施完备,主要满足城市居民休闲放松,提供养生、生态教育、欣赏田园风光的服务。

2.过渡型家庭农场

位于城市"卫星"的乡镇,以设施农业为主要经营业态;区位好、投资大、希望和风险并存、可以建立新的经营模式、可以培育消费者新的观念,不会受限于传统农业的旧观念,吸引消费者以更高的价格购买新创意农产品。

3.乡村型家庭农场

更趋向于传统农业文化,属于体验型的农业;着重展示乡村具有的传统文化、乡村独有的特色农业、乡村的传统节庆等;基于繁荣乡村经济、传播农耕文化的同时,承载着建立特色乡村、提升农民社会地位的任务。

4.偏远型家庭农场

一般远离城市、交通不便、人口稀少、农业资源结构较单一、农业用地成规模、污染少、生态资源保护较好,适合发展较大规模、单一品种、集约化、机械化的"家庭农场";发展突破口是:基础设施建设(道路、水利等)、品种改良。

(二)根据大农业资源的区别

可分为五种类型:家庭农场、家庭林场、家庭牧场、家庭渔场及其他类型(如:家庭果园、家庭菜园、家庭茶园、家庭咖啡园、家庭药材园、家庭菌园、家庭花园、家庭桑蚕园、家庭苗圃、家庭养殖园等)。

(三)根据经营方式的不同

1.单纯生产型

单纯生产型的"家庭农场",以农产品的种植、养殖为核心,以出售初级农产品为主要经济来源。

2.参与互动型

参与互动型的"家庭农场",利用农业景观、自然生态和环境资源,结合农村生产、农业活动、农业文化及农业生活,提供出农产品以外的互动参与,结合农业生产、农村生活和农产品加工等于一体的家庭农场,如家庭观光农场、家庭教育农场、家庭休闲农场、家庭加工农场等。

我们对一些较有代表性的家庭农场进行了调查和总结,具体情况如表6-1所示。

表6-1 家庭农场发展示例

代表地区	户/每个农场	亩/户均	万元/年收入	特　点
上海松江	1200	100~150	7~10	政府推动,土地流转比例高;持证上岗,培育职业农民
浙江宁波	600	>5	50	市场主导,成立公司;有自主商标
安徽郎溪	216	>5	10	可通过租赁、承包或者经营自有土地实现规模经营
湖北武汉	167	15~500	20	以承包、投资入股等形式集中分散的土地实现规模经营
吉林延边	451	1275	>10	享受国家扶持政策较多;税收优惠

上海松江采取以农户委托村委会流转的方式,将农民手中的耕地流转到村集体。土地流转到村委会后,由区政府出面将耕地整治成高标准基本农田,再将耕地发包给承租者。

宁波作为最早探索发展家庭农场的地方之一,其家庭农场发展的最大特点是市场自发性。20世纪90年代后期,一些种植、养殖大户自发或在政府引导下,将自己的经营行为进行工商注册登记,寻求进一步参与市场竞争的机会,从而演变成"家庭农场"。

从2009年起,郎溪县连续3年安排项目资金90万元,在全县优选10个家庭农场,每年为每个农场投入项目资金3万元,开展示范家庭农场建设。实行家庭承包经营后,农民家庭通过租赁、承包或者经营自有土地实现规模经营的形式。成立"郎溪县家庭农场协会",创建科技示范基地,目前已创办示范农场20个。

2011年确定武汉市"支持发展家庭农场等新型经营模式",鼓励农村有文化、懂技术、会经营的农民,通过承包、投资入股等形式,集中当地分散的土地进行连片开发。家庭农场主必须是武汉市农村户籍农户,具有高中及以上文化水平等,按用地分类实施农业生产模式。

从2008年开始,延边州在全州范围内探索"家庭农场"模式。农村种田大户、城乡法人或自然人,通过承租农民自愿流转的承包田创办的土地集中经营的经济组织。可享受各项国家农业财政补贴政策,实施相关税收优惠政策等。

三、家庭农场认定标准

1.土地流转以双方自愿为原则,并依法签订土地流转合同。

2.土地经营规模:水田、蔬菜和经济作物经营面积30公顷以上,其他大田作物经营面积50公顷以上。土地经营相对集中连片。

3.土地流转时间:10年以上(包括10年)。

4.投入规模:投资总额(包括土地流转费、农机具投入等)要达到50万元以上。

5.家庭农场经营者准入条件。

(1)户籍条件:具有本镇户籍的农业户口家庭,至少有2名或2名以上的家庭成员共同经营。

(2)年龄条件:男性25~60周岁,女性25~55周岁,其中须有1人年龄在:男性57周岁以下,女性52周岁以下。身体健康,有劳动能力。

(3)技能条件:取得农机驾驶证以及农业产业化经营资格的专业农民培训证书,或经过培训取得水稻、小麦、油菜、绿肥等四门以上单科结业证书。

(4)经营能力:具备相应的生产经营能力和一定的农业生产经验,掌握必要的农业种植技术和熟练使用农机具;有承担风险和预付土地承包费的能力,信誉程度在村民中有较好的评价。

6.有符合创办专业农场发展的规划或章程。

各种类型家庭农场具体要求:

(1)种植业:经营流转期限5年以上,并集中连片的土地面积达到30亩以上,其中,种植粮油作物面积达到30亩以上。水果面积50亩以上,茶园面积30亩以上,蔬菜面积30亩以上,食用菌面积达到1万平方米,或10万袋以上。

(2)禽畜业:生猪年出栏1000头以上,肉牛100头以上,肉羊500只以上。家禽年出栏10000只以上,家兔年出栏2000只以上。

(3)水产业:经营流转期限5年以上,且集中连片的养殖水面达到30亩以上,特种水产养殖水面达到10亩以上。

(4)林业:山林经营面积500亩以上,苗木花卉种植面积30亩以上,油茶80亩以上,中药材种植30亩以上。

(5)烟叶:种植面积达到200亩以上。

(6)综合类:

①种养结合的综合性农场,应含种植业、禽畜业、水产业、林业、烟叶类型中的2种以上,并且每种类型达到相应规模的二分之一以上。

②旅游、特色种植、休闲观光为一体的综合性农场,面积10亩以上,餐饮住宿设施齐全。

7.家庭农场技能培训、财务收支记录、示范带动等标准。

大多数省市没有就上述标准作出规定,只有重庆等少数省市作出上述规定,如家庭农场经营者应接受过农业生产经营技能培训,家庭农场经营活动有比较完整的财务收支记录,对其他农户开展农业生产经营有示范带动作用。相比较而言,大部分市(县、区)和重庆市一样作出了类似的规定。

此外,浙江、安徽等省还出台了示范性家庭农场的认定办法。如浙江省在《浙江省示范性家庭农场创建办法(试行)》中规定,省示范性家庭农场创建必须是县级以上示范性家庭农场、专业从事农业生产3年以上;采用先进实用技术,先进科技应用面达到90%以上;土地产出率、劳动生产率高于同行业全省平均数30%以上。安徽省在《安徽省示范家庭农场认定办法

(试行)》中规定,粮油集中连片规模在 200 亩以上,土地流转年限在 5 年以上;家庭农场年纯收入 10 万元以上,其成员年人均纯收入高于本县(市、区)农民人均纯收入 40% 以上。

乡(镇)政府对辖区内成立专业农场的申报材料进行初审,初审合格后报县(市)农经部门复审。经复审通过的,报县(市)农业行政管理部门批准后,由县(市)农经部门认定其专业农场资格,作出批复,并推荐到县(市)工商行政管理部门注册登记。

家庭农场认定标准明确,对一味追求土地经营规模、资本雇工农业变身家庭农场等现象有了更好的整顿,有效避免"冒充"家庭农场的现象。这对我国家庭农场健康快速的发展有非常重要的意义。

四、家庭农场与其他经营主体的关系

(一)家庭农场与小农的关系

在众多的研究中,小农经营与家庭农场的关系始终是一个绕不开的问题,主要原因在于各国人均土地面积的巨大差异。如联合国粮农组织(FAO)就将小农经营归为家庭农场的类别中。由于土地的集体所有属性,导致家庭农场与小农经营在土地所有权层面上的根本特征是一致的,且前者是后者的一种延伸。但就两者的表现形式和表现特征而言,家庭农场与小农经营(小规模经营)有着天壤之别,我们可以选取经营的规模化、专业化、商品化和社会化四个维度进行比较(见表 6-2)。

表 6-2 小农经营与家庭农场的四维度比较

指标	规模化	专业化	商品化	社会化
小农经营	自有土地为主	兼业经营	自给自足为主	程度低
家庭农场	流转土地为主	专业经营	市场销售为主	程度高

从四维度进行比较的话,小农经营无论是土地经营规模、专业化和商品化程度以及社会化程度都明显难以与家庭农场经营相比。土地流转机制下的土地集中形成的规模效应是家庭经营的基础,由此形成了以市场为导向的商品化趋势,而专业化与社会化的经营特征则降低着经营的管理成本。简而言之,流动性家庭农场是小农经营的升级,这种升级已经出现了质的飞跃。

(二)家庭农场与职工家庭农场的关系

当前,无论是农民专业合作社还是专业大户或是家庭农场,都是在家庭联产承包责任制的基础上演变而来的。这种演变的过程不仅是经营规模的扩大,还包括产品的市场导向和生产过程的现代化与专业化等方面,而在国营农场中发展职工家庭农场本质上是家庭联产承包责任制在国营农场中的表现,职工家庭农场实际上是有较大生产规模的承包大户,是大农场里的小农场。因此,从这个意义上讲,家庭农场与职工家庭农场有着很深的发展渊源,两者在产品的商品性这个核心特征上存在一致性(见表 6-3)。

表 6-3 职工家庭农场和家庭农场六维度比较

指标	职工家庭农场	家庭农场
土地形成	国营农场(国有土地)	租赁为主,自有土地为辅
生产规模	规模较大	规模适度
产品属性	商品交易为主	商品交易为主

续表

指 标	职工家庭农场	家庭农场
组织主体	职工家庭	农户家庭
经营领域	粮食、橡胶生产为主	种植业为主
风险负担	自负盈亏	自负盈亏

但是家庭农场与职工家庭农场在土地所有权和产品用途方面还存在一定区别。家庭农场土地集体所有,职工家庭农场土地全民所有;家庭农场拥有产品的完全支配权,职工家庭农场拥有产品的部分支配权,部分产品要根据国营农场要求定额上交。但这并不妨碍本文将家庭农场作为职工家庭农场的发展的观点:虽然两者的土地权属不同,但从另一个角度讲,两者都没有土地所有权而只有使用权,这是区别也是共性;在此基础上,职工家庭农场经营的土地属全民所有理应上交部分产品作为使用土地的费用。因此,根据以上所述,家庭农场的提法应该追溯到 20 世纪 80 年代提出的职工家庭农场,两者在时间上存在连续关系,空间上存在延展关系,特征上存在共性关系。

五、家庭农场发展实践

2020 年 3 月,农业农村部印发了《新型农业经营主体和服务主体高质量发展规划(2020~2022 年)》,对家庭农场、农民合作社、农业社会化服务组织等新型农业经营主体和服务主体的高质量发展作出了具体规划。截至 2019 年底,全国家庭农场数量超过了 70 万家。而在这个规划中,进一步提出了到 2022 年,全国家庭农场数量要达到 100 万家的目标。

目前,我国具有一定的家庭农场主要在经济发达的东南省区和城市郊区,代表地区有浙江省、上海市、湖北省、安徽省、吉林省等。

(一)经各省网站查询,选取以下 10 个代表省份及管辖市(见表 6-4)

表 6-4 家庭农场各省市发展概况

省 份	家庭农场(家)
河北定州(2019.3)	727
湖北宜昌(2018)	15780
安徽省(2019.6)	100000
上海松江(2017)	1119
江苏省(2018.4)	42353
浙江省(2016)	29172
黑龙江省(2015)	28604
山东新泰市(2019)	2010
湖南省(2018)	39065

农业农村部对全国 3000 户左右家庭农场监测分析显示,家庭农场在农民合作社组建运营、发展订单农业,带动小规模农户改进生产技术、降低成本等方面发挥了核心作用。

家庭农场已成为农业合作社组织的发展助推剂。相关数据显示,截至目前,我国共有 36.97% 的家庭农场加入了合作社。由于家庭农场经营者专业素质较高、更懂农业技术、善于经营管理,在农民合作社组建和运营中也更愿意发挥核心带头作用。

（二）典型案例分析

2019年全国组织开展家庭农场典型案例征集活动，全胜家庭农场是山西省唯一入选的家庭农场。

全胜家庭农场创建于2011年，位于稷山县西社镇曹家庄村北。农场主乔全胜多次参加农业部、省、市组织的新型职业农民培训，曾任稷山县十一届人大代表。乔全胜全家6口人，劳动力3人。农场常年雇工2人，短期雇工6人。农场总经营面积126亩，主要种植玉米、核桃、药材和养殖山羊等。全胜家庭农场2015年获"运城市典型示范家庭农场"称号，2018年获"山西省示范家庭农场"称号。

全胜家庭农场创建8年来，坚持"绿色、生态、环保"的建场宗旨，秉承"真心、放心、安心"的经营理念，以科学管理为手段，以多元化经营为方向，探索创新"科学化、程序化、制度化"的管理模式，积极为广大消费者提供绿色、健康、安全的农产品，取得了十分可观的经济效益、社会效益和生态效益。

1. 规模经营，节本增效

流转土地后，农场配齐了旋耕机、机动喷雾器等农机具以及畜牧所用器具，开展规模经营。以种植玉米为例，如果租用别人的机械播种、耕种、收获，一套流程下来一亩地至少要花费120元，而用自己的机械费用还不到50元，不仅节约了成本，还能在农忙期间接活，增加收入8万多元。

2. 绿色种植，培养地力

农场始终秉持种地与养地相结合的绿色种植理念，从不对土地进行掠夺式种植。每年，农场都要在不同的地块里取土，送市农委土肥站检测，根据土壤肥力，结合产量预期，建立配方施肥台账。同时，农场还采取"秸秆全量还田＋绿肥种植"模式对田块进行分片轮休，对养殖山羊的粪便做有机肥，减少化肥使用量，有效培养地力，提高粮食品质和市场竞争力。此外在种植过程中，农场还推广土壤深松、秸秆速腐还田、山药等种植新技术，为提高品种产量奠定了基础。

六、家庭农场发展的制度动因与制度供给

家庭农场作为一种制度安排，其制度动因和现实条件包括家庭农场发展的制度动力和制度供给以及具体的条件。

（一）家庭农场发展的制度动因

1. 制度变迁的不确定性

制度变迁本身是不具备确定性的，即中国农业经营的方向是一个需要不断探索才能最终确立的过程，这就需要在制度渐进变迁的过程中尽量规避可能的风险。相较于欧美官方对家庭农场作出的规范性定义，中国政府对家庭农场没有给出确定的概念界定，使用的是农业部提供的框架性说明。同时，考察2013年中央一号文件，家庭农场并非作为单一的经营形式出现而是与专业大户、农民合作社并列提出。以上种种都可以解读为政府部门对于农业经营形式改革的探索，是一个"试错"的过程，即多元化的经营方式虽可能造成管理上的不便，但是对于制度变迁则是相对可靠的选择。因此，制度变迁过程中的不确定性是家庭农场出现的一个重

要动因。如同家庭联产承包责任制的出现并对其全国推广一样,在去集体化的初期,官方对家庭联产承包责任制的兴起保持"不支持、不反对"的态度,但是在这一制度的优越性得到肯定后才采取自上而下的方式推行。

2.小农户经营有向家庭农场转变内在动因

农业的本质是动植物的生产和再生产,农业活动的根本特征是利用有构造的生命自然力进而利用其他自然力的活动。这种生产和再生产的过程受自然因素影响极大,难以实现工厂化的人为控制,这就需要农业生产者和经营者的身份尽可能要保持一致。在工业化和城镇化发展初期,农业劳动人口众多,人多地少的局面难以有效改变,农业劳动力的综合素质以及农业机械化水平较低,这些因素都制约着家庭农场的发展。但是一旦出现土地闲置的情况,农民对土地天生的灵敏性与规模农业发展的其他要件进行组合,就会直接引发家庭经营规模的扩大。就这个意义而言,家庭农场只不过是生产规模更大、商品化更高、农业收入更多的家庭经营方式。

3.诱致性制度变迁是家庭农场的基础动因

新制度经济学认为,诱致性制度变迁指的是一群(个)人在响应由制度不均衡引致的获利机会时所进行的自发性变迁。研究表明,新中国成立以来农村有效率的制度变迁主要是诱致性制度变迁。就家庭农场的发展而言,诱致性制度变迁中的"获利机会"主要是指农村资源分配出现了有利于变迁的变化,农村耕地资源的相对增加、农业与市场的密切和农业技术的提高与普及等现实条件都是家庭农场发展的诱致性变迁机会。较之于强制性制度变迁,由于诱致性制度变迁属于一种自下而上自发的变迁过程,其变迁的过程更为温和,对既有制度的冲击力更小,变迁成功的可能性更高。家庭农场的发展是一种典型的诱致性制度变迁,其优势在于良好的外部环境且这种外部环境能感知这种变迁,并迅速作出新的制度安排。

(二)家庭农场发展的制度供给

1.土地流转制度是家庭农场发展的基础因素

农民工转移进城催生了土地代耕、闲置甚至撂荒现象的出现,但是在土地流转政策不明确的情况下,土地对农民生计保障的兜底作用会使其难以放心地将土地流转出去,因为大量的候鸟式农民工必须保证自己在城市找不到工作的情况下能够回到农村通过土地维持生计。这样,大量的土地会以代耕或者短期出租的形式利用。这一方面造成了家庭农场经营者对承包预期的担忧,难以实现规模经营,即使能够实现短期的规模经营也可能因为对预期不明的担忧而采取掠夺式的农业生产,破坏土地资源;另一方面分散的土地产生了较高的田坎系数(田埂面积占耕地总面积之比),从而造成土地浪费。发展家庭农场必然呼唤土地流转政策的规范。当前,土地流转政策是建立在农村土地集体所有不变基础上的,而长期不变的农村土地承包制度则起到了农民工返乡就业"蓄水池"的作用。因此对土地权属的确认和对流转期限的保障成为土地流转政策的重点。2003年3月1日起实施的《中华人民共和国土地承包法》中明确规定了在平等协商、自愿、有偿的原则下进行土地承包经营权流转,规定了流转方式、发包方和承包方的权利及义务以及承包合同的制定等方面。2005年3月1日起实施的《农村土地承包经营权流转管理办法》进一步细化了土地流转各项规定在实际中的运作方式。与此同时,各地根据本地实际情况制定了符合实际的土地流转规定,主要内容是对土地流转办法的细化。以家庭农场发展成熟的松江为例,2013年松江区政府出台了《关于进一步巩固家庭农场发展的指导意见》，对土地流转进行政策指导。松江区政府作为土地流转的枢纽，很好地协调了土地承包者和家庭农场经营者之间的关系，解除了土地流出者和流入者对土地使用权归属和经营期限的担忧，促进了土地流转的顺利进行。

2.社会保障制度促进了土地流转

中东部经济较为发达的农村地区，土地能够顺利流转有政策性的因素，同时也需要从农民生活保障体系完善的角度考察。农民预期收入不足给土地赋予了较强的社会保障功能，土地对处于"钟摆式"就业状态的农民工而言能够使其"进退有据"。千百年来，土地始终是中国农民安身立命的依靠，将土地的使用权在一个较长的时间段内流转给家庭农场经营者意味着在这个期间农民与土地的紧密度下降。紧密度下降的原因主要有两个：(1)流转土地带来的财产性收入与外出务工收入的总和远大于只从事农业劳动的收入；(2)城乡劳动力流动渠道顺畅，农民能够在一个时期内获得大于只从事农业劳动收入的就业机会。而根据黄少安的分析，农村土地使用权长期不变在一定程度上可以理解为农民在一个可预见的时期内拥有土地的所有权（永佃制），这种政策性的保障也加速了农村土地流转。

3.城镇化政策促进了家庭农场发展

土地是财富之母，更是农业发展的基础。在经过30多年的高速发展后，工业化和城镇化引发的非农就业人口增加直接导致农村土地出现大量闲置，这为农业规模经营提供了最基础的要素。由于农村劳动力出现大量的非农就业，越来越多的土地流转使得适度规模生产的家庭农场成为可能。这些农场由此达到自家劳动力充分就业的规模，一反过去因土地稀缺而处于"劳动力过剩"或"就业不足"的状态。在中国家庭农场发展较好的地区也大多是城镇化水平较高的地区。以上海松江家庭农场的发展为例，2013年松江的城镇化率就达到了84.31%，全区家庭农场发展至1267户，经营面积15.02万亩，占全区粮田面积的90%；其中种养结合60户，机农一体175户。而工业化和城镇化的推进反过来也需要更多优质农产品，这就间接带动了家庭农场的发展壮大。城乡一体化进程将大大促进统一的劳动力市场发展，这一方面可以进一步推动农村劳动力职业分化，促进土地流转与集中；另一方面也可以满足家庭农场的雇工需求，推动农业的商品化、产业化经营。因此，不难得出一个结论，那就是在中国这样一个人多地少的国家发展家庭农场必须以工业化和城镇化为开拓力量。

4.职业农民和社会服务体系是家庭农场发展的支撑

家庭农场的发展离不开职业化农民的成长、农业机械化水平的提高和社会综合服务体系的健全。这些因素为家庭农场的发展提供了主客观的准备。农业生产的特性直接决定着家庭农场的生产者和经营者尽可能一致，而农业的周期性特征则将家庭农场的经营者和土地紧密地联系在一起，职业农民的出现和发展适应了家庭农场的要求。家庭农场以家庭成员为主要劳动力则要求其必须具备借助机械化的手段。以上种种都要求家庭农场的经营者尽可能地将农业生产和经营作为一种职业而不是兼业农民。

农业机械化水平的提高和社会化服务体系的健全为家庭农场的发展提供了外围支撑。家庭农场生产对象的复杂性和风险性决定了家庭农场的发展必须依赖综合的手段，包括政策支持、机械化生产以及包括农业保险在内的社会服务等。在中国中东部家庭农场发展较好的地区，平坦的地形条件配合较高的机械化水平对于提高农业生产率起到了重要作用。而社会化服务体系能够降低家庭农场与市场的交易成本。优质的政策供给和社会化服务为家庭农场的发展提供了很好的保障。这样以家庭农场发展为核心的农业发展体系也会逐步建立，农村土地得到整治，机械、农药、化肥、种子、保险等农业服务行业也能得到较好的发展。

七、家庭农场制度设计中的核心问题

（一）身份问题

家庭农场是否是一种独特的组织形态，即使存在，但在现有的制度范围内，并没有给予其明确的回答，因此家庭农场的发展实际上是一种制度创新。浙江的实践回答了这一问题。

在浙江慈溪，家庭农场发育良好，以种植商业化价值高的蔬菜瓜果为主，商品化农业发达。其产品主要销售渠道是出口。在与市场上其他主体特别是国外企业打交道的过程中，家庭农场相当于给予了单个农民家庭一张有效的身份证，这张身份证就如同企业具有的一样。工业的发展以企业为载体，商品化农业的发展，则必将以家庭农场为载体。因此浙江的家庭农场都在工商登记，成为了一个法人化的主体。家庭农场的法人化，也成为浙江模式的重要特征。

但是在黑龙江，家庭农场主要以生产粮食为主，家庭农场是否需要法人化，尚在争议之中。从国家治理农业的角度而言，家庭农场的法人化，显然是有助于国家掌握农业发展的基层信息，以及构建新的农业经营主体，以承载现代农业发展的目标。

因此，家庭农场的发展，至少要指向以下三个目标：一是粮食安全和农产品的稳定供给；二是农产品的质量安全；三是可持续发展。

（二）雇佣问题

农业部对家庭农场的定义中，明确指明家庭农场是以家庭劳动力为主，而不是以雇佣劳动力为主。主要原因就在于，家庭劳动力投入农业生产中效率最高的劳动力供给方式，也是成本最低的方式，家庭农场下的农产品是最具有竞争力的，家庭劳动力的不计成本，是中国发展中的人口红利在农业领域的表现，但一直受到忽视，长久以来中国经济的崛起，学界通常只注意到廉价劳动力，供给给沿海发展带来的奇迹，但是在农业领域，这种人口红利，也为农产品的长期稳定供给，和保持正常的物价水平作出了贡献。

从系统的角度看，现有的低价农产品维系模式对整个转型社会而言是一种福利。不可否认，农民在这个过程中作出了巨大的牺牲。在城镇化大力推进的过程中，农产品的价格上涨是必然的趋势，这个并不用担心。

转型社会发展中所有问题的症结，都在于城镇化的速度，在现有 2.9 亿的农民工中，在 2020 年前实现 1 亿人的城镇化，就已经很了不起了，那还有 1.9 亿的农民工，依然是无法城镇化的人口，其中应该有很大一部分是年纪偏大的第一代农民工，他们将面临养老的问题。

城镇化需要钱，农民养老也需要钱，政府没有这么多钱，依靠现有养老保障制度，是完全无法解决农户养老问题的，因此他们这些人，最后仍然会回到农村，让土地成为他们最后的养老保障。

因此，农业中的人口红利，短期内并不会消失。我们在土地大规模流转的地区看到，不少无法外出打工的老人，成为在农业企业、农业大户基地上的打工者，实际上，若是他们自己经营，传统的精耕细作并非缺乏效率，只需政府解决好农业发展中的公共品供给问题。家庭农场既然是为了促进家庭农业的发展，就是考虑到了这种人口红利，因此家庭农场的规模，必然会受到家庭劳动力的限制。

(三) 规模问题

家庭农场的规模，因区域和发展的模式而异，但是原则只有一条：就是要受到家庭劳动力的限制，不以雇佣劳动为主。不少地方对家庭农场的最低规模，纷纷作出要求，而对规模上限持以无限宽容的态度，认为规模越大越好。

那么，这一规模下限的硬性要求，目的何在呢？实际上，规模问题并不是家庭农场发展的核心问题，如果坚持家庭农场，不以雇佣劳动为主，那么家庭农场的规模，自然会有一个上限要求，反而下限则不是那么重要了。

因为农户家庭，会根据资本积累的状况、劳动力的状况和土地租赁市场的情况，选择一个最佳的规模。湖北的实践给以的启示就是：在于家庭农场的规范化发展，一定要对家庭农场的上限作出要求，否则如同大多数合作社的发展一样，资本下乡挤占农户家庭发展的利益，将会再次上演。

(四) 资本下乡问题

如果家庭农场的发展，是为了让更多的利润分配给农户，那么，有别于家庭农业的资本农业，出路何在呢？资本农业的竞争力，在于其拥有普通农户不具备的资本实力，用襄阳知行生态有限公司董事长杨帆的话说，他是具有资本原始积累的，而普通农户近乎于无产阶级。因此农户变为家庭农场，依然存在诸多困难。

对于政府而言，不能因为培育农户升级为家庭农场困难重重，而转向引导资本下乡，让资本注册成为家庭农场，那么这种注重数量的形式化发展，必将导致家庭农场的不规范和名实不符。

(五) 效率问题

家庭农场的规范发展，可能会限制资本下乡的程度，但是并不影响资本下乡。愿意下乡的资本，还是会寻找各种途径下乡。并且通过在农业领域的摸索，资本的灵敏嗅觉，会促使其很快找到经营之道，如杨帆所言，与农民竞争只有死路一条，因此他调整战略，发展经济价值高(投资也高)的农产品，尽量开辟与普通农户不一样的农产品市场，同时追求农产品的质量，迎合高端消费人群对质量的要求，以及存在的对产品种类的多样化需求。

资本农业完全是在市场经济和价值规律的作用下，开展经济活动，面向的是中国收入阶层中处于金字塔顶端的人群。从这个角度说，资本农业的投入和盈利无可厚非，这也是其生存空间所在。

但是这样一种模式，并不是为了满足大众农产品需求，也对国家的粮食安全无益，何须政府扶持？不少地方政府将资本下乡，视为招商引资的政绩，加之资本的游说能力，通常高于普通农户，因此政府对下乡资本的扶持依然存在，合作社、家庭农场的发展，恰好成为下乡资本和地方政府合谋获得国家资源的渠道。

八、我国家庭农场现状

当前我国家庭农场的发展除了具备一般意义的特征之外还表现出了中国自身的特点，这些特点反映着中国经济社会发展的现状。

(一) 土地所有权和经营权分离

土地所有权和经营权的分离是中国家庭农场发展的基本特征。作为土地流转的对象，农村土地的所有权为集体所有,家庭农场经营者流转而来的土地只有使用权而没有所有权,这是与西方发达国家家庭农场实行土地私有制的根本不同点。但是土地私有与家庭农场的发展之间没有必然的正相关关系。土地私有的最大制度优势在于家庭农场的经营者能够充分保证经营的稳定性和持久性,对于保障农业生产,促进农业良性发展有着重要的作用。但是土地私有化并不是家庭农场发展的必要条件,法国和日本两国家庭农场发展的经验表明,土地使用权的流转能够以更小的代价实现土地流转。家庭承包经营权长期不变的政策保证了土地权属关系的稳定,正如黄少安所指出的,在维持现有基本土地产权制度不变的前提下,无论是在经验上还是在逻辑上,在法律严格保护下的无限延长的土地经营权,与所有权的含义并没有什么差别。这一判断可以理解为当前农户承包集体土地的经营权在法律保护下基本等于土地的所有权,而农户流转到家庭农场的经营权是有期限的,逆向而言,在一个可预见的时间期限内,家庭承包的经营权(所有权)还是要回到农户手中的。基于此,可以得出"农地私有化只是土地流转和集中的充分条件,而不是必要条件"的结论,即土地私有化有助于土地流转和集中,但是土地流转和集中不仅只土地私有化这一条道路。中国这样一个农业大国,坚持农村土地集体所有制对于稳定农村发展农业有着极端重要的意义,不能因为需要发展家庭农场而废除土地集体所有制。

(二)带有一定的探索性

家庭农场在新中国已经经历了30多年的发展,但是21世纪之前的家庭农场更多地局限于国营农场,范围扩大到全国农村的家庭农场是一个新的研究课题。考察美、法、日、俄、英等国,对于家庭农场均有着较为明确的定义。但是迄今为止,学界与官方并未形成对家庭农场统一的概念,农业部2013年对全国家庭农场调查的指标成为官方界定的唯一参考,而全国各地兴起的家庭农场也千差万别,各地根据本地实际发展家庭农场形成的5种模式也在一定程度上印证了当前的家庭农场发展带有一定的探索性。

(三)规模较小

城镇化的推进能够促进农村人口转移,从而空置出更多的土地进行规模化生产。但是目前中国的城镇化平均水平仅为51%左右,而在中西部地区这一比重更低。当前中国的城镇化处于加速推进期,城镇化率与发达国家相比仍处于较低水平,这就从根本上制约着中国家庭农场经营规模的扩大。

根据农业部的调查,截至2017年底,中国家庭农场共87.7万个,经营耕地面积达到1.76亿亩,占全国承包耕地面积的13.4%,平均每个家庭农场有劳动力6.01人,其中家庭成员4.33人,长期雇工1.68人。据土地资源网(中国)公布的信息,2010年美国的农场约有220万个,农场占地面积为3.72亿公顷,平均每个农场的面积为169.16公顷。中美人口密度和城镇化水平的差异直接影响着两国家庭农场的规模。

(四)地区发展不平衡

发展家庭农场的条件决定了家庭农场发展的不平衡,就目前5种模式而言,除吉林延边模式外其他4种均处于经济发展水平较高的、城镇化率较高的长江中下游地区(安徽郎溪、上海松江、浙江宁波、湖北武汉)。家庭农场的发展与城镇化水平的发展密切相关。相关数据显示,在非农就业率较高、城镇化水平较高的地区家庭农场发展的水平也较高(见表6-5)。

表 6-5 不同地区土地流转比

地区	上海	北京	浙江	重庆	江苏	湖南	湖北	安徽	江西	河南	山西
流转比例（%）	59.3	46.3	38.9	36.2	34.2	21.4	14.6	14.2	13.76	13.39	5.77

(五) 发展水平不高

西方发达国家的家庭农场有着强大的工业实力、较高的城市化水平和高素质的职业农民为其提供源源不断的支持。较之于西方发达国家，中国家庭农场的发展仍处于较低水平。

家庭农场是以家庭成员为主要劳动力的经营方式，这意味着家庭成员必须借助社会化的力量组织生产经营活动，这对家庭农场经营者的素质提出了很高的要求，经营者不仅需要掌握基本的农业生产技能，能够以市场化的思维经营管理农场。因此，家庭农场在本质上是一个以农业生产为主的市场化组织。当前，中国农村劳动力的主力军是 20 世纪五六十年代后群体，丰富的小农户经营经验和匮乏的现代化管理理念在这个群体身上相互交织。

农业劳动生产率是家庭农场发展的重要指标，发展家庭农场组建现代化的农业生产经营体系的主要目标就是提高农业劳动生产率，如果家庭农场与一家一户的小农经营劳动生产率相差无几那就失去了发展家庭农场的意义。以美国为例，仅占美国人口 1.8% 的农民不仅养活了近 3 亿美国人，而且还使美国成为全球最大的农产品出口国，世界各国粮食进口总量的一半来自美国。目前，中国只有吉林延边和上海松江的家庭农场劳动生产率能够比肩欧美国家。

土地租金高

近些年，土地租金呈现出逐年攀高趋势。调查显示，2013 年土地流转平均租金每亩为 601 元；2014 年为 672 元，同比增长 11.8%；2015 年为 738 元，同比增长 9.8%。近三年的涨幅在 10% 左右。由于土地租金较高，大部分的家庭农场主表示土地流转面临困难。其中以"土地流转集中连片难"和"流转价格上涨太快"为主要问题。其次是"土地流入难""流转时间短""土地续租难"。因此，大多数家庭农场主最希望能通过村委会或在政府帮助下进行土地流转。

(六) 家庭农场用工较难

从全国家庭农场的情况来看，家庭农场自家劳动力一般在 2~4 人，常年雇工 1~5 人，平均工资为每人每天 106 元，临时性用工 6~10 人，平均工资为每人每天 127 元。从用工情况看，接近 90% 的家庭农场主表示"用工方面存在困难"。其中绝大部分的家庭农场主表示"找不到好的工人"是最大的困难；一些家庭农场主表示"工人工资增加太快"；少部分家庭农场主表示"季节性用工""工人年龄偏大""技术工人难留"也是发展面临的困难。

(七) 资金筹措困难

从资金来源看，绝大多数家庭农场主以自有资金、信用社借贷为主，其次是亲友借款、银行借贷和民间借贷。从资金筹措情况来看，90% 的家庭农场主表示在经营过程中"遇到过资金困难"，主要通过向信用社借贷、亲友借款、银行借贷和民间借贷解决。其中，大部分被调查家庭农场主表示向银行贷款存在额度小、利息高、缺乏抵押物、授信担保难、手续繁杂等问题。

九、我国家庭农场发展对策

家庭农场这一经营模式符合目前我国农业的发展需要，并展现出了强劲的发展势头。

（一）以解决资金和用工问题为重点，加大政府扶持力度

综合以上情况，结合实际调研情况，当前资金和用工是家庭农场面临的主要困难。当前家庭农场主最为苦恼"资金缺乏"和"用工困难"，一些人认为资金缺乏是最大困难；其次是仓储设施、基础设施、产品保鲜等。而且有很大一部分家庭农场主认为政府扶持力度不够，少数家庭农场主表示所在地政府没有出台相关扶持政策，部分表示所在地政府扶持力度不大。因此，政府还需针对当前家庭农场存在的重点问题，加大对解决家庭农场资金和用工问题的研究，尽快出台政策。

（二）调整补贴结构，加大对家庭农场薄弱环节的补贴力度

家庭农场主在购置农机、大棚及配套设施获得政府补贴较多，其次是种粮、农资综合补贴。大多数对补贴表示满意，但对租地、育供秧和农业保险补贴的不怎么满意。因此，还需在进一步的农业补贴政策改革中，调整现有补贴结构，加大对薄弱环节的补贴。可以考虑加大对家庭农场主租地、育供秧和农业保险补贴的力度，增加家庭农场生态补贴，更多运用WTO的绿箱工具。

（三）加大对家庭农场设施用地和基础设施建设的支持

家庭农场主最希望得到政府在租地、大棚及配套设施的支持，其次是农业保险、综合农资和农机购置补贴；最希望政府帮助解决项目扶持和生产型基础设施建设与维护资金，最后是种养技术、经营管理培训以及贷款担保、抵押难问题。因此，政府下一步还需加大对家庭农场基础设施建设的支持力度，同时尽可能地帮助家庭农场解决生产性设施用地问题。

十、结语

发展家庭农场是构建新型农业经营体系的重要举措，是促进农业生产、实现农业增效、农民增收的重要手段。并使我国农业收入成为家庭主要收入来源的新型农业经营主体，在实现家庭农场规模经营，农业机械化，大幅度提高土地利用率、投入产出率、劳动生产率和农产品商品率的同时，也使我国农业发展走向规模化、集约化、商品化、产业化的道路，提高农产品的科技含量和市场竞争力，对发展现代农业发挥了重要的作用。

附录一 关于实施家庭农场培育计划的指导意见
中农发〔2019〕16号

各省、自治区、直辖市人民政府，国务院各部委、各直属机构：

家庭农场以家庭成员为主要劳动力，以家庭为基本经营单元，从事农业规模化、标准化、集约化生产经营，是现代农业的主要经营方式。党的十八大以来，各地区各部门按照党中央、国务院决策部署，积极引导扶持农林牧渔等各类家庭农场发展，取得了初步成效，但家庭农场仍处于起步发展阶段，发展质量不高、带动能力不强，还面临政策体系不健全、管理制度不规范、服务体系不完善等问题。为贯彻落实习近平总书记重要指示精神，加快培育发展家庭农场，发挥好其在乡村振兴中的重要作用，经国务院同意，现就实施家庭农场培育计划提出以下意见。

一、总体要求

（一）指导思想。以习近平新时代中国特色社会主义思想为指导，全面贯彻党的十九大和十九届二中、三中全会精神，紧紧围绕统筹推进"五位一体"总体布局和协调推进"四个全面"战略布局，落实新发展理念，坚持高质量发展，以开展家庭农场示范创建为抓手，以建立健全指导服务机制为支撑，以完善政策支持体系为保障，实施家庭农场培育计划，按照"发展一批、规范一批、提升一批、推介一批"的思路，加快培育出一大批规模适度、生产集约、管理先进、效益明显的家庭农场，为促进乡村全面振兴、实现农业农村现代化夯实基础。

（二）基本原则。坚持农户主体。坚持家庭经营在农村基本经营制度中的基础性地位，鼓励有长期稳定务农意愿的农户适度扩大经营规模，发展多种类型的家庭农场，开展多种形式合作与联合。

坚持规模适度。引导家庭农场根据产业特点和自身经营管理能力，实现最佳规模效益，防止片面追求土地等生产资料过度集中，防止"垒大户"。

坚持市场导向。遵循家庭农场发展规律，充分发挥市场在推动家庭农场发展中的决定性作用，加强政府对家庭农场的引导和支持。

坚持因地制宜。鼓励各地立足实际，确定发展重点，创新家庭农场发展思路，务求实效，不搞一刀切，不搞强迫命令。

坚持示范引领。发挥典型示范作用，以点带面，以示范促发展，总结推广不同类型家庭农场的示范典型，提升家庭农场发展质量。

（三）发展目标。到2020年，支持家庭农场发展的政策体系基本建立，管理制度更加健全，指导服务机制逐步完善，家庭农场数量稳步提升，经营管理更加规范，经营产业更加多元，发展模式更加多样。到2022年，支持家庭农场发展的政策体系和管理制度进一步完善，家庭农场生产经营能力和带动能力得到巩固提升。

二、完善登记和名录管理制度

（四）合理确定经营规模。各地要以县（市、区）为单位，综合考虑当地资源条件、行业特征、农产品品种特点等，引导本地区家庭农场适度规模经营，取得最佳规模效益。把符合条件的种

养大户、专业大户纳入家庭农场范围。（农业农村部牵头，林草局等参与）

（五）优化登记注册服务。市场监管部门要加强指导，提供优质高效的登记注册服务，按照自愿原则依法开展家庭农场登记。建立市场监管部门与农业农村部门家庭农场数据信息共享机制。（市场监管总局、农业农村部牵头）

（六）健全家庭农场名录系统。完善家庭农场名录信息，把农林牧渔等各类家庭农场纳入名录并动态更新，逐步规范数据采集、示范评定、运行分析等工作，为指导家庭农场发展提供支持和服务。（农业农村部牵头，林草局等参与）

三、强化示范创建引领

（七）加强示范家庭农场创建。各地要按照"自愿申报、择优推荐、逐级审核、动态管理"的原则，健全工作机制，开展示范家庭农场创建，引导其在发展适度规模经营、应用先进技术、实施标准化生产、纵向延伸农业产业链价值链以及带动小农户发展等方面发挥示范作用。（农业农村部牵头，林草局等参与）

（八）开展家庭农场示范县创建。依托乡村振兴示范县、农业绿色发展先行区、现代农业示范区等，支持有条件的地方开展家庭农场示范县创建，探索系统推进家庭农场发展的政策体系和工作机制，促进家庭农场培育工作整县推进，整体提升家庭农场发展水平。（农业农村部牵头，林草局等参与）

（九）强化典型引领带动。及时总结推广各地培育家庭农场的好经验好模式，按照可学习、易推广、能复制的要求，树立一批家庭农场发展范例。鼓励各地结合实际发展种养结合、生态循环、机农一体、产业融合等多种模式和农林牧渔等多种类型的家庭农场。按照国家有关规定，对为家庭农场发展作出突出贡献的单位、个人进行表彰。（农业农村部牵头，人力资源社会保障部、林草局等参与）

（十）鼓励各类人才创办家庭农场。总结各地经验，鼓励乡村本土能人、有返乡创业意愿和回报家乡愿望的外出农民工、优秀农村生源大中专毕业生以及科技人员等人才创办家庭农场。实施青年农场主培养计划，对青年农场主进行重点培养和创业支持。（农业农村部牵头，教育部、科技部、林草局等参与）

（十一）积极引导家庭农场发展合作经营。积极引导家庭农场领办或加入农民合作社，开展统一生产经营。探索推广家庭农场与龙头企业、社会化服务组织的合作方式，创新利益联结机制。鼓励组建家庭农场协会或联盟。（农业农村部牵头，林草局等参与）

四、建立健全政策支持体系

（十二）依法保障家庭农场土地经营权。健全土地经营权流转服务体系，鼓励土地经营权有序向家庭农场流转。推广使用统一土地流转合同示范文本。健全县乡两级土地流转服务平台，做好政策咨询、信息发布、价格评估、合同签订等服务工作。健全纠纷调解仲裁体系，有效化解土地流转纠纷。依法保护土地流转双方权利，引导土地流转双方合理确定租金水平，稳定土地流转关系，有效防范家庭农场租地风险。家庭农场通过流转取得的土地经营权，经承包方书面同意并向发包方备案，可以向金融机构融资担保。（农业农村部牵头，人民银行、银保监会、林草局等参与）

（十三）加强基础设施建设。鼓励家庭农场参与粮食生产功能区、重要农产品生产保护区、特色农产品优势区和现代农业产业园建设。支持家庭农场开展农产品产地初加工、精深加工、主食加工和综合利用加工,自建或与其他农业经营主体共建集中育秧、仓储、烘干、晾晒以及保鲜库、冷链运输、农机库棚、畜禽养殖等农业设施,开展田头市场建设。支持家庭农场参与高标准农田建设,促进集中连片经营。(农业农村部牵头,发展改革委、财政部、林草局等参与)

(十四)健全面向家庭农场的社会化服务。公益性服务机构要把家庭农场作为重点,提供技术推广、质量检测检验、疫病防控等公益性服务。鼓励农业科研人员、农技推广人员通过技术培训、定向帮扶等方式,为家庭农场提供先进适用技术。支持各类社会化服务组织为家庭农场提供耕种防收等生产性服务。鼓励和支持供销合作社发挥自身组织优势,通过多种形式服务家庭农场。探索发展农业专业化人力资源中介服务组织,解决家庭农场临时性用工需求。(农业农村部牵头,科技部、人力资源社会保障部、林草局、供销合作总社等参与)

(十五)健全家庭农场经营者培训制度。国家和省级农业农村部门要编制培训规划,县级农业农村部门要制定培训计划,使家庭农场经营者至少每三年轮训一次。在农村实用人才带头人等相关涉农培训中加大对家庭农场经营者培训力度。支持各地依托涉农院校和科研院所、农业产业化龙头企业、各类农业科技和产业园区等,采取田间学校等形式开展培训。(农业农村部牵头,教育部、林草局等参与)

(十六)强化用地保障。利用规划和标准引导家庭农场发展设施农业。鼓励各地通过多种方式加大对家庭农场建设仓储、晾晒场、保鲜库、农机库棚等设施用地支持。坚决查处违法违规在耕地上进行非农建设的行为。(自然资源部牵头,农业农村部等参与)

(十七)完善和落实财政税收政策。鼓励有条件的地方通过现有渠道安排资金,采取以奖代补等方式,积极扶持家庭农场发展,扩大家庭农场受益面。支持符合条件的家庭农场作为项目申报和实施主体参与涉农项目建设。支持家庭农场开展绿色食品、有机食品、地理标志农产品认证和品牌建设。对符合条件的家庭农场给予农业用水精准补贴和节水奖励。家庭农场生产经营活动按照规定享受相应的农业和小微企业减免税收政策。(财政部牵头,水利部、农业农村部、税务总局、林草局等参与)

(十八)加强金融保险服务。鼓励金融机构针对家庭农场开发专门的信贷产品,在商业可持续的基础上优化贷款审批流程,合理确定贷款的额度、利率和期限,拓宽抵质押物范围。开展家庭农场信用等级评价工作,鼓励金融机构对资信良好、资金周转量大的家庭农场发放信用贷款。全国农业信贷担保体系要在加强风险防控的前提下,加快对家庭农场的业务覆盖,增强家庭农场贷款的可得性。继续实施农业大灾保险、三大粮食作物完全成本保险和收入保险试点,探索开展中央财政对地方特色优势农产品保险以奖代补政策试点,有效满足家庭农场的风险保障需求。鼓励开展家庭农场综合保险试点。(人民银行、财政部、银保监会牵头,农业农村部、林草局等参与)

(十九)支持发展"互联网+"家庭农场。提升家庭农场经营者互联网应用水平,推动电子商务平台通过降低入驻和促销费用等方式,支持家庭农场发展农村电子商务。鼓励市场主体开发适用的数据产品,为家庭农场提供专业化、精准化的信息服务。鼓励发展互联网云农场等模式,帮助家庭农场合理安排生产计划、优化配置生产要素。(商务部、农业农村部分别负责)

(二十)探索适合家庭农场的社会保障政策。鼓励有条件的地方引导家庭农场经营者参加城镇职工社会保险。有条件的地方可开展对自愿退出土地承包经营权的老年农民给予养老补助试点。(人力资源社会保障部、农业农村部分别负责)

五、健全保障措施

（二十一）加强组织领导。地方各级政府要将促进家庭农场发展列入重要议事日程，制定本地区家庭农场培育计划并部署实施。县乡政府要积极采取措施，加强工作力量，及时解决家庭农场发展面临的困难和问题，确保各项政策落到实处。（农业农村部牵头）

（二十二）强化部门协作。县级以上地方政府要建立促进家庭农场发展的综合协调工作机制，加强部门配合，形成合力。农业农村部门要认真履行指导职责，牵头承担综合协调工作，会同财政部门统筹做好家庭农场财政支持政策；自然资源部门负责落实家庭农场设施用地等政策支持；市场监管部门负责在家庭农场注册登记、市场监管等方面提供支撑；金融部门负责在信贷、保险等方面提供政策支持；其他有关部门依据各自职责，加强对家庭农场支持和服务。（各有关部门分别负责）

（二十三）加强宣传引导。充分运用各类新闻媒体，加大力度宣传好发展家庭农场的重要意义和任务要求。密切跟踪家庭农场发展状况，宣传好家庭农场发展中出现的好典型、好案例以及各地发展家庭农场的好经验、好做法，为家庭农场发展营造良好社会舆论氛围。（农业农村部牵头）

（二十四）推进家庭农场立法。加强促进家庭农场发展的立法研究，加快家庭农场立法进程，为家庭农场发展提供法律保障。鼓励各地出台规范性文件或相关法规，推进家庭农场发展制度化和法制化。（农业农村部牵头，司法部等参与）

中央农村工作领导小组办公室　农业农村部　国家发展改革委
财政部　自然资源部　商务部
人民银行　市场监管总局　银保监会
全国供销合作总社　国家林草局
2019年8月27日

附录二 《全国乡村产业发展规划(2020—2025年)》

产业兴旺是乡村振兴的重点,是解决农村一切问题的前提。乡村产业内涵丰富、类型多样,农产品加工业提升农业价值,乡村特色产业拓宽产业门类,休闲农业拓展农业功能,乡村新型服务业丰富业态类型,是提升农业、繁荣农村、富裕农民的产业。近年来,农村创新创业环境不断改善,新产业新业态大量涌现,乡村产业发展取得了积极成效。但存在产业链条较短、融合层次较浅、要素活力不足等问题,亟待加强引导、加快发展。根据《国务院关于促进乡村产业振兴的指导意见》要求,为加快发展以二三产业为重点的乡村产业,制定本规划。

规划期限2020—2025年。

第一章 规划背景

产业振兴是乡村振兴的首要任务。必须牢牢抓住机遇,顺势而为,乘势而上,加快发展乡村产业,促进乡村全面振兴。

第一节 重要意义

当前,我国即将全面建成小康社会,开启全面建设社会主义现代化国家新征程,发展乡村产业意义重大。

发展乡村产业是乡村全面振兴的重要根基。乡村振兴,产业兴旺是基础。要聚集更多资源要素,发掘更多功能价值,丰富更多业态类型,形成城乡要素顺畅流动、产业优势互补、市场有效对接格局,乡村振兴的基础才牢固。

发展乡村产业是巩固提升全面小康成果的重要支撑。全面建成小康社会后,在迈向基本实现社会主义现代化的新征程中,农村仍是重点和难点。发展乡村产业,让更多的农民就地就近就业,把产业链增值收益更多地留给农民,农村全面小康社会和脱贫攻坚成果的巩固才有基础、提升才有空间。

发展乡村产业是推进农业农村现代化的重要引擎。农业农村现代化不仅是技术装备提升和组织方式创新,更体现在构建完备的现代农业产业体系、生产体系、经营体系。发展乡村产业,将现代工业标准理念和服务业人本理念引入农业农村,推进农业规模化、标准化、集约化,纵向延长产业链条,横向拓展产业形态,助力农业强、农村美、农民富。

第二节 发展现状

党的十八大以来,农村创新创业环境不断改善,乡村产业快速发展,促进了农民就业增收和乡村繁荣发展。

农产品加工业持续发展。2019年,农产品加工业营业收入超过22万亿元,规模以上农产品加工企业8.1万家,吸纳3000多万人就业。

乡村特色产业蓬勃发展。建设了一批产值超10亿元的特色产业镇(乡)和超1亿元的特色产业村。发掘了一批乡土特色工艺,创响了10万多个"乡字号""土字号"乡土特色品牌。

乡村休闲旅游业快速发展。建设了一批休闲旅游精品景点,推介了一批休闲旅游精品线路。2019年,休闲农业接待游客32亿人次,营业收入超过8500亿元。

乡村新型服务业加快发展。2019年,农林牧渔专业及辅助性活动产值6500亿元,各类涉农电商超过3万家,农村网络销售额1.7万亿元,其中农产品网络销售额4000亿元。

农业产业化深入推进。2019年,农业产业化龙头企业9万家(其中,国家重点龙头企业1542家),农民合作社220万家,家庭农场87万家,带动1.25亿农户进入大市场。

农村创新创业规模扩大。2019年,各类返乡入乡创新创业人员累计超过850万人,创办农村产业融合项目的占到80%,利用"互联网+"创新创业的超过50%。在乡创业人员超过3100万。

近年来,各地在促进乡村产业发展中积累了宝贵经验。注重布局优化,在县域内统筹资源和产业,探索形成县城、中心镇(乡)、中心村层级分工明显的格局。注重产业融合,发展二三产业,延伸产业链条,促进主体融合、业态融合和利益融合。注重创新驱动,开发新技术,加快工艺改进和设施装备升级,提升生产效率。注重品牌引领,推进绿色兴农、品牌强农,培育农产品区域公用品牌和知名加工产品品牌,创响乡土特色品牌,提升品牌溢价。注重联农带农,建立多种形式的利益联结机制,让农民更多分享产业链增值收益。

第三节　机遇挑战

当前,乡村产业发展面临难得机遇。主要是:政策驱动力增强。坚持农业农村优先发展方针,加快实施乡村振兴战略,更多的资源要素向农村聚集,"新基建"改善农村信息网络等基础设施,城乡融合发展进程加快,乡村产业发展环境优化。市场驱动力增强。消费结构升级加快,城乡居民的消费需求呈现个性化、多样化、高品质化特点,休闲观光、健康养生消费渐成趋势,乡村产业发展的市场空间巨大。技术驱动力增强。世界新科技革命浪潮风起云涌,新一轮产业革命和技术革命方兴未艾,生物技术、人工智能在农业中广泛应用,5G、云计算、物联网、区块链等与农业交互联动,新产业新业态新模式不断涌现,引领乡村产业转型升级。

同时,乡村产业发展面临一些挑战。主要是:经济全球化的不确定性增大。新冠肺炎疫情对世界经济格局产生冲击,全球供应链调整重构,国际产业分工深度演化,对我国乡村产业链构建带来较大影响。资源要素瓶颈依然突出。资金、技术、人才向乡村流动仍有诸多障碍,资金稳定投入机制尚未建立,人才激励保障机制尚不完善,社会资本下乡动力不足。乡村网络、通讯、物流等设施薄弱。发展方式较为粗放。创新能力总体不强,外延扩张特征明显。目前,农产品加工业与农业总产值比为2.3:1,远低于发达国家3.5:1的水平。农产品加工转化率为67.5%,比发达国家低近18个百分点。产业链条延伸不充分。第一产业向后端延伸不够,第二产业向两端拓展不足,第三产业向高端开发滞后,利益联结机制不健全,小而散、小而低、小而弱问题突出,乡村产业转型升级任务艰巨。

第二章　总体要求

指　标	2019年	2025年	年均增长
农产品加工业营业收入(万亿元)	22	32	6.5%
农产品加工业与农业业总产值比[1]	2.3:1	2.8:1	[0.5]
农业品加工转化率(%)	67.50	80	[12.5]
产值超100亿元乡村特色产业集群(个)	34	150	28%
休闲农业年接待旅游人次(亿人次)	32	40	3.8%
休闲农业年营业收入(亿元)	8500	12000	5.9%

续　表

指　　标	2019年	2025年	年均增长
农林牧渔专业及辅助性活动产值(亿元)	6500	10000	7.5%
农产品网络销售额(亿元)	4000	10000	16.5%
返乡入乡创新创业人员(万人)	850	1500	10%
返乡入乡创业带动就业人数(万人)	3400	6000	10%

注:[ ]为累计增加数。

农产品加工业与农业总产值比＝农产品加工业总产值/农业总产值,其中农产品加工业总产值以农产品加工业营业收入数据为基础计算。

第一节　指导思想

以习近平新时代中国特色社会主义思想为指导,全面贯彻党的十九大和十九届二中、三中、四中全会精神,坚持农业农村优先发展,以实施乡村振兴战略为总抓手,以一二三产业融合发展为路径,发掘乡村功能价值,强化创新引领,突出集群成链,延长产业链,提升价值链,培育发展新动能,聚焦重点产业,聚集资源要素,大力发展乡村产业,为农业农村现代化和乡村全面振兴奠定坚实基础。

第二节　基本原则

——坚持立农为农。以农业农村资源为依托,发展优势明显、特色鲜明的乡村产业。把二三产业留在乡村,把就业创业机会和产业链增值收益更多留给农民。

——坚持市场导向。充分发挥市场在资源配置中的决定性作用,激活要素、激活市场、激活主体,以乡村企业为载体,引导资源要素更多地向乡村汇聚。

——坚持融合发展。发展全产业链模式,推进一产往后延、二产两头连、三产走高端,加快农业与现代产业要素跨界配置。

——坚持绿色引领。践行绿水青山就是金山银山理念,促进生产生活生态协调发展。健全质量标准体系,培育绿色优质品牌。

——坚持创新驱动。利用现代科技进步成果,改造提升乡村产业。创新机制和业态模式,增强乡村产业发展活力。

第三节　发展目标

到2025年,乡村产业体系健全完备,乡村产业质量效益明显提升,乡村就业结构更加优化,产业融合发展水平显著提高,农民增收渠道持续拓宽,乡村产业发展内生动力持续增强。

——农产品加工业持续壮大。农产品加工业营业收入达到32万亿元,农产品加工业与农业总产值比达到2.8∶1,主要农产品加工转化率达到80%。

——乡村特色产业深度拓展。培育一批产值超百亿元、千亿元优势特色产业集群,建设一批产值超十亿元农业产业镇(乡),创响一批"乡字号""土字号"乡土品牌。

——乡村休闲旅游业优化升级。农业多种功能和乡村多重价值深度发掘,业态类型不断丰富,服务水平不断提升,年接待游客人数超过40亿人次,经营收入超过1.2万亿元。

——乡村新型服务业类型丰富。农林牧渔专业及辅助性活动产值达到1万亿元,农产品网络销售额达到1万亿元。

——农村创新创业更加活跃。返乡入乡创新创业人员超过1500万人。

第三章 提升农产品加工业

> **专栏1 农产品加工业提升行动**
> 1.建设农产品加工园。到2025年,每个农牧渔业大县(市)建设1个农产品加工园,建设300个产值超100亿元的农产品加工园。
> 2.建设农产品加工技术集成基础。到2025年,建设50个集成度高、系统化强、能应用、可复制的农产品加工技术集成科研基地。

农产品加工业是国民经济的重要产业。农产品加工业从种养业延伸出来,是提升农产品附加值的关键,也是构建农业产业链的核心。进一步优化结构布局,培育壮大经营主体,提升质量效益和竞争力。

第一节 完善产业结构

统筹发展农产品初加工、精深加工和综合利用加工,推进农产品多元化开发、多层次利用、多环节增值。

拓展农产品初加工。鼓励和支持农民合作社、家庭农场和中小微企业等发展农产品产地初加工,减少产后损失,延长供应时间,提高质量效益。果蔬、奶类、畜禽及水产品等鲜活农产品,重点发展预冷、保鲜、冷冻、清洗、分级、分割、包装等仓储设施和商品化处理,实现减损增效。粮食等耐储农产品,重点发展烘干、储藏、脱壳、去杂、磨制等初加工,实现保值增值。食用类初级农产品,重点发展发酵、压榨、灌制、炸制、干制、腌制、熟制等初加工,满足市场多样化需求。棉麻丝、木竹藤棕草等非食用类农产品,重点发展整理、切割、粉碎、打磨、烘干、拉丝、编织等初加工,开发多种用途。

推进综合利用加工。鼓励大型农业企业和农产品加工园区推进加工副产物循环利用、全值利用、梯次利用,实现变废为宝、化害为利。采取先进的提取、分离与制备技术,推进稻壳米糠、麦麸、油料饼粕、果蔬皮渣、畜禽皮毛骨血、水产品皮骨内脏等副产物综合利用,开发新能源、新材料等新产品,提升增值空间。

第二节 优化空间布局

按照"粮头食尾""农头工尾"要求,统筹产地、销区和园区布局,形成生产与加工、产品与市场、企业与农户协调发展的格局。

推进农产品加工向产地下沉。向优势区域聚集,引导大型农业企业重心下沉,在粮食生产功能区、重要农产品保护区、特色农产品优势区和水产品主产区,建设加工专用原料基地,布局加工产能,改变加工在城市、原料在乡村的状况。向中心镇(乡)和物流节点聚集,在农业产业强镇、商贸集镇和物流节点布局劳动密集型加工业,促进农产品就地增值,带动农民就近就业,促进产镇融合。向重点专业村聚集,依托工贸村、"一村一品"示范村发展小众类的农产品初加工,促进产村融合。

推进农产品加工与销区对接。丰富加工产品,在产区和大中城市郊区布局中央厨房、主食加工、休闲食品、方便食品、净菜加工和餐饮外卖等加工,满足城市多样化、便捷化需求。培育加工业态,发展"中央厨房+冷链配送+物流终端""中央厨房+快餐门店""健康数据+营养配餐+私人订制"等新型加工业态。

推进农产品加工向园区集中。推进政策集成、要素集聚、企业集中、功能集合,发展"外地经济"模式,建设一批产加销贯通、贸工农一体、一二三产业融合发展的农产品加工园区,培育乡村产业"增长极"。提升农产品加工园,强化科技研发、融资担保、检验检测等服务,完善仓储物流、供能供热、废污处理等设施,促进农产品加工企业聚集发展。在农牧渔业大县(市),每县(市)建设一个农产品加工园。不具备建设农产品加工园条件的县(市),可采取合作方式在异地共同建设农产品加工园。建设国际农产品加工产业园,选择区位优势明显、产业基础好、带动作用强的地区,建设一批国际农产品加工产业园,对接国际市场,参与国际产业分工。

第三节 促进产业升级

技术创新是农产品加工业转型升级的关键。要加快技术创新,提升装备水平,促进农产品加工业提档升级。

推进加工技术创新。以农产品加工关键环节和瓶颈制约为重点,建设农产品加工与贮藏国家重点实验室、保鲜物流技术研究中心及优势农产品品质评价研究中心。组织科研院所、大专院校与企业联合开展技术攻关,研发一批集自动测量、精准控制、智能操作于一体的绿色储藏、动态保鲜、快速预冷、节能干燥等新型实用技术,以及实现品质调控、营养均衡、清洁生产等功能的先进加工技术。

推进加工装备创制。扶持一批农产品加工装备研发机构和生产创制企业,开展信息化、智能化、工程化加工装备研发,提高关键装备国产化水平。运用智能制造、生物合成、3D打印等新技术,集成组装一批科技含量高、适用性广的加工工艺及配套装备,提升农产品加工层次水平。

第四章 拓展乡村特色产业

> **专栏2 乡村特色产业提升工程**
>
> 1.建设"一村一品"示范村镇。到2025年,新认定1000个全国"一村一品"示范村镇。
> 2.建设农业产业强镇。到2025年,建设1600个农业产业强镇。
> 3.建设现代农业产业园。到2025年,建设300个现代农业产业园。
> 4.建设优势特色产业集群。到2025年,建设150个产值超100亿元、30个产值超1000亿元的优势特色产业集群。
> 5.培育乡村特色品牌。到2025年,培育2000个"乡字号""土字号"特色知名品牌,推介1000个全国乡村能工巧匠。

乡村特色产业是乡村产业的重要组成部分,是地域特征鲜明、乡土气息浓厚的小众类、多样性的乡村产业,涵盖特色种养、特色食品、特色手工业和特色文化等,发展潜力巨大。

第一节 构建全产业链

以拓展二三产业为重点,延伸产业链条,开发特色化、多样化产品,提升乡村特色产业的附加值,促进农业多环节增效、农民多渠道增收。

以特色资源增强竞争力。根据消费结构升级的新变化,开发特殊地域、特殊品种等专属性特色产品,以特性和品质赢得市场。发展特色种养,根据种质资源、地理成分、物候特点等独特资源禀赋,在最适宜的地区培植最适宜的产业。开发特色食品,重点开发乡土卤制品、酱制品、豆制品、腊味、民族特色奶制品等传统食品。开发适宜特殊人群的功能性食品。传承特色技艺,改造提升蜡染、编织、剪纸、刺绣、陶艺等传统工艺。弘扬特色文化,发展乡村戏剧曲艺、杂技杂耍等文化产业。

以加工流通延伸产业链。做强产品加工,鼓励大型龙头企业建设标准化、清洁化、智能化加工厂,引导农户、家庭农场建设一批家庭工场、手工作坊、乡村车间,用标准化技术改造提升豆制品、民族特色奶制品、腊肉腊肠、火腿、剪纸、刺绣、蜡染、编织、制陶等乡土产品。做活商贸物流,鼓励地方在特色农产品优势区布局产地批发市场、物流配送中心、商品采购中心、大型特产超市,支持新型经营主体、农产品批发市场等建设产地仓储保鲜设施,发展网上商店、连锁门店。

以信息技术打造供应链。对接终端市场,以市场需求为导向,促进农户生产、企业加工、客户营销和终端消费连成一体、协同运作,增强供给侧对需求侧的适应性和灵活性。实施"互联网+"农产品出村进城工程,完善适应农产品网络销售的供应链体系、运营服务体系和支撑保障体系。创新营销模式,健全绿色智能农产品供应链,培育农商直供、直播直销、会员制、个人定制等模式,推进农商互联、产销衔接,再造业务流程,降低交易成本。

以业态丰富提升价值链。提升品质价值,推进品种和技术创新,提升特色产品的内在品质和外在品相,以品质赢得市场、实现增值。提升生态价值,开发绿色生态、养生保健等新功能新价值,增强对消费者的吸附力。提升人文价值,更多融入科技、人文元素,发掘民俗风情、历史传说和民间戏剧等文化价值,赋予乡土特色产品文化标识。

第二节 推进聚集发展

集聚资源、集中力量,建设富有特色、规模适中、带动力强的特色产业集聚区。打造"一县一业""多县一带",在更大范围、更高层次上培育产业集群,形成"一村一品"微型经济圈、农业产业强镇小型经济圈、现代农业产业园中型经济圈、优势特色产业集群大型经济圈,构建乡村产业"圈"状发展格局。

建设"一村一品"示范村镇。依托资源优势,选择主导产业,建设一批"小而精、特而美"的"一村一品"示范村镇,形成一村带数村、多村连成片的发展格局。用3—5年的时间,培育一批产值超1亿元的特色产业专业村。

建设农业产业强镇。根据特色资源优势,聚焦1—2个主导产业,吸引资本聚镇、能人入镇、技术进镇,建设一批标准原料基地、集约加工转化、区域主导产业、紧密利益联结于一体的农业产业强镇。用3—5年的时间,培育一批产值超10亿元的农业产业强镇。

提升现代农业产业园。通过科技集成、主体集合、产业集群,统筹布局生产、加工、物流、研发、示范、服务等功能,延长产业链,提升价值链,促进产业格局由分散向集中、发展方式由粗放向集约、产业链条由单一向复合转变,发挥要素集聚和融合平台作用,支撑"一县一业"发展。用3—5年的时间,培育一批产值超100亿元的现代农业产业园。

建设优势特色产业集群。依托资源优势和产业基础,突出串珠成线、连块成带、集群成链,培育品种品质优良、规模体量较大、融合程度较深的区域性优势特色农业产业集群。用3—5年的时间,培育一批产值超1000亿元的骨干优势特色产业集群,培育一批产值超100亿元的优势特色产业集群。

第三节 培育知名品牌

按照"有标采标、无标创标、全程贯标"要求,以质量信誉为基础,创响一批乡村特色知名品牌,扩大市场影响力。

培育区域公用品牌。根据特定自然生态环境、历史人文因素,明确生产地域范围,强化品种品质管理,保护地理标志农产品,开发地域特色突出、功能属性独特的区域公用品牌。规范品牌授权管理,加大品牌营销推介,提高区域公用品牌影响力和带动力。

培育企业品牌。引导农业产业化龙头企业、农民合作社、家庭农场等新型经营主体将经营理念、企业文化和价值观念等注入品牌,实施农产品质量安全追溯管理,加强责任主体逆向溯源、产品流向正向追踪,推动部省农产品质量安全追溯平台对接、信息共享。

培育产品品牌。传承乡村文化根脉,挖掘一批以手工制作为主、技艺精湛、工艺独特的瓦匠、篾匠、铜匠、铁匠、剪纸工、绣娘、陶艺师、面点师等能工巧匠,创响一批"珍稀牌""工艺牌""文化牌"的乡土品牌。

第四节 深入推进产业扶贫

贫困地区发展特色产业是脱贫攻坚的根本出路。促进脱贫攻坚与乡村振兴有机衔接,发展特色产业,促进农民增收致富,巩固脱贫攻坚成果。

推进资源与企业对接。发掘贫困地区优势特色资源,引导资金、技术、人才、信息向贫困地区的特色优势区聚集,特别是要引导农业产业化龙头企业与贫困地区合作创建绿色优质农产品原料基地,布局加工产能,深度开发特色资源,带动农民共建链条、共享品牌,让农民在发展特色产业中稳定就业、持续增收。

推进产品与市场对接。引导贫困地区与产地批发市场、物流配送中心、商品采购中心、大型特产超市、电商平台对接,支持贫困地区组织特色产品参加各类展示展销会,扩大产品影响,让贫困地区的特色产品走出山区、进入城市、拓展市场。深入开展消费扶贫,拓展贫困地区产品流通和销售渠道。

第五章 优化乡村休闲旅游业

> **专栏3 乡村休闲旅游精品工程**
>
> 1.建设休闲农业重点县。到2025年,建设300个休闲农业重点县,培育一批有知名度、有影响力的休闲农业"打卡地"。
> 2.推介中国美丽休闲乡村。到2025年,推介1500个中国美丽休闲乡村。
> 3.推介乡村休闲旅游精品景点线路。到2025年,推介1000个全国休闲农业精品景点线路。

乡村休闲旅游业是农业功能拓展、乡村价值发掘、业态类型创新的新产业,横跨一二三产业、兼容生产生活生态、融通工农城乡,发展前景广阔。

第一节 聚焦重点区域

依据自然风貌、人文环境、乡土文化等资源禀赋,建设特色鲜明、功能完备、内涵丰富的乡村休闲旅游重点区。

建设城市周边乡村休闲旅游区。依托都市农业生产生态资源和城郊区位优势，发展田园观光、农耕体验、文化休闲、科普教育、健康养生等业态，建设综合性休闲农业园区、农业主题公园、观光采摘园、垂钓园、乡村民宿和休闲农庄，满足城市居民消费需求。

建设自然风景区周边乡村休闲旅游区。依托秀美山川、湖泊河流、草原湿地等地区，在严格保护生态环境的前提下，统筹山水林田湖草系统，发展以农业生态游、农业景观游、特色农（牧、渔）业游为主的休闲农（牧、渔）园和农（牧、渔）家乐等，以及森林人家、健康氧吧、生态体验等业态，建设特色乡村休闲旅游功能区。

建设民俗民族风情乡村休闲旅游区。发掘深厚的民族文化底蕴、欢庆的民俗节日活动、多样的民族特色美食和绚丽的民族服饰，发展民族风情游、民俗体验游、村落风光游等业态，开发民族民俗特色产品。

建设传统农区乡村休闲旅游景点。依托稻田、花海、梯田、茶园、养殖池塘、湖泊水库等大水面、海洋牧场等田园渔场风光，发展景观农业、农事体验、观光采摘、特色动植物观赏、休闲垂钓等业态，开发"后备箱""伴手礼"等旅游产品。

第二节 注重品质提升

乡村休闲旅游要坚持个性化、特色化发展方向，以农耕文化为魂、美丽田园为韵、生态农业为基、古朴村落为形、创新创意为径，开发形式多样、独具特色、个性突出的乡村休闲旅游业态和产品。

突出特色化。注重特色是乡村休闲旅游业保持持久吸引力的前提。开发特色资源，发掘农业多种功能和乡村多重价值，发展特色突出、主题鲜明的乡村休闲旅游项目。开发特色文化，发掘民族村落、古村古镇、乡土文化，发展具有历史特征、地域特点、民族特色的乡村休闲旅游项目。开发特色产品，发掘地方风味、民族特色、传统工艺等资源，创制独特、稀缺的乡村休闲旅游服务和产品。

突出差异化。乡村休闲旅游要保持持久竞争力，必须差异竞争、错位发展。把握定位差异，依据不同区位、不同资源和不同文化，发展具有城乡间、区域间、景区间主题差异的乡村休闲旅游项目。瞄准市场差异，依据各类消费群体的不同消费需求，细分目标市场，发展研学教育、田园养生、亲子体验、拓展训练等乡村休闲旅游项目。顺应老龄化社会的到来，发展民宿康养、游憩康养等乡村休闲旅游项目。彰显功能差异，依据消费者在吃住行、游购娱方面的不同需求，发展采摘园、垂钓园、农家宴、民俗村、风情街等乡村休闲旅游项目。

突出多样化。乡村休闲旅游要保持持久生命力，要走多轮驱动、多轨运行的发展之路。推进业态多样，统筹发展农家乐、休闲园区、生态园、乡村休闲旅游聚集村等业态，形成竞相发展、精彩纷呈的格局。推进模式多样，跨界配置乡村休闲旅游与文化教育、健康养生、信息技术等产业要素，发展共享农庄、康体养老、线上云游等模式。推进主体多样，引导农户、村集体经济组织、农业企业、文旅企业及社会资本等建设乡村休闲旅游项目。

第三节 打造精品工程

实施乡村休闲旅游精品工程，加强引导，加大投入，建设一批休闲旅游精品景点。

建设休闲农业重点县。以县域为单元，依托独特自然资源、文化资源，建设一批设施完备、业态丰富、功能完善，在区域、全国乃至世界有知名度和影响力的休闲农业重点县。

建设美丽休闲乡村。依托种养业、田园风光、绿水青山、村落建筑、乡土文化、民俗风情和人居环境等资源优势,建设一批天蓝、地绿、水净、安居、乐业的美丽休闲乡村,实现产村融合发展。鼓励有条件的地区依托美丽休闲乡村,建设健康养生养老基地。

建设休闲农业园区。根据休闲旅游消费升级的需要,促进休闲农业提档升级,建设一批功能齐全、布局合理、机制完善、带动力强的休闲农业精品园区,推介一批视觉美丽、体验美妙、内涵美好的乡村休闲旅游精品景点线路。引导有条件的休闲农业园建设中小学生实践教育基地。

第四节 提升服务水平

促进乡村休闲旅游高质量发展,要规范化管理、标准化服务,让消费者玩得开心、吃得放心、买得舒心。

健全标准体系。制修订乡村休闲旅游业标准,完善公共卫生安全、食品安全、服务规范等标准,促进管理服务水平提升。

完善配套设施。加强乡村休闲旅游点水、电、路、讯、网等设施建设,完善餐饮、住宿、休闲、体验、购物、停车、厕所等设施条件。开展垃圾污水等废弃物综合治理,实现资源节约、环境友好。

规范管理服务。引导和支持乡村休闲旅游经营主体加强从业人员培训,提高综合素质,规范服务流程,为消费者提供热情周到、贴心细致的服务。

第六章 发展乡村新型服务业

乡村新型服务业是适应农村生产生活方式变化应运而生的产业,业态类型丰富,经营方式灵活,发展空间广阔。

第一节 提升生产性服务业

扩大服务领域。适应农业生产规模化、标准化、机械化的趋势,支持供销、邮政、农民合作社及乡村企业等,开展农技推广、土地托管、代耕代种、烘干收储等农业生产性服务,以及市场信息、农资供应、农业废弃物资源化利用、农机作业及维修、农产品营销等服务。

提高服务水平。引导各类服务主体把服务网点延伸到乡村,鼓励新型农业经营主体在城镇设立鲜活农产品直销网点,推广农超、农社(区)、农企等产销对接模式。鼓励大型农产品加工流通企业开展托管服务、专项服务、连锁服务、个性化服务等综合配套服务。

第二节 拓展生活性服务业

丰富服务内容。改造提升餐饮住宿、商超零售、美容美发、洗浴、照相、电器维修、再生资源回收等乡村生活服务业,积极发展养老护幼、卫生保洁、文化演出、体育健身、法律咨询、信息中介、典礼司仪等乡村服务业。

创新服务方式。积极发展订制服务、体验服务、智慧服务、共享服务、绿色服务等新形态,探索"线上交易+线下服务"的新模式。鼓励各类服务主体建设运营覆盖娱乐、健康、教育、家政、体育等领域的在线服务平台,推动传统服务业升级改造,为乡村居民提供高效便捷服务。

第三节 发展农村电子商务

培育农村电子商务主体。引导电商、物流、商贸、金融、供销、邮政、快递等各类电子商务主体到乡村布局，构建农村购物网络平台。依托农家店、农村综合服务社、村邮站、快递网点、农产品购销代办站等发展农村电商末端网点。

扩大农村电子商务应用。在农业生产、加工、流通等环节，加快互联网技术应用与推广。在促进工业品、农业生产资料下乡的同时，拓展农产品、特色食品、民俗制品等产品的进城空间。

改善农村电子商务环境。实施"互联网＋"农产品出村进城工程，完善乡村信息网络基础设施，加快发展农产品冷链物流设施。建设农村电子商务公共服务中心，加强农村电子商务人才培养，营造良好市场环境。

第七章 推进农业产业化和农村产业融合发展

农业产业化是农业经营体制机制的创新，农村产业融合发展是农业与现代产业要素的交叉重组，引领农业和乡村产业转型升级。

第一节 打造农业产业化升级版

壮大农业产业化龙头企业队伍。实施新型农业经营主体培育工程，引导龙头企业采取兼并重组、股份合作、资产转让等形式，建立大型农业企业集团，打造知名企业品牌，提升龙头企业在乡村产业发展中的带动能力。指导地方培育龙头企业，形成国家、省、市、县级龙头企业梯队，打造乡村产业发展"新雁阵"。

培育农业产业化联合体。扶持一批龙头企业牵头、家庭农场和农民合作社跟进、广大小农户参与的农业产业化联合体，构建分工协作、优势互补、联系紧密的利益共同体，实现抱团发展。引导农业产业化联合体明确权利责任、建立治理结构、完善利益联结机制，促进持续稳定发展。有序推进土地经营权入股农业产业化经营。

第二节 推进农村产业融合发展

培育多元融合主体。支持发展县域范围内产业关联度高、辐射带动力强、参与主体多的融合模式，促进资源共享、链条共建、品牌共创，形成企业主体、农民参与、科研助力、金融支撑的产业发展格局。

发展多类型融合业态。引导各类经营主体以加工流通带动业态融合，发展中央厨房等业态。以功能拓展带动业态融合，推进农业与文化、旅游、教育、康养等产业融合，发展创意农业、功能农业等。以信息技术带动业态融合，促进农业与信息产业融合，发展数字农业、智慧农业等。

建立健全融合机制。引导新型农业经营主体与小农户建立多种类型的合作方式，促进利益融合。完善利益分配机制，推广"订单收购＋分红""农民入股＋保底收益＋按股分红"等模式。

第八章　推进农村创新创业

> **专栏 4　农村创新创业带头人培育行动**
>
> 1.培育农村创新创业主体。到 2025 年,培育 100 万名农村创新创业带头人,带动 1500 万返乡入乡人员创业。
> 2.遴选农村创新创业导师。到 2025 年,培育 10 万名农村创新创业导师。
> 3.建设农村创新创业园区和孵化实训基地。到 2025 年,建设 2000 个农村创新创业园区和孵化实训基地。
> 4.培育乡村企业家队伍。到 2025 年,着力造就一支懂经营、善管理,肯人战略眼光和开拓精神的乡村企业家队伍,选树 1000 名全国优秀村企业家。

农村创新创业是乡村产业振兴的重要动能。优化创业环境,激发创业热情,形成以创新带创业、以创业带就业、以就业促增收的格局。

第一节　培育创业主体

深入实施农村创新创业带头人培育行动,加大扶持,培育一批扎根乡村、服务农业、带动农民的创新创业群体。

培育返乡创业主体。以乡情感召、政策吸引、事业凝聚,引导有资金积累、技术专长和市场信息的返乡农民工在农村创新创业,培育一批充满激情的农村创新创业优秀带头人,引领乡村新兴产业发展。

培育入乡创业主体。优化乡村营商环境,强化政策扶持,构建农业全产业链,引导大中专毕业生、退役军人、科技人员和工商业主等入乡创业,应用新技术、开发新产品、开拓新市场,引入现代管理、经营理念和业态模式,丰富乡村产业发展类型。

第二节　搭建创业平台

按照"政府搭建平台、平台聚集资源、资源服务创业"的要求,建设各类创新创业园区和孵化实训基地。

选树农村创新创业典型县。遴选政策环境良好、工作机制完善、服务体系健全、创业业态丰富的县(市),总结做法经验,推广典型案例,树立一批全国农村创新创业典型县。

建设农村创新创业园区。引导地方建设一批资源要素集聚、基础设施齐全、服务功能完善、创新创业成长快的农村创新创业园区,依托现代农业产业园、农产品加工园、高新技术园区、电商物流园等,建立"园中园"式农村创新创业园。力争用 5 年时间,覆盖全国农牧渔业大县(市)。

建设孵化实训基地。依托各类园区、大中型企业、知名村镇、大中专院校等平台和主体,建设一批集"生产＋加工＋科技＋营销＋品牌＋体验"于一体、"预孵化＋孵化器＋加速器＋稳定器"全产业链的农村创新创业孵化实训基地。

第三节　强化创业指导

建设农村创业导师队伍。建立专家创业导师队伍,重点从大专院校、科研院所等单位遴选一批理论造诣深厚、实践经验丰富的科研人才、政策专家、会计师、设计师、律师等,为农村创业人员提供创业项目、技术要点等指导服务。建立企业家创业导师队伍,重点从农业产业化龙头企业、新型农业经营主体中遴选一批有经营理念、市场眼光的乡村企业家,为农村创业人员提供政策运用、市场拓展等指导服务。建立带头人创业导师队伍,重点从农村创新创业带头人中遴选一批经历丰富、成效显著的创业成功人士,为农村创业人员提供经验分享等指导服务。

健全指导服务机制。建立指导服务平台,依托农村创新创业园区、孵化实训基地和网络平台等,通过集中授课、案例教学、现场指导等方式,创立"平台＋导师＋学员"服务模式。开展点对点指导服务,根据农村创业导师和农村创业人员实际,开展"一带一""师带徒""一带多"等精准服务。创新指导服务方式,通过网络、视频等载体,为农村创业人员提供政策咨询、技术指导、市场营销、品牌培育等服务。农村创业导师为农村创业人员提供咨询服务,不替代农村创业人员创业决策,强化农村创业人员决策自主、风险自担意识。

第四节　优化创业环境

强化创业服务。支持地方依托县乡政府政务大厅设立农村创新创业服务窗口,发挥乡村产业服务指导机构和行业协会商会作用,培育市场化中介服务机构。建立"互联网＋"创新创业服务模式,为农村创新创业主体提供灵活便捷在线服务。

强化创业培训。依托普通高校、职业院校、优质培训机构、公共职业技能培训平台等开展创业能力提升培训,让有意愿的农村创新创业人员均能受到免费创业培训。推行"创业＋技能""创业＋产业"的培训模式,开展互动教学、案例教学和现场观摩教学。发挥农村创新创业带头人作用,讲述励志故事,分享创业经验。

第五节　培育乡村企业家队伍

乡村企业家是乡村企业发展的核心,是乡村产业转型升级的关键。加强乡村企业家队伍建设的统筹规划,将乡村产业发展与乡村企业家培育同步谋划、同步推进。

壮大乡村企业家队伍。采取多种方式扶持一批大型农业企业集团,培育一批具有全球战略眼光、市场开拓精神、管理创新能力的行业领军乡村企业家。引导网络平台企业投资乡村,开发农业农村资源,丰富产业业态类型,培育一批引领乡村产业转型的现代乡村企业家。同时,发掘一批乡村能工巧匠,培育一批"小巨人"乡村企业家。

第九章　保障措施

第一节　加强统筹协调

落实五级书记抓乡村振兴的工作要求,有力推动乡村产业发展。建立农业农村部门牵头抓总、相关部门协调配合、社会力量积极支持、农民群众广泛参与的推进机制,加强统筹协调,确保各项措施落实到位。建立乡村产业评价指标体系,加强数据采集、市场调查、运行分析和信息发布,对规划实施情况进行跟踪监测,科学评估发展成效。

第二节　加强政策扶持

加快完善土地、资金、人才等要素支撑的政策措施,确保各项政策可落地、可操作、可见效。完善财政扶持政策,采取"以奖代补、先建后补"等方式,支持现代农业产业园、农业产业强镇、优势特色产业集群及农产品仓储保鲜冷链设施建设。鼓励地方发行专项债券用于乡村产业。

强化金融扶持政策,引导县域金融机构将吸收的存款主要用于当地,建立"银税互动""银信互动"贷款机制。充分发挥融资担保体系作用,强化担保融资增信功能,推动落实创业担保贷款贴息政策。完善乡村产业发展用地政策体系,明确用地类型和供地方式,实行分类管理。

第三节 强化科技支撑

建立以企业为主体、市场为导向、产学研相结合的技术创新体系,加强创新成果产业化,提升产业核心竞争力。引导大专院校、科研院所与乡村企业合作,开展联合技术攻关,研发一批具有先进性、专属性的技术和工艺,创制一批适用性广、经济性好的设施装备。支持科技人员以科技成果入股乡村企业,建立健全科研人员校企、院企共建双聘机制。指导县(市)成立乡村产业专家顾问团,为乡村产业发展提供智力支持。

第四节 营造良好氛围

挖掘乡村产业发展鲜活经验,总结推广一批发展模式、典型案例和先进人物。弘扬创业精神、工匠精神、企业家精神,激发崇尚创新、勇于创业的热情。充分运用传统媒体和新媒体,解读产业政策、宣传做法经验、推广典型模式,引导全社会共同关注、协力支持,营造良好发展氛围。

参考文献

[1]岳红妮,胥继东.唐山市家庭农场发展现状和典型案例分析[J].安徽农业科学,2018,46(31):117-118.

[2]朱博文.国外家庭农场模式[J].湖南农业,2013(06):38.

[3]张录强.我国农业生态系统营养循环链的断裂与重建[J].生态经济,2006(2).

[4]邱联鸿.乡村振兴战略背景下家庭农场发展问题研究[J].决策咨询,2019(03):89-92+96.

[5]高照.基于农业分类的家庭农场规模认定研究[D].西北农林科技大学,2015.

[6]薛亮,杨永坤.家庭农场发展实践及其对策探讨[J].农业经济问题,2015(2):4-8.

[7]赵慧丽,李海燕,俞墨.家庭农场:宁波模式的形成、特色与挑战[J].台湾农业探索,2013(3).

[8]胡月英,郝世绵.安徽郎溪家庭农场发展探究[J].新余学院学报,2017,22(01):6-10.

[9]操家齐.家庭农场发展:深层问题与扶持政策的完善——基于宁波、松江、武汉、郎溪典型四地的考察[J].福建农林大学学报(哲学社会科学版),2015,18(05):21-26.

[10]张文雄.以家庭农场为依托推进农业现代化[J].宏观经济管理,2013(7).

[11]贠鸿琬.新形势下家庭农场经营发展的思考[J].新疆农垦经济,2013.

[12]孔令孜,宁夏,麻小燕,谢鹏,里小红.国内外家庭农场的发展现状、特征、模式及启示[J].江西农业学报,2017(29).

[13]张亿钧,李想,秦元芳,范风华.皖南地区家庭农场发展模式探索——对安徽省宣城地区家庭农场发展现状的调研[J].中国合作经济,2014(11).

[14]官波,陈骋婷,罗治情,等.湖北省家庭农场发展问题研究[J].农业经济与管理,2015(1):71-78.

[15]廖金秀,黄金绿,谭贤杰.家庭农场的优势·存在问题与发展对策[J].安徽农业科学,2018,46(34):205-211.

[16]邱拓宇,李大鹏.中国家庭农场发展存在的问题及对策[J].河南农业,2019(02):51-52.

[17]段景田.建立大农场与家庭农场紧密型利益联结机制的几点思考[J].中国农垦,2018(11):52-54.